金融商品
行銷實務

張乖利、阮鋭師、陳倩媚
編著

財經錢線

前言

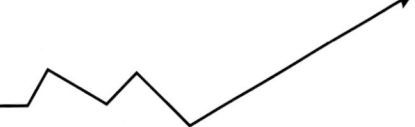

　　金融產品行銷實務為國際金融專業的核心課程，適應金融創新和人工智能迅速發展背景下對金融人才培養的新要求，依託校企合作、產教融合，著重培養學生敢行銷、會行銷、專業行銷金融產品的實踐能力。本課程作為經濟管理專業的基礎課程和實務課程，不僅注重行銷理論的講授，而且注重行銷實戰的技巧和話術的培養，尤其注重行銷口才、方案策劃和團隊合作等行銷素養的培養。

　　本書在詳細介紹金融產品行銷基本理論的基礎上，系統總結了金融產品行銷的理念、範式和不同場景下的實戰技巧和話術：資產配置的實施技巧及行銷話術、廳堂行銷實施技巧及行銷話術、片區拓展實施技巧及行銷話術、智能化背景下金融場景化行銷技巧、金融行銷目標管理的方法和技巧以及金融產品新媒體行銷的方法和技巧，不僅反應了金融行銷理論的最新發展，總結了金融產品行銷全流程的實施技巧，而且提煉了金融行銷實務領域的最新行銷範式、技巧和成果。在編寫過程中，我們嚴格遵循金融行銷教學規律以及初學者的認知規律，將金融行銷理論和金融行銷實務相結合，以行銷場景和任務驅動為線索編寫，形成系統的金融產品行銷實戰體系，通過大量的行銷案例分析，激發學生的學習興趣；培養學生的問卷設計、調研報告撰寫、行銷方案策劃等各方面能力；通過團隊合作、情景演練和角色扮演等實訓教學環節設計，讓學生熟練金融產品實戰行銷的流程、技巧和話術。

　　本書編者大都是長期在國際金融專業一線從事教學、科研和實際工作的教授或副教授，具有豐富的專業理論知識和金融行業實踐經驗，在多年的教學、實踐中，注重經驗的累積和知識的更新，力求將金融產品行銷理論和實戰技巧的最新研究成果反應在書中。而

且本書的編寫得到了阮銳師女士和趙璐女士的大力支持，她們不僅分享了金融行業對人才培養的需求和從業經驗，而且認真參與了本書的編寫。全書由張乖利博士提出寫作思路並擔任總纂和審閱，各章節具體分工如下：張乖利、陳倩媚編寫任務一，阮銳師編寫任務二、任務五和任務六，廖旗平、肖本海編寫任務三，薛宇辰編寫任務四，張乖利、趙璐編寫任務七，徐宏菲編寫任務八。

在編寫過程中，本書參考了一些專家學者的研究成果和文獻資料，在此，對這些作者表示誠摯的謝意，由於編者水準有限，書中仍有不足之處，懇請讀者批評指正。

張乖利

目錄

任務一 金融產品行銷知識準備 ……………………………………………（1）

　一、金融產品與金融產品行銷認知 …………………………………（3）
　二、金融行銷的環境分析 ……………………………………………（20）
　三、金融行銷的市場調研 ……………………………………………（33）
　四、金融行銷的目標市場策略 ………………………………………（42）
　五、金融產品行銷策劃 ………………………………………………（55）

任務二 金融產品行銷理念及範式 ……………………………………（127）

　一、識別行銷與客戶順勢深挖範式 …………………………………（128）
　二、疊加行銷與產品核心一句範式 …………………………………（129）
　三、差異行銷與主權在握範式 ………………………………………（130）
　四、互換行銷與促成結案範式 ………………………………………（131）

任務三 資產配置的實施技巧及行銷話術 ……………………………（133）

　一、收集客戶家庭信息 ………………………………………………（135）
　二、客戶家庭理財問題的診斷 ………………………………………（139）
　三、客戶家庭資產配置 ………………………………………………（150）
　四、資產配置再平衡 …………………………………………………（154）
　五、售後服務的技巧 …………………………………………………（154）

任務四 廳堂行銷實施技巧及行銷話術 ………………………………（166）

　一、廳堂行銷六步法及其實施技巧 …………………………………（168）
　二、行銷技巧與話術 …………………………………………………（175）

任務五　片區拓展實施技巧及行銷話術……………………………………（184）

　　一、片區拓展的定義與方式…………………………………………（185）

　　二、片區拓展的傳播思路……………………………………………（186）

　　三、片區拓展的流程及注意事項……………………………………（187）

　　四、片區拓展的相關法則……………………………………………（189）

任務六　智能化背景下金融場景化行銷技巧………………………………（192）

　　一、金融行業的智能化趨勢…………………………………………（193）

　　二、金融場景化的定義及應用………………………………………（194）

　　三、智能化金融網點場景化行銷的技巧……………………………（195）

　　四、客戶滿意度及忠誠度的智能化提升技巧………………………（196）

任務七　金融行銷目標管理的方法和技巧…………………………………（198）

　　一、日常管理的重要性及確保網點目標達成的可控指標…………（201）

　　二、日常管理的前提和基礎——網點目標科學分解………………（204）

　　三、網點日常管理的過程管控——日管行為，周管客戶，月管規模……（205）

　　四、網點日常管理的效果評價………………………………………（211）

任務八　金融產品新媒體行銷的方法和技巧………………………………（212）

　　一、金融產品新媒體行銷基礎知識…………………………………（214）

　　二、金融產品新媒體行銷的技巧……………………………………（226）

參考文獻………………………………………………………………………（233）

任務一　金融產品行銷知識準備

學習目標

知識目標：

1. 瞭解金融機構、金融產品、金融產品行銷的含義。
2. 熟悉金融機構的劃分、金融產品的層次。
3. 掌握金融產品行銷戰略、金融產品行銷策略及其發展演變。
4. 掌握金融行銷宏觀環境分析和微觀環境分析的內容和一般方法。
5. 掌握市場調研的流程、市場調研方案的主要內容、市場調查問卷設計的內容及市場調研報告的內容及格式。
6. 掌握金融產品行銷的 4P 策略。
7. 掌握金融行銷的目標市場策略。
8. 掌握金融產品行銷策劃的流程和行銷策劃書的構成要素、主要內容、基本結構和格式要求。

能力目標：

1. 能夠正確區分不同類型的金融機構和金融產品。
2. 能夠對金融產品的層次進行剖析。
3. 能夠針對某一金融行銷活動對宏觀環境和微觀環境進行簡單的分析。
4. 能夠制定市場調研方案、設計市場調查問卷和撰寫市場調研報告。
5. 會運用細分市場的方法，有效進行金融市場細分；會運用目標市場選擇的標準和模式，有效選擇目標市場。
6. 能夠分析具體金融產品的品牌創建策略、新產品開發策略及金融產品所處的生命週期及採取的策略。
7. 能夠分析具體金融產品的定價策略。
8. 能夠根據金融企業促銷活動，選擇合適的促銷方法。
9. 能夠根據具體的金融產品特性，選擇合適的分銷策略。
10. 能夠運用所學知識，為自己熟悉的某一金融產品製作行銷活動策劃。

素養目標：

1. 樹立金融產品行銷以客戶為中心的理念。

2. 能運用問卷調查分析市場環境，把握市場機會，樹立根據市場機會創新金融產品或服務的理念。

3. 提升運用金融市場細分、選擇和定位的理論解決金融企業目標市場選擇的工作能力。

4. 樹立行銷需要策劃的思想，提升金融行銷策劃的能力。

引導案例

多倫多道明銀行，自動取款機變身自動感謝機

在加拿大，有一群相當幸運的顧客（見圖1-1），因為他們在ATM取錢的時候，拿到的不僅僅是現金，還收穫了「感動」。

圖1-1　幸運的顧客

作為多倫多道明銀行（TD Bank）「TD Thank You」行銷活動的一部分，60名顧客受邀來測試一部全新自動取款機（ATM）。這部ATM實際是TD Bank精心設計過的「自動感謝機」，當顧客走近ATM的時候，機器就會開始跟顧客對話，並能叫出顧客的名字，給每個人送上他們喜愛的禮物。一部分顧客收到的回饋是現金，其他顧客的則是非同尋常的禮物。一位大叔收到了美國職棒大聯盟隊伍多倫多藍鳥的球衣和帽子，更讓這位大叔激動的是多倫多藍鳥的球員Jose Bautista走到他面前並邀請大叔為藍鳥隊的下一場比賽開球！而一位幸運的母親則收到TB Bank為他兒子提供的獎學金和迪士尼之旅。更讓人感動的

是，一位名為 Dorothy 的母親收到了一張機票，使她可以飛往特立尼達和多巴哥看望剛剛做完癌症手術的女兒。除了這些出現在視頻中的顧客，還有更多的顧客收到了 TD Bank 送出的「感謝」。在視頻發布的那個周五的下午兩點，每個前往 TD Bank 分行並使用網上銀行或手機銀行的顧客，都收到了銀行送出的 20 加元。像 TD Bank 這樣的銀行，消費者又怎能不愛呢！TD Bank 的這次行銷活動相當成功，在 YouTube 的播放次數已經超過 600 萬，也有不少像 NBC 這樣的媒體進行了相關的報導。

資料來源：http://socialbeta.com/t/tdthanksyou。

一、金融產品與金融產品行銷認知

(一) 金融及金融機構認知

1. 金融的含義

從字面上來理解，「金」是指金子、黃金，但在後來的價值流通過程中，黃金本位幣逐漸被更為靈活的貨幣所取代；「融」是指融通、流通。因此，我們可以把「金融」理解為貨幣的發行、流通和回籠，貸款的發放和收回，存款的存入和提取，匯兌的往來等一系列動態的經濟活動。金融是在對現有資源進行重新整合之後，實現價值和利潤的等效流通。

金融的本質是價值流通。金融是一種交易活動，金融交易本身並未創造價值，那為什麼在金融交易中就有錢賺呢？按照陳志武先生的說法，金融交易是一種將未來收入變現的方式，也就是明天的錢今天來花。

簡單地說，金融交易的頻繁程度就是反應一個地區乃至國家經濟活躍程度的重要指標。傳統金融研究的是貨幣資金流通，而現代金融的本質是經營活動的資本化過程。

2. 金融的構成要素

金融的構成要素有以下五個：

(1) 金融對象：貨幣（資金）。由貨幣制度所規範的貨幣流通具有墊支性、週轉性和增值性。

(2) 金融方式：以借貸為主。金融市場上交易的對象，一般是信用關係的書面證明、債權債務的契約文書等，包括直接融資（無仲介機構介入）和間接融資（通過仲介機構的媒介作用來實現）。

(3) 金融機構：通常區分為銀行和非銀行金融機構；金融機構在資金的融通過程中起著仲介作用，它將資金的需求方和供給方連接起來。

(4) 金融場所：即資金融通的場所，又稱金融市場，包括資本市場、貨幣市場、外匯

市場、保險市場、衍生性金融工具市場等。

（5）制度和調控機制：對金融活動進行監督和調控等。

總體來講，各要素既相對獨立又相互關聯，金融對象、金融場所為金融體系硬件要素，金融方式、制度和調控機制為金融體系軟件要素，金融機構為其綜合要素。

具體來講，金融活動一般以信用工具為載體，通過信用工具的交易在金融市場中發揮作用來實現貨幣資金使用權的轉移，金融制度和調控機制在其中發揮監督和調控作用。

3. 金融機構的含義

金融機構也稱金融仲介機構，是指專門從事各類金融活動的組織，是金融體系的一部分，包括間接金融活動中的金融交易媒介體和直接金融活動中的仲介服務機構等。

4. 金融機構的劃分

金融機構按照地位和功能分為以下四大類：

（1）中央銀行。中國的中央銀行即中國人民銀行。

（2）銀行。銀行包括政策性銀行、商業銀行、村鎮銀行。其中，政策性銀行不以營利為目的，專門貫徹、配合政府社會經濟政策或意圖，在特定的業務領域內直接或間接地從事政策性融資活動，充當政府發展經濟、促進社會進步、進行宏觀經濟管理的工具。目前，中國政府設立了中國農業發展銀行、國家開發銀行、中國進出口銀行三大政策性銀行，它們均直屬於國務院。

（3）非銀行金融機構。非銀行金融機構主要包括國有及股份制的保險公司、城市信用合作社、證券公司（投資銀行）、財務公司、第三方理財公司等。

（4）在中國境內開辦的外資、僑資、中外合資金融機構。

中國的金融體系框架如圖 1-2 所示。

按照管理地位，金融機構可劃分為金融監管機構與接受監管的金融企業。例如，中國人民銀行、中國銀行保險監督管理委員會、中國證券監督管理委員會等是代表國家行使金融監管權力的機構，其他銀行、證券公司和保險公司等金融企業都必須接受其監督和管理。

按照是否能夠接受公眾存款，金融機構可劃分為存款性金融機構與非存款性金融機構。存款性金融機構主要通過存款形式向公眾舉債而獲得其資金來源，如商業銀行、儲蓄貸款協會、合作儲蓄銀行和信用合作社等。非存款性金融機構則不得吸收公眾的儲蓄存款，如保險公司、信託金融機構、政策性銀行以及各類證券公司、財務公司等。

按照是否擔負國家政策性融資任務，金融機構可劃分為政策性金融機構和非政策性金融機構。政策性金融機構是指由政府投資創辦、按照政府意圖與計劃從事金融活動的機構。非政策性金融機構則不承擔國家的政策性融資任務。

政策性銀行與其他銀行相比，具有以下特點：

（1）從資本金性質來看，政策性銀行一般由政府財政撥款出資或政府參股設立，由政府控股，與政府保持著密切聯繫。

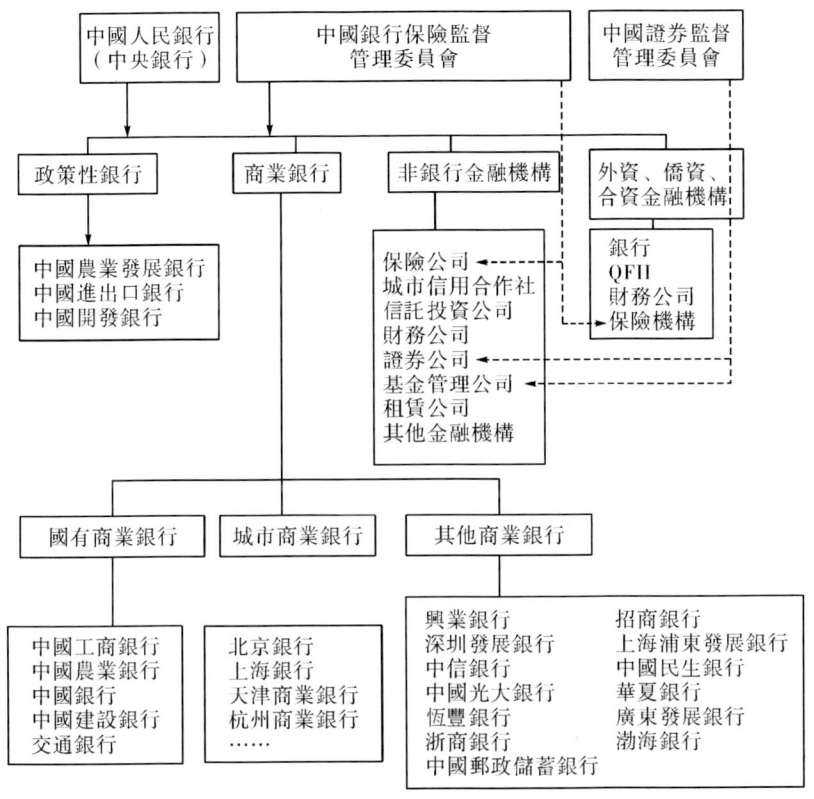

圖 1-2　中國的金融體系框架

（2）從經營宗旨來看，政策性銀行不以營利為目標，而以貫徹執行國家的社會經濟政策為己任。其主要功能是為國家重點建設和國家產業政策重點扶持的行業和區域的發展提供資金融通。

（3）從業務範圍來看，政策性銀行不能吸收活期存款和公眾存款，主要資金來源是政府提供的資本金、各種借入資金和發行政策性金融債券籌措的資金，其資金運用多為長期貸款和資本貸款。政策性銀行收入的存款也不作轉帳使用，貸款一般為專款專用，不會直接轉化為儲蓄存款和定期存款。因此，政策性銀行不會像商業銀行那樣具備存款和信用創造功能。

（4）從融資原則來看，政策性銀行有其特殊的融資原則。在融資條件或資格上，其融資對象必須是從其他金融機構不易得到所需的融通資金的條件下，才有從政策性銀行獲得資金的資格，且提供的全部是中長期信貸資金，貸款利率明顯低於商業銀行同期同類貸款

利率，有的甚至低於籌資成本，但要求按期還本付息。

（5）從信用創造能力看，政策性銀行一般不參與信用的創造過程，資金的派生能力較弱。因為政策性銀行的資金來源主要不是吸收存款，而是由政府提供，而且政策性銀行的貸款主要是專款專用，正常情況下不會增加貨幣供給。

按照是否屬於銀行系統，金融機構可劃分為銀行金融機構和非銀行金融機構。

按照出資的國別屬性，金融機構又可劃分為內資金融機構、外資金融機構和合資金融機構。

按照所屬的國家，還可劃分為本國金融機構、外國金融機構和國際金融機構。

（二）金融產品及其分類

1. 金融產品的含義

金融產品是指金融機構為市場提供的有形產品和無形服務的綜合體。狹義的金融產品是指由金融機構創造的、可供客戶選擇的、在金融市場上進行交易的金融工具。廣義的金融產品則是指金融機構向市場提供的，並可由客戶取得、利用或消費的一切產品或服務。

金融產品是資金融通的各種載體，如貨幣、黃金、外匯、有價證券等。也就是說，金融產品就是金融市場的買賣對象，供求雙方通過市場競爭原則形成金融產品價格，如利率或收益率，最終完成交易，達到融通資金的目的。

近30年來，創新是最時尚的。華爾街的精英們更不甘落後。他們絞盡腦汁，不斷花樣翻新，創造出各種各樣的金融產品，卻導致美國這棵金融大樹嚴重失衡，不堪重負，甚至出現金融危機。

2. 金融產品的三個層次

金融產品不同於一般的商品，金融產品由核心產品、形式產品和擴展產品三個層次組成（見圖1-3）。

（1）核心產品。核心產品也稱為利益產品，是指客戶能從金融產品中得到的基本服務或利益。例如，保險的核心產品是規避風險或風險補償，存款的核心產品是在資產保值的基礎上賺取利息，貸款的核心產品是滿足資金短缺的需求，信用卡的核心產品是滿足客戶臨時透支的資金需求，股票的核心產品是賺取買賣差價的收益。

金融的核心產品有多種存在形式，如保值、增值、利息、股息、紅利、價差、融資等。隨著互聯網信息技術的高速發展，金融核心產品也在不斷創新，第三方支付平臺就是為了滿足消費者更便捷的支付和轉帳需求而誕生的。

核心產品在金融產品的三層次中位於中心地位。如果核心產品不能滿足顧客的需求，那麼即使形式產品與擴展產品再豐富，也不能吸引顧客。

（2）形式產品。對一般的產品而言，形式產品表現為產品外在形態，如產品的外觀、形狀、顏色、包裝等，但由於金融產品的無形性，金融產品的形式則通過質量和類別來表

現。例如，存款產品的形式表現為活期、定期、定活兩便、通知存款等，基金分為封閉式基金和開放式基金，壽險可以分為生存保險、死亡保險、生死兩全保險。在滿足客戶的核心利益需求的基礎上，金融形式產品能夠吸引更多的客戶，並為客戶提供更多的選擇空間。

（3）擴展產品。擴展產品又稱附加產品，是指在滿足客戶基本需求之外，還可以為客戶提供額外的附加服務，使其得到更多的利益。它屬於金融產品的系列化業務，是金融產品的延伸，用以配套解決客戶的全部問題。

擴展產品可以提高本金融產品與其他金融產品的辨識度和認可度。例如，廣發銀行抓住市場需求，利用已有的真情卡平臺，成立「Lady Club」真情俱樂部，為其會員持續提供美容美體、美容課堂、時裝品牌新品發布會預覽、美食大優惠等多元化的一站式服務。

擴展產品又可以進一步細分為期望產品、附加產品和潛在產品。期望產品針對客戶對產品屬性與條件的期望，附加產品針對銷售服務與保障，潛在產品針對可能的發展前景。

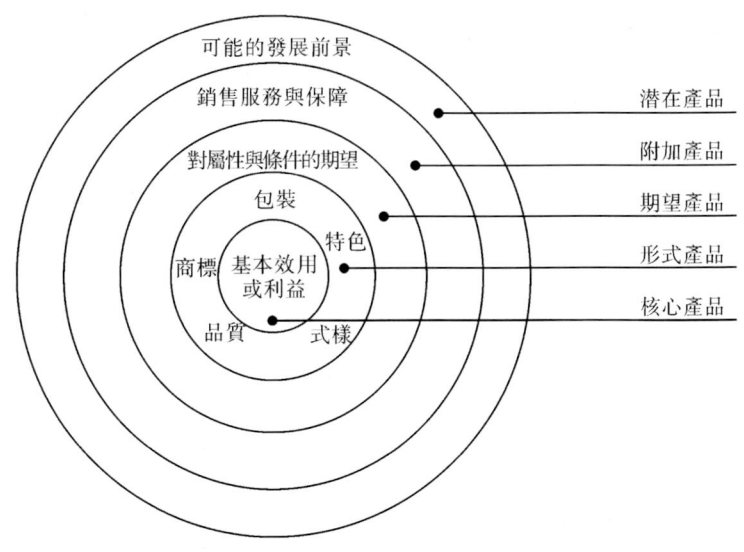

圖1-3　金融產品的層次

[案例]　京東白條——中國第一款互聯網消費金融產品

京東白條，是京東推出的一種先消費後付款的全新支付方式，用戶在京東網站使用白條進行付款，可以享有最長30天的延後付款期或最長24期的分期付款方式，是業內第一款互聯網消費金融產品。

作為業內第一款互聯網消費金融產品，京東白條最初僅提供給京東商城上的用戶購物使用，實際上是依託京東商城為用戶提供的賒購服務。2015年4月，京東白條打通了京東

體系內的 O2O（京東到家）、全球購、產品眾籌，後來又逐步覆蓋了租房、旅遊、裝修、教育、婚慶等領域，從賒購服務延伸到提供信用消費貸款，覆蓋更多消費場景，為更多消費者提供信用消費服務。

目前，京東金融推出的白條系列產品有購物白條、汽車白條、旅遊白條、校園白條、鄉村白條、白條聯名卡等。

2016年白條開始施行去京東化策略，升級品牌並獨立域名。9月底正式推出線上線下均能任意使用的白條閃付產品。只要用戶將已開通白條閃付功能的白條添加到 apple pay、華為 pay、小米 pay 等手機錢包裡，即可在全國千萬家支付閃付的商店使用，在線上線下吃喝玩樂，有白條的地方就有更好的生活。

資料來源：https://www.baitiao.com。

3. 金融產品的特徵

（1）無形性。顧客在購買金融產品時無法看到也無法感覺到它們，金融企業只能通過文字、數據等與顧客進行交流。金融產品在自然形態上經常是無形的，不具備某些鮮明的物理特性，使得金融產品在擴展方面有比較廣泛的想像空間，因此如何通過某些有形的形式與特點設計，讓金融產品具有吸引客戶的強大魅力，是金融產品開發的關鍵性因素。

（2）不可分割性。金融產品的銷售與服務的提供具有同時性，兩者不能分開。金融產品的銷售過程與服務過程聯繫起來，使金融產品具有不可分割性，因此在整個行銷過程中我們要注意各個環節的相互關聯。

（3）累加性。一般產品僅具有某種特殊的使用價值，如糧食可以滿足人們對食物的需求，衣服可以使人們抵禦寒冷，它們的使用價值往往比較單一，而獲得金融產品的客戶可以享受多種多樣的金融服務。比如，某企業申請貸款並獲得批准，銀行可以為其提供匯劃轉帳、提取現金、帳戶管理、不同幣種兌換、期貨交易、期權交易以及投資諮詢等各種服務項目。

（4）差異性。金融產品的質量因地、因人而異。不同的金融企業甚至同一金融企業的不同分支機構所提供的金融產品或服務不盡相同。例如，同為信用卡，中國銀行的「長城卡」除了具有消費、儲蓄等基本功能外，還提供「290」金融電信服務；而招商銀行的「一卡通」則可以消費、儲蓄、異地匯兌、劃轉股票交易保證金，甚至還有公交充值等功能。

（5）易模仿性。金融產品容易模仿，且模仿速度快。金融產品大多數為無形服務，它們不同於工業企業所提供的一般產品可以申請專利，使產品權益受到法律的保護，因而金融產品沒有專利可言。

（6）季節性。顧客對金融產品的需求因時間而異，體現出較強的季節性特徵，如投入農業生產的貸款、工商企業的生產貸款以及耐用消費品貸款和旅遊貸款等都表現出顯著的

季節性特徵。

（7）增值性。一般產品在使用過程中會逐漸被消耗直到完全報廢，而金融產品卻能為客戶帶來比購買的產品本身更大的價值。客戶購買一般產品是為了獲得產品的使用功能，而購買金融產品（如基金、保險等）的最主要目的是產品增值。在購買和使用金融產品的過程中，其價值和使用價值不僅不會消耗，相反還能帶來直接或間接的盈利以及其他難以度量的便利。例如，儲蓄存款給客戶帶來了利息，使存入銀行的資金增值；住房貸款、汽車貸款則是使客戶在獲得資金後，提前享受便利與幸福。

4. 金融產品的分類

根據不同的標準，我們可以對金融產品進行不同的分類。根據所有權屬性，金融產品可分為產權產品（如股票、期權、認股證等）和債權產品（如國庫券、銀行信貸產品等）兩大類。根據預期收益，金融產品可分為非固定收益產品（如股票、期權、基金等）和固定收益（也叫結構型）產品（如各種債券和信貸產品）。根據時間長短、風險程度和交易場所等，金融產品又可分為短期產品、長期產品、低風險產品、高風險產品、貨幣（市場）產品和資本（市場）產品等很多類別。根據行銷的目標群體，金融產品可分為個人金融產品、企業金融產品、機構金融產品。從提供者的角度，金融產品可分為銀行類金融產品和非銀行類金融產品。銀行類金融產品又因生產者的不同分為中央銀行類金融產品、政策性銀行類金融產品、商業銀行類金融產品、投資銀行類金融產品。非銀行類金融產品可分為保險類金融產品、證券類金融產品、信託投資類金融產品、租賃類金融產品以及財務類金融產品。

（1）銀行類金融產品。銀行類金融產品包括存款產品、貸款產品、中間業務產品等。

①存款產品。存款是商業銀行最重要的資金來源，是商業銀行資產業務和其他業務的基礎，也是商業銀行最大的負債業務。傳統的分類方法將存款劃分為活期存款、定期存款、定活兩便存款和通知存款。

活期存款是指不約定期限，存款人可以隨時存取現金的儲蓄。活期存款以1元為起存點，多存不限。開戶時由銀行發給客戶存折，憑折存取，每年結算一次利息。活期存款流動性強、靈活方便，適合個人日常生活待用資金的存儲，但收益低。這種存款對於顧客來說十分方便，具有支付手段與流通職能，但是由於這種存款存取頻繁而且需要提供轉帳、刷卡消費等多種服務，因此對於銀行來說成本較高，風險也較大。活期存款具有極強的派生功能，銀行運用活期存款可以創造出大量的派生存款。雖然活期存款的平均存款期限很短，但在大量此存彼取、此取彼存的流動過程中，銀行總能獲得一個比較穩定的存款餘額，可將其用於期限較長的貸款或投資；而且顧客若要獲得貸款及享用銀行提供的有關金融服務，銀行往往要求顧客開立活期存款帳戶並保持一定的最低餘額，以保證擁有充足而穩定的營運資金。銀行把眾多顧客活期帳戶上的穩定餘額的一部分進行長期運用，變短期資金為長期資金，既可改變信貸資金的結構，又不必支付較高的成本。通過活期存款，銀

行可以獲得較大的利差而提高盈利水準。

定期存款是指存款人與銀行事先約定存款的一定期限，到期支取本金和利息的儲蓄形式。定期存款的穩定性較強，便於銀行對吸收的資金進行合理配置，且營運成本低於活期存款。定期存款的起存額為50元，存期為三個月、六個月、一年、二年、三年和五年。可辦理部分提前支取一次，存款到期，憑存單支取本息，也可按原存期自動轉存多次。定期存款的方式有整存整取、零存整取、存本取息、整存零取。定期存款對於顧客來說是一種收益穩定而風險很小的投資方式，並且能夠以存單作質押取得銀行貸款。

定活兩便存款是一種事先不約定存期、一次性存入、一次性支取的儲蓄存款，是介於定期存款和活期存款之間的存款，存款期限不確定，利息隨期限長短的不同而不同。例如，資金有較大額度的結餘，但在不久的將來需隨時全額支取使用，客戶就可以選擇「定活兩便」的存款形式。定活兩便是銀行最基本、常用的存款形式。客戶可隨時存取款，自由、靈活地調動資金，這是客戶進行各種理財活動的基礎。

通知存款是一種不約定存期、一次性存入、可多次支取，支取時客戶需提前通知銀行、約定支取時間和金額方能支取的存款。個人通知存款不論實際存期多長，按存款人提前通知的期限長短劃分為一天通知存款和七天通知存款兩個品種。

②貸款產品。貸款是銀行將其所吸收的資金，按一定的利率貸給客戶並約定期限償還的業務。貸款是商業銀行的主要和傳統資產業務，也是銀行盈利的主要來源。

按照不同的標準，銀行貸款產品有不同的分類，具體如表1-1所示：

表1-1　貸款業務種類劃分

劃分依據	貸款種類
貸款期限	短期貸款、中期貸款、長期貸款
貸款保障程度	信用貸款、保證貸款、抵押貸款和質押貸款
貸款對象	工商業貸款、農業貸款和消費貸款
貸款的償還方式	一次性償還貸款、分期償還貸款
貸款的風險程度	正常貸款、關注貸款、次級貸款、可疑貸款與損失貸款

③中間業務產品。中間業務產品是商業銀行以仲介人的身分代客戶辦理各種委託事項，從中收取手續費的業務。商業銀行在從事中間業務時，不需要或不直接使用自有資金而為顧客提供各項服務，因而不形成或不直接形成商業銀行的資產或負債。中間業務主要包括結算產品、信用卡產品、銀行信託產品、銀行租賃產品、諮詢服務產品、代收代付業務產品。

（2）保險類產品。保險產品是由保險人提供給保險市場的、滿足人們減少風險和轉移風險且必要時能得到一定的經濟補償需要的承諾性服務組合。保險產品的真正含義是滿足

消費者保障和補償的需要。

保險類產品的劃分如表 1-2 所示：

表 1-2　保險類產品劃分

劃分依據	保險種類
實施方式	自願保險、強制保險
保險標的	財產保險、人身保險、責任保險、信用保險
承保方式	原保險、再保險、複合保險、重複保險、共同保險
保險屬性	商業保險、社會保險、政策性保險
貸款的風險程度	正常貸款、關注貸款、次級貸款、可疑貸款與損失貸款

（3）證券類產品。目前，證券產品主要包括股票、債券和證券投資基金及金融衍生產品。

①股票。股票產品是代表股權的一種有價證券。股票是股份證書的簡稱，是股份制有限公司為籌集資金而發行給股東作為持股憑證並借以取得股息和紅利的一種有價證券。每股股票都代表股東對企業擁有一個基本單位的所有權。股票是股份有限公司資本的構成部分，可以轉讓、買賣或作價抵押，是資金市場的主要長期信用工具。按照股東享有的權利不同，可以將股票劃分為普通股股票和優先股股票。

②債券。債券是發行人為籌集資金按照法定程序發行，並向債權人承諾按期交付利息和償還本金的有價證券。它只是一種虛擬資本，其本質是一種債權債務證書。債券具有期限性、安全性和償還性的特點。相對於股票來說，債券的風險程度較低，因此其收益率也低於股票。

按照發行主體不同，債券分為政府債券、金融債券和企業債券；按照付息方式不同，分為付息債券、到期一次性還本付息債權、貼現債權、零息債權；按照債權形態，分為記帳式債券、實物債券、憑證式債券。

③證券投資基金。證券投資基金是一種利益共享、風險共擔的投資於證券的集合投資理財方式，即通過發行基金單位，集中投資者的資金，由基金託管人託管（一般是信譽卓著的銀行），由基金管理人（即基金管理公司）管理和運用資金，從事股票、債券等金融工具的投資。基金投資人享受證券投資的收益，也承擔因投資虧損而產生的風險。證券投資基金具有集合投資、分散風險、專業理財的特點，按照基金單位是否可以增加或贖回，可以分為開放式基金和封閉式基金。中國的基金暫時都是契約型基金，是一種信託投資方式。

④金融衍生產品。金融衍生品（Derivatives）是在基礎金融工具或基礎金融變量之上派生出來的金融產品，是指一種金融合約，其價值取決於一種或多種基礎資產或指數。合

約的基本種類包括遠期、期貨、掉期（互換）和期權。

（三）金融產品行銷認知

1. 金融產品行銷

行銷，是指企業發現或挖掘準客戶需求，通過整體氛圍的營造以及自身產品形態的營造去推廣和銷售產品，主要是深挖產品的內涵，切合消費者的需求，從而讓消費者深入瞭解該產品進而購買的過程。

對於「行銷」這個概念的理解，學界經歷了一個漫長的歷史歷程，最初以「生產觀念」和「產品觀念」為指導思想；繼而以「銷售觀念」為指導思想；第二次世界大戰結束後，逐漸演變為「市場行銷觀念」；到20世紀70年代，又提出了「社會市場行銷觀念」「大行銷觀念」；2010年，菲利普·科特勒（Philip Kotler）又升級出行銷的3.0版本——以人為本的行銷。菲利普·科特勒在《行銷管理》中指出，行銷觀念經歷了從以產品為中心到以客戶中心的變化，現在進入全方位行銷的階段。全方位行銷觀念，我們稱之為Marketing Everywhere。一方面，它是一種思維，無處不在；另一方面，從企業職能來看，也意味著Marketing成為核心戰略，將客戶價值與公司營運合一。正如菲利普·科特勒所說：行銷作為公司價值創造的中樞，要上升為一種CEO的市場戰略。

隨著行銷觀念繼續發展，行銷者認為實現組織目標的關鍵是比競爭者更有效地針對目標市場創造、傳遞和傳播卓越的客戶價值。為了挖掘客戶終身價值，客戶關係管理（CRM）變得更加重要，於是STP+4P+CRM型行銷框架應運而生。

金融產品行銷是行銷管理與金融產品相結合的產物，是行銷管理理論在金融產品上的全過程運用，包括金融業務市場細分、選擇目標市場、價值定位、開發特定產品、確定價格和分銷、品牌經營直至促銷推廣的全過程。

2. 金融產品行銷的特徵

金融產品的特性使得金融產品行銷具有以下特徵：

（1）從金融產品行銷的主體——金融機構來看，具備更高的專業性和技術性，具有服務定制性和差異化特徵。

金融企業作為金融產品和服務的提供者，不僅要在資金籌集過程中針對不同投資者的需求開發不同的金融產品和服務，還要在資金運用活動中針對不同的客戶提供特定的金融產品和服務。因此，金融機構會針對不同的客戶群體量身定制不同類型的金融產品和服務。例如，投資理財顧問會針對每個客戶給予不同的投資理財建議，這就決定了金融機構必須具備更高的專業性和技術性。

（2）從金融產品行銷的客體——金融服務的消費者來看，金融產品行銷注重人性化、注重情感，要以客戶為中心，最大限度地滿足客戶的需求，為客戶提供更人性化的服務。

由於金融自由化的發展，金融市場發展日益成熟，金融消費者的規模越來越大，消費

群體結構越來越複雜，消費需求日益多元化和個性化，金融消費者對金融產品和服務的質量要求也隨之提升。因此，金融產品行銷要求所有行銷人員面對不同的客戶，能迅速判斷識別出客戶的個性化需求，有選擇地將本企業的金融產品推薦給客戶並將產品的相關特性與客戶的需求匹配起來傳遞給客戶，最大限度地滿足客戶的需求，為客戶提供更人性化的服務。金融機構在進行金融產品行銷時，必須注重加強人性方面的情感價值，通過附加某種特定的文化，使之與目標客戶群體的價值觀、信仰等產生共鳴。

（3）從金融產品行銷的過程來看，金融產品的提供和金融產品的消費是同步進行的，因此金融企業在產品行銷過程中，應時刻注重提高自身業務素質，樹立良好的品牌和企業形象。同時，金融產品的特性決定了在行銷過程中，風險管理尤為重要。

由於金融產品具有同質性，因此不同的金融機構提供的同一類型的金融產品在功能上差別不大，客戶在選擇金融產品或服務的時候往往不是被金融產品能夠帶來的盈利或便利所吸引，而是被其熟知和滿意的品牌所吸引。

金融產品不是實體，客戶的購買行為建立在對金融企業信任的基礎上。客戶對金融產品及其知名度的認識始於對其提供者——金融企業的認識，客戶如何在眾多的具有同性質的金融產品中做出選擇，極大程度上取決於他對金融機構的信任程度與好感程度。因而，在金融產品行銷中，商業銀行、保險公司等金融機構都非常注重自身形象。

（4）從金融產品行銷的標的——金融產品來看，金融產品具有無形性、產品與服務的不可分割性、產品價值的累加性、差異性、易模仿性等特點。

3. 金融產品行銷戰略

（1）行銷戰略的含義。戰略（Strategy）可確定企業的長遠發展目標，並指出實現長遠目標的策略和途徑。行銷戰略（Marketing Strategy）是指企業在現代市場行銷觀念下，為實現其經營目標，根據市場實際需求，結合品牌戰略和產品策略，對一定時期內市場行銷發展的總體設想和規劃，具有全局性、長遠性的特點。

金融產品行銷戰略，是行銷戰略在金融領域的具體應用，是金融機構結合當下的行銷理念和金融產品，對較長時期內金融市場行銷活動的總體構想、方針和方案。

金融產品行銷策略，是配合企業完成企業戰略和行銷戰略而制定的很多種方案策略，即所謂的銷售目標分配。為了完成行銷戰略，我們需要對產品、渠道、價格、促銷進行詳細的規劃。

對行銷市場而言，行銷戰略是宏觀層面的規劃和指導，行銷策略是微觀層面的執行與實施。

（2）金融產品行銷戰略的內容。現代金融機構能否根據行銷環境的發展變化，結合機構自身的資源及經營狀況，制定出具有遠見卓識、符合市場長期發展趨勢而又切實可行的行銷戰略，是金融企業行銷活動乃至整個經營成敗的關鍵。

金融產品行銷戰略的制定，主要有以下四個步驟：建立金融企業願景、使命和目標，

進行產業分析和能力分析（常用 SWOT 矩陣分析法），編製市場行銷戰略計劃以及選擇戰略方案。

4. 金融產品行銷策略

金融產品行銷策略是金融企業以顧客需要為出發點，根據經驗獲得顧客需求量以及購買力的信息、商業界的期望值，有計劃地組織各項經營活動，為顧客提供滿意的商品和服務而實現企業目標的措施和方法。

金融產品區別於一般商品，具有無形性、產品和服務的不可分割性、易模仿性等特點，因此，金融產品應結合金融行業特色和金融產品特性，制定行銷策略，組織行銷活動。

（1）傳統的金融產品行銷策略包括產品策略（Product）、價格策略（Price）、渠道策略（Place）和促銷策略（Promotion）。

①產品策略主要涉及產品的包裝、設計、顏色、款式、商標等，主要研究新產品開發、產品生命週期、品牌策略等，是制定定價策略、促銷策略的基礎，為產品賦予特色。

為適應金融市場的發展和變化，金融產品必須提供「抓品牌」「抓創新」「抓特色」的服務，以金融產品開發為重點，合理制定品牌擴張策略，通過對混合金融產品和衍生金融產品的創新開發，滿足客戶不同方面、不同層次的金融服務需求。

②價格策略主要涉及金融產品的定價，產品定價主要考慮的因素有成本、市場、競爭等因素。

③渠道策略主要涉及金融產品或服務從生產領域流向消費領域所經過的整個通道，以及在產品整個傳遞過程中，為滿足目標市場消費者的需求，利用各種信息技術和網路終端向顧客提供的各種服務。

金融產品行銷的渠道包括直接渠道、間接渠道、金融中間商、批發和零售等。

④促銷策略主要涉及通過人員推銷、廣告、公共關係和行銷推廣等各種促銷手段，向消費者傳遞產品信息，引起他們的注意和興趣，激發他們的購買慾望和購買行為，以達到擴大銷售的目的。

金融產品的促銷，必須針對準客戶金融需求的痛點對症下藥，如消費者難以信任、回收利潤週期長等。

（2）科特勒行銷思想和理念的發展過程。

① 6P 理論。在 20 世紀 80 年代，科特勒發現了「非市場力量」對行銷的影響。他提出，行銷不能僅僅只依靠「看不見的手」，很多時候還需要「看得見的手」。原有的 4P，缺乏對政府影響的考慮。另外，社會文化和輿論也會對行銷施加非市場的干預。於是，他在自己的行銷組合中增加了兩個方面，即「政治權力」（Political Power）和「公共關係」（Public Relation）。由此形成了大市場行銷理論，即 6P 理論。

② 10P 理論。科特勒發現新增的 2P 缺乏明確的內涵，不能給出類似於傳統 4P 那樣

具體的操作工具與操作方法。沒有具體化就沒有可操作性，難以把握內涵，自然就難以執行和控制。另外，新增的2P也不屬於傳統行銷的職能，因而行銷部門不可能對其負責。新增的2P意味著行銷不再是行銷部門的行為而是整個企業的行為。於是，科特勒又將6P組合發展為10P組合，即再增添研究（Probing）、劃分（Partitioning）、優先（Prioritizing）、定位（Positioning）。這次新增的4P實際上主要著眼於把政治因素和社會因素引入行銷後的新變化，尤其是公司高管層的對應變化。

③ 12P理論。再進一步，科特勒認為，即便是10P，依然存在明顯的不足。不管行銷如何變化，如果忽視了「人」，就是捨本逐末。「人」在市場行銷中扮演著至關重要的角色，從實質上看，行銷必須由人操作，從人出發，以人為宗旨。從形式上看，如何引起人的注意力，還需要更多的包裝服務。因此，科特勒又增加了兩個P：人（People）和包裝（Packing）。至此，科特勒的行銷組合由4P演變成了12P。從4P到12P，反應的是行銷組合的發展。從戰略角度看，即便是12P，已經考慮了影響行銷的各個方面，仍然存在不足，即對顧客的考慮不足。4P也好，12P也罷，基本立足點依舊是賣方而非買方。

④ 4C理論。科特勒強調，顧客在考慮購買一項產品或服務時，不會站在賣方的立場。顧客關心的是客戶價值（Customer Value）和盡可能低的客戶成本（Customer Cost），另外還想要的是購物的便利性（Convenience），與行銷人員更好地交流（Communication），而且是雙向的交流。因此，4P中的每一個因素，都可以由賣方觀點的P衍生為買方觀點的C。因此，行銷應該從4P轉向4C，即從生產方觀念轉變為顧客觀念。必須指出，4C並不排斥4P，恰恰相反，是要從顧客角度出發更好地處理4P（見表1-3）。

表1-3 從4P到4C

4P	4C
產品（Product）	客戶價值（Customer Value）
價格（Price）	客戶成本（Cost to the Customer）
地點（Place）	便利性（Convenience）
促銷（Promotion）	交流（Communication）

（3）服務行銷組合7P理論。1981年布姆斯（Booms）和比特納（Bitner）將服務企業行銷組合定義為7個核心要素，建議在傳統的市場行銷4P理論即產品、價格、渠道和促銷的基礎上增加3個服務性的P，即人員（People）、過程（Process）和實體證明（Physical Evidence）。

人員（People）：在服務類企業中，人員占據著十分關鍵的地位。他們與客戶直接接觸，影響著客戶對服務和產品的評價，直接關係顧客滿意度，決定了顧客是否會選擇再次購買。因此市場行銷管理人員必須重視員工的篩選、約束和激勵，盡可能為客戶提供滿意

的服務。有可能一位客戶對企業的認知會受其他客戶的影響。

過程（Process）：人員的行為在服務類企業中非常重要，而過程也同樣重要。客戶較為重視服務的便捷性和在時間及交通上花費的成本。同時，表情自然、態度真誠的員工可以緩解客戶在排隊等待過程中產生的不耐煩，或者降低出現技術故障時客戶的不滿和怨言。因此，銀行應當讓員工提高服務效率、盡快熟悉服務流程，減少顧客的等待和焦慮，並及時處理客戶投訴，增加客戶滿意度。

有形展示（Physical Evidence）：通過有形的人員、設施、廣告和品牌載體等形式，在消費者購買前將無形的服務展示出來。有形展示會影響消費者對一家服務企業的評價。

這7個要素是當代企業服務行銷方案的核心，決策者在制定行銷戰略時需要充分考慮這些要素相互之間的關係。金融產品除了有形產品，如支票、信用卡、帳單的設計外，更多的是無形產品，如投資理財諮詢服務、理財產品、保險產品、銀行中間業務等；而且金融產品與服務是分不開的。例如，客戶辦理帳號、申請貸款等都需要提供面對面的服務，因此如何提升金融服務的3P行銷策略是關鍵。

（4）4Cs行銷理論、4E行銷理論、網路整合行銷4I原則。1990年，美國學者羅伯特·勞朋特（Robert Lauterborn）教授在其《4P退休，4C登場》中提出了與傳統行銷的4P相對應的4Cs行銷理論。4C理論強調企業與客戶溝通，一切從客戶的利益出發，維護客戶的忠誠度。只有將4Cs理論中所強調的客戶的期望和需求（Consumer Wants and Need）、客戶期望費用（Cost to Satisfy）、購買的便利性（Convenience to Buy）和與客戶雙向溝通（Communication）有重點地應用到4種不同的定制行銷中，以此為根據確定行銷組合策略，才能保證實施大規模定制方式的企業在市場中取勝，實現共贏。

立足於互聯網時代的顧客變化，奧美互動全球的CEO布萊恩·費瑟斯通豪（Brian Fetherstonhaugh）認為，以往的行銷建立在4P基礎上，而時代在發展，行銷理論需要一個革命性的轉變。這種轉變的內涵，就是以4E替代4P。所謂4E包括以下內容：

①從產品到體驗（Product→Experience）。社會進步使消費者的購買行為發生了很大的變化，現在顧客是在經驗中做選擇，而不單是在產品特色中做選擇。任何產品，能夠維持優勢地位的時間會越來越短。行銷者應該把重點從單純的產品服務轉移到顧客的體驗之中，要不斷提升顧客的體驗，以提升顧客對品牌的忠誠度。

②從特定地點到無處不在（Place→Everyplace）。網路極大地改變了世界的空間分佈，現在顧客的購買行為可以從網路上直達任何地方，在虛擬的世界中改變舊有的行銷觀念。虛擬並不「虛」，它是實實在在的真實世界，網路化使行銷打破了以往的空間隔閡。

③從價格到交換（Price→Exchange）。行銷的核心在於交換。信息的發達使現在的消費者越來越有能力識別和判斷產品的內在價值。所謂「購買」，越來越向交換的本義靠攏。而價值是因人而異的，行銷人員應該重新理解王爾德的名言「A cynic knows the price of everything but the value of nothing（憤世嫉俗的人知道任何東西的價格，但卻不知道它的價值）」。

④從促銷到布道（Promotion→Evangelism）。在互聯網的推動下，人們的價值趨於多元化。促銷不是把產品推銷出去，甚至不是把服務推銷出去，而是傳遞給顧客一種新的理念。比如，出售可樂不是推銷飲料，而是傳播活力。如果說，科特勒是立足於4P，提出以顧客為主導的行銷戰略，是對他之前的行銷理論進行改造，那麼費瑟斯通豪則是在互聯網發展的背景下，用新的理念替代4P。在思想內涵上，他們實際是相通的，都是從顧客出發、從社會發展角度來看待行銷。

網路整合行銷4I原則要求行銷具有趣味性（Interesting），給消費者帶來利益（Interests）、帶動客戶參與互動（Interaction），滿足客戶的個性（Individuality）需求。

5. 金融產品行銷人員的職業素養

（1）真誠+專業。最簡單的行銷邏輯就是真誠+專業。如果再增加任何要素，就會改變行銷的本質，讓行銷行為越來越複雜，效率越來越低。真誠可以讓你和客戶走得更近，專業決定你能和客戶走多遠。

①真誠來自以客戶為中心。專業行銷人員為客戶提供貢獻型的服務，幫助客戶學會理財，教客戶理財而不是叫客戶理財，先予後取。他們和普通行銷人最大的區別是：他們相信，真正持久的成功都是價值觀的勝利——大勝靠德，小勝靠術。也就是說，堅持「先予後取」，儘管不能保證每一次都會成功，但卻可以大幅地減少失敗。

行銷不是一段簡單的對話，它是一個循序漸進的計劃。影響客戶要有持續的情感影響和專業的影響。每個人天生都是行銷大師，最好的行銷，就是發現並發揮好每個人真善美的天性。

不論在什麼行業做行銷，行銷人都應該認識到，我們決定不了產品好壞，但我們可以用個人能力創造性地展示產品價值，甚至是彌補產品的不足，讓人成為核心賣點。這就是通常所說的，賣產品，但更要賣自己。

作為一線行銷人，真正的強大不只是業績好，而是一大波客戶真心地追隨你。客戶是銀行的資產，但也是理財經理的個人資產。只有真心對待客戶，業績的基礎才是紮實的，你最終才能獲得自主權。

②專業來自於學習、培訓和實踐。成功的行銷人員或者客戶經理至少要具備兩方面的良好素質：一是個人性格；二是銷售技能。個人性格由長期的生活環境和經歷練就，而銷售技能可以從培訓和實踐中學習。

關於行銷人員應具備的性格特點許多人有不同的觀點，可概括為十個方面：自信、勤勉、守信、敏捷、抱負、健康、專業技能、工作興趣、策劃能力、關注社會。所有這些方面還應該均衡發展。

銷售技能主要是通過培訓和實踐獲得的。通過培訓和實踐，行銷人員應該學會如何尊重和瞭解客戶、培養團隊合作精神。行銷過程大致分為三個階段：問候及印象形成、滿足客戶需求、售後服務。行銷人員應該知道過程中各個環節的行之有效的行為方式。

單有業務和技術性素養的培訓還不夠，我們還需要培養銷售文化素養。與客戶建立長期友好關係的核心是如何根據時間、地點、對象做出靈活應對，通過良好的溝通使客戶消除戒心，產生好感。有效溝通的方法大致有以下幾個：視覺接觸、微笑、問候客戶、使用客戶名字、避免過多使用金融專業術語、以積極態度回答客戶問題、表示感謝。

　　當客戶顯示出對產品服務有興趣時，要明白他真正的需求。這需要行銷人員具備傾聽能力，否則就不可能向客戶提出中肯的建議，幫助客戶購買最能滿足其需要的產品和服務。有效的傾聽至少應做到：有時間傾聽；集中精力；重點放在客戶的主要想法；積極地反饋，進一步證實客戶的想法；提出問題，重複主要思想；修正個人偏見；察言觀色。

　　與傾聽密切相關的是有效提問。因為提問有助於行銷人員從客戶那裡獲取更多的信息，有助於行銷人員向客戶行銷正確的產品和服務。有效地與客戶溝通還要求儀表得體，即使金融機構允許在辦公室隨便著裝，但對於行銷人員而言，在客戶面前保持職業儀表仍十分重要。

　　(2) 知識行銷勝過產品行銷。知識經濟時代，企業的行銷環境發生了巨大變化。首先，競爭日益激烈。隨著信息網路技術的飛速發展及世界經濟一體化的不斷演進，「國內市場國際化、國際競爭國內化」將逐步成為現實，競爭將愈演愈烈。其次，競爭的方式也將發生變化。大家共享信息技術，共享知識資源，共同開發市場，在合作中競爭，在競爭中合作，形成良性循環的競爭環境。因此，知識行銷取代傳統行銷將成為必然。

　　知識行銷是通過有效的知識傳播方法和途徑，將企業所擁有的對用戶有價值的知識（包括產品知識、專業研究成果、經營理念、管理思想以及優秀的企業文化等）傳遞給潛在用戶，使其逐漸形成對企業品牌和產品的認知，從而將潛在用戶最終轉化為用戶的過程和行銷行為。

　　知識行銷過程並不是從產品的銷售開始的，而是貫穿整個產品的生產過程。只有產品注入了知識含量，知識行銷才有實現基礎。知識行銷的實現方法是將市場行銷過程和知識管理過程有機耦合，將市場行銷中獲取、產生、需要的各種形式的知識進行對接、整合、共享、創新、利用、發布，最終實現知識的價值轉化。知識行銷過程是一個複雜的過程，是以市場為導向、以技術為基礎、以文化為動力的多方參與和交互作用的過程，涉及生產的各個環節與管理的各個層面，是考驗企業綜合生產能力、目標集聚和實現能力的大行銷理念。

　　知識行銷的實現需要企業硬件資源和軟件資源的通力合作與交叉融合。硬件資源包括企業的行銷隊伍、技術平臺、資金支持、產品服務、市場位勢等，軟件資源則包括企業的組織結構與組織制度、企業文化、行銷人員素質與技巧、企業形象與產品品牌、知識管理能力、組織執行能力等。硬件資源以技術平臺與行銷隊伍建設最為重要，軟件資源以組織結構和組織制度最為關鍵。

　　知識行銷應該常態化，我們可以在給客戶辦理業務的前、中、後期進行知識行銷。

①業務前，我們可以用金融知識做售前預熱，開展知識行銷。我們將金融知識同步展示於網點大堂或櫃臺，如易拉寶、宣傳欄、熒光屏、三角卡等，讓客戶可以隨時看到和學習，激發出客戶的需求，使得部分潛在客戶的需求更早被激活，客戶來到銀行後不用你推銷，就可能主動諮詢，也大幅縮短了成交週期。這種金融知識預熱工作是批量進行的，可以快速覆蓋大量客戶，傳播效率遠大於一對一面談，大大節省了時間。更重要的是，由於客戶接收到的不是產品信息而是一些金融知識，理財經理在客戶眼裡不再是產品推銷員，更像是知識分享者，客戶將獲得更好的體驗，而理財經理也將從幫助客戶的過程中獲得成就感。

②業務中，和客戶面談時，我們要大膽地分享知識點，以間接激發客戶的需求。比如，我們可以用知識卡做演示。

③業務後，如果現場面談時我們來不及普及知識，或者沒有找到溝通切入點，那就在客戶辦理完業務後，給客戶遞送知識卡片，或者通過短信、微信、郵件等方式發送給客戶，以此來做一個有專業價值的閉環溝通，為下一次行銷做好鋪墊。

知識行銷需要我們持續地行動，需要我們好好說話，發揮好口才。

（3）資產配置而不是單一產品銷售。單一產品的暴利時代已經基本結束，未來更多是財富的均衡配置。未來個人財富的增值，將更多來自資產配置。我們通過合理地配置資產比例，就可以降低各類資產的波動的風險，就有可能獲得絕對收益，讓財富均衡上漲。

資產配置是一門綜合藝術，需要考慮各種因素。

首先，低風險和高風險的配比：貨幣基金是低風險的極端，而私募股權投資和藝術品投資是高風險的極端。

其次，短期和長期的配比：股票型產品是 T+1 的流動性，而信託產品則是 1~2 年的流動性，私募股權投資是 5 年。

最後，境內和境外的配比：全球經濟一體化的趨勢，讓我們的眼光不只停留在國內市場，而是要放眼美國市場和其他新興市場。

中國的財富管理行業，正呈現出明顯的分業向混業發展的趨勢，混業帶來的必然趨勢就是金融產品的日益豐富甚至是爆發式增長。面對日益複雜的理財產品，資產配置就是頂層設計，遠遠比個別的股票和基金選擇重要。

金融分析師期刊（*Financial Analysts Journal*）針對美國主要退休基金所做的 10 年期績效實證調查顯示，超過 90%的投資組合報酬來自資產配置。由此可見資產配置對投資報酬的影響有多大。

做好資產配置需要我們進行系統學習和實踐。

二、金融行銷的環境分析

[案例] 利率市場化對金融機構的衝擊

利率市場化將為保險行業帶來廣闊的發展空間。外資保險公司中的「領頭羊」——友邦保險的首席市場官張曉宇指出，去年8月保監會逐步放開利率市場化，這令保險行業有了更大的發展空間。不過，放開後許多小公司的業務發展步伐較為激進，這使得行業需要去思考一個問題，那就是除了傳統意義的提高投資收益之外，保險公司自身營運的價值鏈到底是什麼。同時，從普通投資者的感受來說，目前金融市場「重當前利益，輕風險提示」，金融機構對客戶的引導有所欠缺。

銀行方面，中國農業銀行金融市場部副總經理彭向東表示，在大資管時代，包括基金、信託及私募等7類經營主體的實際差異明顯。面對相互競爭關係和外部的壓力，銀行有望進行積極轉型。

不得不說，在利率市場化的大勢下，整個商業銀行，特別是零售銀行，有望變成一個財富管理平臺。但是，在此過程中，銀行業又將受到多大的衝擊，中央財經大學中國銀行業研究中心主任郭田勇認為其難以預料。從境外市場的經驗判斷，美國在20世紀六七十年代的利率市場化之前，有約9,000家銀行，但現在只有3,000多家，下降的幅度非常大。不過，利率市場化也給了部分銀行壯大的機會。例如，美國富國銀行在20世紀七八十年代的美國利率市場化進程中，通過做小微金融將根基打得非常紮實。銀行需進行多元化、差異化的經營，但怎樣將財富管理這塊業務穩定住，不光得會「開藥方」，關鍵還得「產好藥」，這是對銀行的考驗。

資料來源：張苧月. 利率市場化對於金融機構的衝擊有多大？[N]. 上海證券報，2014-03-24.

（一）金融行銷環境認知

在金融行銷過程中，我們首先要瞭解行銷環境。因為金融機構所處的行銷環境是在不斷變化的，這種變化有可能對金融機構有利，也有可能不利。有利的市場環境可以給金融機構帶來新的發展機會，而不利的市場環境可能會使金融機構面臨經營困境。

1. 金融行銷環境

（1）行銷環境的概念。菲利普·科特勒對企業行銷環境的定義為：「行銷環境是由企業行銷管理職能外部的因素和力量組成的。這些因素和力量影響行銷管理者成功地保持和發展與其目標市場顧客交換的能力。」

市場行銷環境是指與企業有潛在關係的所有外部力量與相關因素共同組成的有機體系，它是影響企業生存和發展的各種外部條件。我們瞭解市場行銷環境的目的是尋求行銷

機會、避免環境威脅。

（2）金融行銷環境的分類。金融行銷環境大致可以分為兩大類：宏觀環境和微觀環境。

宏觀環境是影響金融行銷的各種社會因素及自然因素，包括政治環境、經濟環境、文化環境、技術環境、自然地理環境等因素。宏觀環境的特點是影響廣泛，他們是企業賴以生存的外部空間。

微觀環境是與金融行銷具體活動直接相關的因素，包括客戶、競爭者以及金融機構的內部環境。微觀環境直接影響金融機構的行銷活動，且其影響具體而直觀。

2. 金融行銷環境的特點

（1）客觀性。客觀性是指金融行銷環境的存在不以某一個金融機構的意志為轉移。以經濟環境為例，重要的經濟指標狀況，如國民經濟增速、通貨膨脹率、經濟景氣週期等，會影響金融機構的經營。這些因素不是由哪一家金融機構決定的，金融機構需要對這些客觀環境因素進行預測和判斷，並做出針對性的戰略調整。

（2）複雜性。金融行銷環境的範圍很廣，數量很多，而且還會彼此相互作用和聯繫。從市場分類看，資本市場與貨幣市場會相互影響，也存在資金競爭。從行業看，銀行、證券、保險、信託等行業互相聯繫、互相影響，既存在競爭，又存在合作。例如，保險業的發展已經離不開銀行，銀行保險銷售渠道已經成為很多保險公司增長最快的銷售渠道。雖然這會導致部分銀行存款轉為保險金，但銀行也因此發展了中間業務，賺到了手續費。

（3）動態性。金融行銷環境始終處於變化之中，變化是金融行銷環境的常態。例如，中國保險業最初的發展重點是財產保險，當居民富裕起來、對生活品質的要求變高時，人身保險變得越來越重要。行銷環境總是在變化，對於金融機構而言，唯有應對變化、應對挑戰才是不變的法則。

（4）不可控性。通常情況下，行銷環境是金融機構無法控制的外部影響因素。宏觀環境層面要考慮一國乃至全球的發展狀況，微觀環境也存在很多不可控性，如客戶的需求和競爭對手的行為都是很難控制的。

（二）金融行銷宏觀環境分析

金融行銷所面臨的宏觀環境與其他行業面臨的宏觀環境相似，包括6個方面：政治法律、經濟、人口、文化、技術、自然。

1. 政治法律環境

（1）政治環境。政治環境是指金融機構的外部政治形勢和狀況。一國的政局穩定、國泰民安，金融市場就會穩定，金融機構也就有一個良好的外部環境。反之，政治不穩定會導致社會動盪、經濟混亂，影響經濟發展和人民收入增長，影響人們的投資融資活動，給金融市場帶來巨大風險。

此外，金融行銷離不開國際環境。自中國加入WTO後，金融市場已逐漸向外資機構開放，大量外資金融機構也紛紛在中國境內設立分支機構和代表處，開展各類金融業務。中國的金融機構也積極拓展海外市場，在許多國家建立自己的營業網點。如果沒有良好的國際環境，國家之間不能保持良好的雙邊或多邊環境，要實現國際金融行銷是不太可能的。因此金融機構要將收集政治情報作為企業制訂行銷計劃的基本工作。

（2）法律環境。法律環境是指國家或地方政府所頒布的各項法律、法規、法令和條例等。政府制定法律法規，一方面是為了維護市場秩序、保護平等競爭，另一方面是為了維護顧客的利益、保證社會穩定。

金融機構開展業務時要受到法律特別是金融法律的制約。金融法律主要包括國家和中央銀行頒布的有關法律、法規和規章制度。中國相關的金融法律主要包括《中國人民銀行法》《商業銀行法》《票據法》《擔保法》《證券法》《保險法》等。這些法律法規是金融機構經營的行為準則。金融機構需要依法依規運作，保護客戶利益，嚴格執行各項業務操作程序，防範和化解金融風險。

金融機構行銷人員不僅應熟悉有關經濟法律法規，還要瞭解與法律的制定和執行有關的政府部門的職能與任務，這樣才能全面瞭解企業所處的外部環境，避免威脅，尋找機會。

（3）政策環境。政策對金融機構的影響是相當明顯的。這些政策包括國家制定的宏觀金融政策、地方政府制定的金融政策、中央銀行制定的政策，以及通過各金融監管機構頒布的各種政策條例等。改革開放和市場經濟政策給中國的金融機構帶來了質的變化。在計劃經濟時期，中國的四大國有銀行完全按照計劃體制經營，幾乎所有的經營活動都在國家的控制之下，幾乎不用考慮行銷問題。而隨著國家政策的變化，銀行必須開始按照市場規律經營。可見，政策對於金融機構開展行銷活動有巨大的影響。

2. 經濟環境

經濟環境是指金融行銷活動所面臨的外部社會經濟條件。經濟環境包括經濟發展水準、宏觀經濟走勢、消費者收入水準、消費結構、國際經濟環境等。

（1）經濟發展水準。經濟發展水準決定了社會資金的總供給和總需求水準，直接影響金融機構的資金實力、業務種類、經營範圍和手段。在經濟發展的不同階段，人們的收入不同，對未來的預期存在著較大差異，通過金融機構進行投融資的頻率和規模也就不同，這對金融機構行銷活動產生制約作用。

（2）宏觀經濟走勢。一個國家或地區的宏觀經濟走勢對金融機構的日常活動有舉足輕重的影響。在經濟快速發展時期，金融機構往往不擔心業務的開展，各行各業都離不開各種金融產品或服務，金融機構只需加強對金融產品的風險控制即可實現業務發展。而在經濟蕭條和低迷時期，經濟活動的減少直接影響金融機構的業務量。

（3）消費者收入水準。消費者收入是指消費者個人所取得的全部收入，包括工資、獎

金、紅利等。中國是一個人口大國，金融機構的個人業務占整體業務的比重相當大，而個人金融業務受消費者個人收入的影響。

國民收入是指經濟社會（一個國家或地區）在一定時期內生產的全部最終產品（物品或勞務）的價值。國民收入越高，消費者購買金融產品的可能性和購買力越大；反之亦然。國民收入是反應一個國家國民經濟發展水準的綜合指標，是一個綜合性的宏觀經濟指標，它有廣義和狹義之分。廣義的國民收入泛指國民生產總值、國民生產淨值、國民收入、個人收入、個人可支配收入5個總量，及其相關指標；狹義的國民收入僅指國民收入。

人均國民收入是直接反應這個國家社會生產力發展水準和人民生活水準的綜合指標。人均國民收入是國民收入總量與總人口的比值，它反應了一個國家公民的平均收入。根據人均國民收入，我們可以推測不同國家或地區的人會更多消費哪一類金融產品和服務。

個人收入（Personal Income）是指一個國家一年內個人取得的全部收入，指個人從各種途徑所獲得收入的總和，包括工資、租金收入、股利股息及社會福利等。個人收入決定了消費者個人和家庭的購買力。

個人可支配收入（PDI）等於個人收入扣除向政府繳納的所得稅、遺產稅和贈與稅、不動產稅、人頭稅、汽車使用稅以及交給政府的非商業性費用等（統稱非稅支付）後的餘額。它是個人收入中可以用於消費、儲蓄、投資的部分，因而常被用來衡量一國生活水準的變化情況。

個人可任意支配收入指從個人可支配收入中再減去維持生活所必需的支出和其他固定支出（如房租、水電、食物、衣著等項開支）後所剩餘的部分。這部分收入是消費需求變化中最活躍和最具潛力的因素，是金融機構開展行銷活動時所要考慮的主要對象。

（4）消費結構。消費結構是指各類消費支出在總費用支出中所占的比重。它是目標市場宏觀經濟環境的一個重要特徵，能夠反應一國的文化、經濟發展水準和社會的習俗。消費結構的特徵決定目標市場產品需求的構成，從而影響企業的產品經營決策。

中國正處於經濟轉型期，人們的消費結構發生了變化，對娛樂、文化教育和旅遊等相關產品和服務的需求在不斷上升，金融機構可以以此為基礎開展行銷活動。

（5）國際經濟環境。隨著全球經濟一體化的發展，世界各國的經濟聯繫越來越廣泛且密切，國際經濟環境對於本國金融市場的影響更加明顯，特別是當金融機構開展跨國經營時影響更為深遠。目前，國際經濟環境十分複雜，金融行銷中所涉及的因素多且不斷變化，主要因素包括各國的經濟結構、經濟發展階段、人口結構、收入水準、國際資金流動等。這些因素對於金融行銷決策的影響不同。例如，不同國家或地區的產業結構不同，對於進出口商品的結構和資金需求不同，要求金融機構提供的金融產品和服務不同。再如，不同國家和地區所處的經濟發展階段不同，對於進出口商品的結構、檔次、數量的需求就會不同，對於金融產品與服務的結構、檔次、數量的需求也會不同。

3. 人口環境

人口是市場環境的首要因素，金融機構的活動需要圍繞著人口的需求展開。人口規模、分佈、年齡結構、婚姻狀況、家庭結構和受教育水準等組成了金融行銷的人口環境。

（1）人口規模。人口規模即人口數量，指總人口的多少。它是決定市場規模的一個基本要素，人口絕對量的增減（即人口規模的大小）會導致社會消費總體的增減，進而促進或者阻礙消費品生產企業的業務，並最終體現在企業金融業務量的增減上。金融企業需要關注所在國家或地區的人口數量及其變化，通過人口出生率、人口死亡率等指標來確定現在市場規模和預測未來市場規模。

（2）人口結構。人口結構，又稱人口構成，是指將人口以不同的標準劃分而得到的一種結果。它反應一定地區、一定時點人口總體內部各類不同質的規定性的數量比例關係，構成這些標準的因素主要包括年齡、性別、人種、民族、宗教、教育程度、職業、收入、家庭人數等。

①年齡結構。不同年齡的客戶，對金融產品的需求不一樣。金融機構應通過瞭解年齡結構的需求特點，有針對性地開發金融產品，尋找目標市場。

②教育與職業結構。客戶受教育程度不同，對金融產品需求的傾向不同。教育水準的高低影響金融行銷策略的選擇。

職業會影響一個人的收入，進而影響其消費模式。收入高的人可能會將多餘的資金進行投資，而收入低的人在滿足了基本生活需求之後沒有多少的多餘資金，他們一般將其進行儲蓄。此外，從事不同職業的人，對金融產品的理解也存在一定的差異，如從事高風險職業的人往往對保險產品需求大。

③家庭結構。一個國家或地區的家庭單位的多少以及家庭平均成員的多少，會直接影響金融產品的需求數量。此外，不同類型的家庭往往有不同的消費需求。

④生活方式。生活方式不同的客戶對金融產品的需求各不相同。喜歡追趕潮流的人會搶先體驗新的金融產品，相對保守的人喜歡購買一些具有保值功能的金融產品。瞭解客戶的生活方式，對開展金融行銷活動具有重要意義。

4. 文化環境

文化環境主要是指影響金融行銷的社會文化背景，主要包括社會中人口分佈及構成、風俗傳統、道德準則及價值觀、信仰狀況、人民受教育程度、消費習慣等。

文化環境是在人們長期的社會實踐中逐漸形成並豐富起來的，是一種歷史現象的沉澱，不同社會文化背景下成長起來的人們會有不同的價值觀念、倫理道德、行為習慣，這些也會影響金融消費和金融產品的選擇。

5. 技術環境

技術進步日新月異，給各個行業帶來了衝擊和機遇。對金融業而言，技術進步有兩個方面的影響：一是對金融企業自身發展的直接影響；二是對客戶的影響導致的對金融企業

的間接影響。

（1）技術進步影響金融業的經營效率。金融機構對計算機和網路技術的運用，極大地推進了金融業的效率，金融業以極快的速度更新換代，用計算機操作代替了手工操作，業務的準確性和及時性大大提高。

（2）技術革新提升了客戶管理水準。金融機構通過專門的客戶管理系統，能夠有效地存儲和分析客戶的信息。

（3）技術變化促進了服務渠道的多元化。新式的通信技術和網路服務技術為金融機構提供了更多的接觸客戶的渠道，自助金融設備、網路金融服務、手機理財軟件等多元化的渠道延伸了金融服務的可達性，滿足了不同客戶的金融需求。

6. 自然環境

自然環境是指自然界提供給人類的各種形式的物質資料，如陽光、空氣、水、森林等。由於自然環境不同，一個國家或地區的產業結構會受到影響，而為這些產業服務的金融機構也會推出與之有關的服務。

（三）金融行銷微觀環境分析

金融行銷微觀環境是指由金融機構自身的市場行銷活動引起、與金融市場緊密相關、直接影響其市場行銷活動的各種行為人，是決定金融機構生存和發展的基本環境。

1. 企業內部環境

企業內部環境包括企業組織結構和企業文化兩方面。企業的組織結構包括由決策層、管理層、執行層組成的縱向結構，以及由供應、研發、生產、行銷、財會、人事部門組成的橫向結構。企業文化是指企業的管理人員與職工共同擁有的一系列思想觀念和企業的管理風貌，包括價值標準、經營哲學、管理制度、思想教育、行為準則、典禮儀式以及企業形象等。

2. 客戶分析

客戶是企業直接或最終的行銷對象。企業不能控制客戶的購買行為，但企業通過有效的行銷活動能在客戶心中樹立某種形象，改變客戶對企業及產品的態度和看法，改善與客戶的關係。企業的一切行銷活動都是以滿足顧客的需要為中心的。

（1）客戶需求分析。

①客戶需求的構成。第一，資金融通。資金融通是很多金融機構的基本職能，銀行、保險、證券、信託、財務公司等多種金融機構都可以通過業務運作進行融資。例如，銀行吸收存款、發放貸款，把社會閒散資金投入需要資金的部門。保險公司收取眾多投保人的保費，向少數發生損失的客戶賠付，也可以看作融資。第二，規避風險。客戶的許多金融行為都是為了規避風險。例如，客戶到銀行存款不僅是為了獲得信息，也是為了避免保管現金的風險。第三，財富管理。財富管理包括多方面內容，如資產增值、收支安排及財產

傳承等。第四，金融服務。金融服務是金融機構利用自身的設備、信息等資源為客戶提供的各類服務。金融機構承擔了很多金融服務職能。例如，證券公司的人員為投資人進行股票分析、銀行為企業與個人提供各類結算服務等。

②客戶需求層次分析。客戶需求層次主要分為一般服務需求、優質服務需求和個性化服務需求。

一般服務需求是指客戶對金融機構的服務需求僅僅停留在最普通、最常見的業務上，沒有更高、更複雜的要求。對於這類需求，金融機構可以用標準化服務來滿足，如自動存取款業務。

優質服務需求是指客戶在滿足了基本需求的基礎上，對服務效率和服務態度提出的更高的要求。服務過程中的每一細節都有可能影響客戶的服務體驗。例如，硬件設備的穩定性、員工的服務意識等，都影響客戶對服務質量的評價。

個性化服務需求是指客戶對金融服務有特別的要求，希望金融機構幫助定制專門服務。要滿足客戶的個性化服務需求，意味著金融機構要把每一個客戶當作一個細分市場，根據客戶的具體要求來提供相應的服務。理財服務和私人銀行服務就是典型的個性化服務。

（2）客戶行為分析。不同的個人客戶，進行金融消費的習慣和喜好都不一樣。影響個人客戶行為的因素非常多，主要有年齡、財富、受教育程度、生活消費方式、心理因素等。

①年齡。年輕的金融消費者往往容易接受新的金融產品，一方面這些金融產品適合自己，另一方面也可以展現時尚。

②財富。財富累積程度也會影響客戶行為，資金充裕的客戶在考慮分散投資和分散風險的基礎上，持有多種金融產品。

③受教育程度。一般來說，受教育程度較高的客戶會更容易接受複雜的金融產品，他們不會輕易接受行銷人員或客戶經理的建議，而是會提出自己的想法，尋找自己滿意的金融產品。

④生活消費方式。有些客戶喜歡貨比三家，在進行產品選擇時精挑細選，不會衝動購買。還有的客戶不希望出門，便捷的消費方式就會受到他們的青睞。

⑤心理因素。客戶的性格、閱歷、成長經歷等會影響客戶的金融消費心理，而心理因素會影響客戶的購買選擇。

目前，金融企業大多採取客戶經理制度。客戶經理制是金融企業通過選聘客戶經理，對客戶關係進行管理和維護，與客戶建立全面、明確、穩定的服務對應關係，促銷金融產品，為客戶提供優質、高效的金融一體化服務，從而實現客戶資源配置優良化、推進金融服務商品化、增強金融企業競爭實力的經營管理模式。

實施客戶經理制的實質和根本目的，就是一切從客戶和市場的有效需求出發，建立

「以市場為導向、以客戶為中心、以增強行銷能力為動力」的市場行銷服務機制，通過培植一個龐大、穩定的優質客戶群體，實現金融企業效益最大化。客戶經理制是金融企業服務理念和業務經營管理機制的創新，是穩定和擴大優質客戶群體的有效手段。客戶經理既是金融產品的「促銷員」，又是收集市場信息、反饋客戶需求的「採購員」，同時也是為客戶提供金融產品和金融服務的「服務員」。作為金融企業的業務代表，客戶經理可以調動內部資源，為客戶提供全方位的金融服務，在與客戶建立長期、密切的關係中發揮組織、協調作用，是金融企業經營體系中一個專業化的服務群體。

3. 供應商分析

金融機構的供應商是能使金融機構更好地為客戶提供服務的企業，金融機構依靠這些企業，可以以合理的成本快速準確地滿足客戶的需求。因此，供應商情況的變化會對金融機構的行銷活動產生較大影響。

隨著金融行業的發展，金融企業也不是所有的事情都全部由自己完成，而會將一部分業務環節外包。例如，保險公司會將產品的銷售環節外包給保險仲介公司，商業銀行會將客戶的信用調查外包給專業的評估公司。

對於金融機構，應盡量避免對某一家供應商的過分依賴，以免受到供應商任意提價或限制供應的影響。同時，採購代理人應設法與一些主要的供應商建立起長期的合作關係，以便在特別需求和價格等方面得到優先保障。另外，金融機構在尋找和選擇供應商時，應特別注意兩點：第一，必須充分考慮供應商的資信狀況；第二，必須選擇適當數量的供應商。

4. 行銷組織及決策部門分析

良好的行銷組織，可以把金融機構行銷活動的各個要素、各個部門、各個環節在時間和空間上相互聯繫起來，加強分工與協作，促進行銷活動更加協調、有序地開展。

行銷決策部門應該協調好與其他部門的關係。金融機構高層管理者在制定行銷戰略時，要充分考慮其他部門的意見，包括財務管理部門、研究與開發部門、生產部門、人事部門等。行銷經理的重大決定必須得到最高管理者的認可方能實施，同時，行銷經理還必須得到各部門的配合。

行銷仲介是協助金融機構促銷和分銷其產品給最終購買者的公司或個人，包括中間商、實體分配公司（倉儲、運輸）、行銷服務機構（廣告、諮詢、調研）和財務中間機構（銀行、信託機構、保險公司）等。

除了擁有完整行銷體系的少數大公司，在一般情況下，與金融機構合作的商業仲介組織多、仲介服務能力強、仲介組織分佈廣泛合理，金融機構對微觀環境的適應性和利用能力就強。

對於保險業中的壽險，行銷仲介的作用尤為顯著。壽險行銷中間人是指幫助壽險企業促銷壽險產品給最終消費者的機構及人員，具體包括保險代理人、保險經紀人、行銷服務

機構(如廣告商、壽險諮詢機構)等。行銷中間人為壽險企業促銷產品,並提供開展諮詢、廣告等種種行銷活動的服務。壽險企業在開展行銷活動時,要綜合考慮行銷中間人的實力、服務等,並在進行行銷環境分析時,深入考慮這些因素,與這些力量建立起密切有效的聯繫,提高行銷活動的適應性。

5. 競爭者分析

在任何市場上,只要不是獨家經營,都會有競爭對手存在。一個企業的競爭對手的狀況將直接影響企業的行銷活動,無論是在產品銷路、資源方面,還是在技術力量方面,因此金融企業必須要研究競爭者的狀況。

競爭者分析一般包括以下六項內容和步驟:

(1) 識別金融機構的競爭者。

每個公司都處在形形色色競爭者的包圍之中,由於競爭者往往面對同樣的顧客,因此其一舉一動無不影響組織的命運。企業必須識別各種不同的競爭者,針對不同競爭者採取不同的競爭對策。識別競爭者必須從市場和行業兩個方面分析。從行業的角度來看,企業的競爭者有現有廠商、潛在加入者、替代品廠商(與某一產品具有相同功能、能滿足同一需求的不同性質的其他產品,屬於替代品);從市場方面看,企業的競爭者有品牌競爭者、行業競爭者、需要競爭者和消費競爭者;從企業所處的競爭地位來看,競爭者的類型有市場領導者(Leader)、市場挑戰者(Challenger)、市場追隨者(Follower)和市場補缺者(Nichers)。綜上所述,企業應從不同的角度,識別自己的競爭對手,關注競爭形勢的變化,以更好地適應和贏得競爭。

①競爭者的數量。一個行業裡的競爭者數量,往往是由行業利潤的豐厚程度決定的,在很多國家,金融業都是最賺錢的行業之一,因此競爭的激烈程度也很高。

競爭者的數量還和國家法律政策規定有關。一個國家對金融業設置較高的進入壁壘,競爭者的數量就會減少;如果一個國家金融業的進入壁壘較低,金融機構的數量就會增長迅速。金融業競爭者的數量還和金融市場發達程度有關,市場越發達,競爭者越多。

②競爭者的市場份額。市場份額就是每一個金融企業的業務量在市場上的占比。在每一種業務行銷中,所有的競爭者面對的是同一個市場。在一段時間裡,市場規模是有限的。如果一個金融企業想要擴大市場份額,就意味著要從競爭對手那裡搶到客戶,爭取到業務。為了爭取更大的市場份額,金融企業會採取各種手段進行行銷,同時會排斥新的競爭者進入行業。

(2) 識別競爭者的策略。

①競爭者的產品策略。金融產品有一個明顯的特點就是易模仿性,往往一家金融企業推出了一種新產品,很快就會被模仿,因為金融產品的實質是服務。金融產品往往是一種服務安排,一旦公之於眾,大家就會明白它的運作原理和過程,根本無法像工商企業那樣去註冊專利技術,因此,金融企業需要不斷地金融創新,不斷滿足客戶的新需求。

②競爭者的價格策略。價格競爭是與對手競爭的常用方法。金融企業可以通過降低服務價格的方式，讓利給客戶，以此吸引客戶。但也不是所有的價格策略必然成功，降價固然會吸引客戶，但這些客戶往往不是忠誠客戶。一些大銀行有時故意對小客戶收費，這是一種排斥低價值客戶的方法。例如，花旗、匯豐等外資銀行會對小客戶收取帳戶管理費。

③競爭者的促銷活動。促銷有很多種方式，如廣告促銷、營業推廣促銷、公共關係促銷、人員推銷等。金融企業常常會推出各種促銷活動，從競爭對手那裡搶客戶。

（3）判斷競爭者目標。

競爭者雖然無一例外關心其企業的利潤，但他們往往並不把利潤作為唯一的或首要的目標。在利潤目標的背後，競爭者的目標是一系列目標的組合，對這些目標競爭者各有側重。因此，我們應該瞭解競爭者對目前盈利的可能性、市場佔有率、資金流動、技術領先、服務領先和其他目標所給予的重要性權重。瞭解了競爭者的這種加權目標組合，我們就可以瞭解競爭者目前的財力狀況，其對各種類型的競爭性攻擊會做出什麼樣的反應等。例如，一個追求低成本的競爭者對於他的競爭對手因技術性突破而使成本降低所做出的反應，比對同一位競爭對手增加廣告宣傳所做出的反應強烈得多。

（4）評估競爭者的優勢和劣勢。

在市場競爭中，企業需要分析競爭者的優勢與劣勢，做到知己知彼，才能有針對性地制定正確的市場競爭戰略，以避其鋒芒、攻其弱點、出其不意，利用競爭者的劣勢來爭取市場競爭的優勢，從而實現企業行銷目標。

競爭者優劣勢分析的內容包括：產品、銷售渠道、市場行銷、生產與經營、研發能力、資金實力、組織、管理能力等。

（5）確定競爭者的戰略。

各企業採取的戰略越相似，他們之間的競爭就越激烈。在多數行業中，根據所採取的主要戰略不同，我們可將競爭者劃分為不同的戰略群體。根據戰略群體的劃分，可以歸納出兩點：一是進入各個戰略群體的難易程度不同。一般小型企業適合進入對投資和聲譽要求都較低的群體，因為與這類群體交易更容易；而實力雄厚的大型企業則可考慮進入競爭性強的群體。二是當企業決定進入某一戰略群體時，首先要明確誰是主要的競爭對手，然後決定自己的競爭戰略。除了在統一戰略群體內存在激烈競爭外，不同戰略群體之間也存在競爭。

（6）評估競爭者的反應模式。

競爭者的反應模式主要包括遲鈍型競爭者、選擇型競爭者、強烈反應型競爭者和不規則型競爭者。

6．公眾

公眾是指對企業實現其目標有實際或潛在利害關係和影響力的任何團體或個人。公眾主要有以下幾類：政府公眾、金融公眾、媒體公眾、市民行動公眾、地方利益公眾、一般

公眾和企業內部公眾。政府公眾是指負責管理企業經營活動的有關政府機構，包括行業主管部門以及財政、工商、稅務、物價、商品檢驗部門等；金融公眾是指影響企業取得資金能力的任何集團，包括其他金融機構、股東、證券交易所等；媒體公眾是指具有廣泛影響的大眾媒介，包括報紙、雜誌、廣播、電視等；市民行動公眾在西方常被稱為「壓力集團（Pressure Group）」，是指為維持某些部分的社會成員利益而組織起來的，會對立法、政策和社會輿論產生重大影響的各種社會團體，如各種保護消費者權益的組織、環保組織、少數民族組織等；地方利益公眾是指企業周圍的居民群眾、社團組織、地方官員等；一般公眾是指上述各種關係公眾之外的社會公眾；企業內部公眾是指企業的股東、經理、員工等。

（四）金融行銷環境的 SWOT 分析方法

1. SWOT 分析法概述

SWOT 分析法對企業的內外部環境進行評價，也被稱為內外部分析法。它由 S、W、O、T 四個要素組成，分別代表優勢（Strengths）、劣勢（Weaknesses）、機會（Opportunities）和威脅（Threats），也被稱為強弱危機綜合分析法。它是適用於金融機構競爭態勢的分析方法，也是市場行銷環境的基礎分析方法之一。

市場行銷環境分析常用 SWOT 分析法，即基於內外部競爭環境和競爭條件下的態勢分析，就是將與研究對象密切相關的各種主要內部優勢、劣勢和外部的機會和威脅等，通過調查列舉出來，並依照矩陣形式排列，然後用系統分析的思想，把各種因素相互匹配起來加以分析，從中得出一系列相應的結論，這些結論通常帶有一定的決策性。

運用這種方法，我們可以對研究對象所處的情景進行全面、系統、準確的研究，從而根據研究結果制定相應的發展戰略、計劃以及對策等。

與其他的分析方法相比較，SWOT 分析從一開始就具有顯著的結構化和系統性的特徵。就結構化而言，首先，在形式上，SWOT 分析法表現為構造 SWOT 結構矩陣，並對矩陣的不同區域賦予不同分析意義；其次，在內容上，SWOT 分析法的主要理論基礎也強調從結構分析入手對企業的外部環境和內部資源進行分析。SWOT 方法的重要貢獻就在於用系統的思想將這些似乎獨立的因素匹配起來進行綜合分析，使得企業戰略計劃的制定更加科學全面。

2. SWOT 分析的流程

SWOT 分析法常常以圖形為輔助，是一種較為直觀的分析方法。SWOT 分析的流程是先從內、外部兩個角度進行分析，然後判斷金融企業在競爭中所處的態勢並得出結論，最後進行戰略選擇，如圖 1-4 所示。

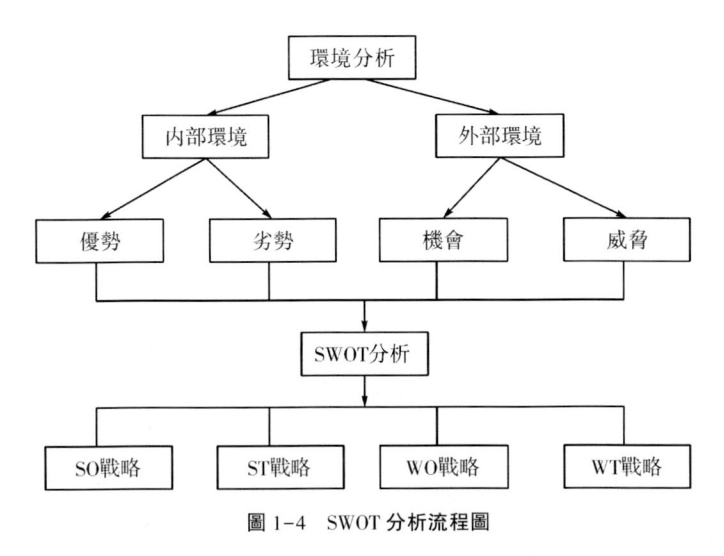

```
                    環境分析
                   /        \
              內部環境      外部環境
              /    \        /    \
           優勢   劣勢   機會   威脅
              \    |     |    /
                  SWOT分析
              /    |     |    \
           SO戰略 ST戰略 WO戰略 WT戰略
```

圖 1-4　SWOT 分析流程圖

（1）分析環境因素。運用各種調查研究方法，我們分析出公司所處的各種環境因素，即外部環境因素和內部能力因素。外部環境因素包括機會因素和威脅因素，它們是外部環境對公司的發展直接有影響的有利和不利因素，屬於客觀因素。內部環境因素包括優勢因素和劣勢因素，它們是公司在其發展中自身存在的積極和消極因素，屬於主觀因素。在調查分析這些因素時，我們不僅要考慮到歷史與現狀，更要考慮未來發展問題。

①內部環境分析。內部環境分析就是對金融企業自身的優勢和劣勢進行分析。優勢，是組織機構的內部因素，具體包括：有利的競爭態勢、充足的財政來源、良好的企業形象、技術力量、規模經濟、優良的產品質量、較大的市場份額、較強的成本優勢等。劣勢，也是組織機構的內部因素，具體包括：設備老化、管理混亂、缺少關鍵技術、研究開發落後、資金短缺、經營不善、產品積壓、競爭力差等。

內部環境分析也被稱為 S/W 分析。內部環境分析主要包括金融企業的資金實力、資產質量、業務構成、盈利能力、網點佈局、客戶結構、員工素質等。一般認為，網點分佈廣泛、資金實力雄厚、業務種類豐富、優質客戶多的銀行是具備優勢的，但優勢和劣勢有時也需要辯證地去看待。例如，中國的大銀行曾經以員工眾多、網點眾多為榮，但到了 20 世紀 90 年代末，中國的大銀行發現人多網點多有時會成為負擔，於是紛紛減員增效、撤並虧損支行。

②外部環境分析。外部環境分析就是對金融企業面臨的外部機會和威脅進行分析。機會，是組織機構的外部因素，具體包括：新產品、新市場、新需求、外國市場壁壘解除、競爭對手失誤等。威脅，也是組織機構的外部因素，具體包括：新的競爭對手、替代產品增多、市場緊縮、行業政策變化、經濟衰退、客戶偏好改變、突發事件等。

外部環境分析也被稱為 O/T 分析，也就是金融企業在瞭解各種宏觀、微觀環境因素的基礎上，分析產品推廣的潛力、盈利程度及風險狀況等，從而得出應對外部環境變化的行銷策略。

外部環境分析的重點是發現外部機會或威脅。機會是指外部環境變化帶來的金融消費需求，威脅是指外部環境對金融企業行銷活動的制約和阻礙。

內部環境和外部環境是相互聯繫、互相影響的，外部環境的變化有時也會引起內部環境的變化。例如，外資銀行進入中國，對中資銀行是一個外部威脅，又因為外資銀行高薪挖人，造成部分中資銀行人才流失，一定程度上削弱了中資銀行的內部優勢。

SWOT 方法的優點在於考慮問題全面，是一種系統性思維，而且可以把對問題的「診斷」和「開處方」緊密結合在一起，條理清楚，便於檢驗。

（2）構造 SWOT 矩陣。我們可以將調查得出的各種因素根據輕重緩急或影響程度等排序，構造 SWOT 矩陣。在此過程中，將那些對公司發展有直接的、重要的、大量的、迫切的、久遠的影響因素優先排列出來，而將那些間接的、次要的、少許的、不急的、短暫的影響因素排列在後面。

（3）SWOT 分析的戰略選擇。在完成環境因素分析和 SWOT 矩陣的構造後，我們便可以制定出相應的戰略。基本思路是：發揮優勢因素，克服弱點因素，利用機會因素，化解威脅因素；考慮過去，立足當前，著眼未來。運用系統分析的綜合分析方法，我們將排列與考慮的各種環境因素匹配起來加以組合，得出一系列公司未來發展的可選擇對策。

經過環境分析後，會面臨四種結果：優勢+機會，劣勢+機會，優勢+威脅，劣勢+威脅。

將 S、W、O、T 四個要素進行兩兩組合，可以得到四種戰略，分別是 SO 戰略、ST 戰略、WO 戰略、WT 戰略，如圖 1-5 所示。

	優勢（S）	劣勢（W）
機會（O）	SO戰略 機會、優勢組合 （可能採取的戰略： 最大限度地發展）	WO戰略 機會、優勢組合 （可能採取的戰略： 利用機會、回避弱點）
威脅（T）	ST戰略 威脅、優勢組合 （可能採取的戰略： 利用優勢、減低威脅）	WT戰略 威脅、劣勢組合 （可能採取的戰略： 收縮、合并）

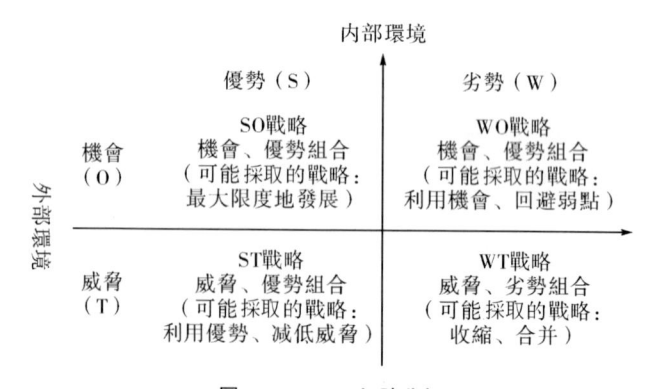

圖 1-5　SWOT 矩陣分析

①SO 戰略（增長型戰略）。金融企業內部有優勢，外部有機會，適用 SO 戰略，也就是增長型戰略，即發揮內部優勢，抓住外部機會。

②ST 戰略（多元化戰略）。金融企業內部有優勢，而外部威脅多於機會，適用 ST 戰略，也叫多元化戰略，即充分利用內部優勢，同時避開外部威脅。多元化戰略可以在不放棄原有市場的情況下拓展業務領域、分散風險。

③WO 戰略（扭轉型戰略）。金融企業優勢不突出，但外部機會又存在，這時應運用 WO 戰略。要抓住機會發展，就需要扭轉自身的劣勢，解決內部問題，或者避開存在劣勢的經營領域。

④WT 戰略（防禦型戰略）。當金融企業自身沒有突出優勢，又面臨外部威脅時，應運用 WT 戰略，即重視自身存在的問題，避免激進的行銷策略，做好風險防範。

三、金融行銷的市場調研

[案例]　　豐田卡羅拉：為美國家庭而生

在傳統的「生產什麼，就銷售什麼」觀念的影響下，豐田公司向美國出口的第一輛轎車簡直就是一場災難。這輛取名「豐田寶貝兒」的汽車外形陳舊，發動機開起來像載重汽車一樣響，內部裝飾既粗糙又不舒服，燈光暗得難以通過加利福尼亞州的行車標準，汽車缺陷嚴重自然無人問津。

「豐田寶貝兒」的「流產」迫使公司的決策者冷靜下來，重新考慮進入美國市場的策略。首先，豐田公司利用政府、商業企業和美國市場研究公司收集信息，瞭解美國經銷商和消費者的需求，發掘他們未滿足或滿足不充分的需求。

一次，一個美國家庭住進了一位日本客人。奇怪的是，這位日本人每天都在做筆記，記錄美國人居家生活的各種細節，包括吃什麼食物、看什麼電視節目等。三個月後，日本人走了。不久豐田公司就推出了針對美國家庭需求而設計的物美價廉的旅行車。該車在每一個細節上都考慮了美國人的需要。例如，美國男士（特別是年輕人）喜歡喝玻璃瓶裝飲料而非紙盒裝的飲料，日本設計師就專門在車內設計了能冷藏並能有效防止玻璃瓶破碎的櫃子。直到此時，豐田公司才在報紙上刊登了他們對美國家庭的研究報告，同時向收留日本人的那戶家庭致歉並表示感謝。

正是通過這樣細緻的行銷調研工作，豐田公司很快掌握了美國汽車市場的情況。他們發現美國人把汽車作為地位或性別象徵的傳統觀念正在削弱。他們把汽車作為一種交通工具，更重視其實用性、舒適性、經濟性和便利性，如長途駕駛要求座位舒適和較大的腿部活動空間，易於操控，行車平穩；要求較低的購置費用，耗油少，耐用，維修方便；交通日趨擁擠，要求停靠方便，轉彎靈活；另外，豐田公司研究了競爭對手產品的不足和缺陷，豐田公司在市場調研中發現底特律汽車製造商驕傲自大、因循守舊，面臨著競爭者的

挑戰、政府的警告信號、消費者拒絕購買和庫存量直線上升的問題。在市場調研的基礎上，豐田公司精確地勾畫出了一個按人口統計和心理因素劃分的目標市場，1966年設計出滿足美國顧客需求的美式日制小汽車——COROLLA 花冠第一代，它以外形小巧、價格經濟、舒適平穩、維修方便的優勢敲開了美國市場的大門。

資料來源：趙軼，韓建東. 市場調查與預測［M］. 北京：清華大學出版社，2007.

（一）市場調研方案制定

1. 市場調研方案的概念

市場調研是指運用科學的方法系統客觀地收集、辨別、分析和傳遞有關市場行銷活動的各種信息，為企業經營管理者制定決策提供重要依據。市場調研的內容包括識別市場機會和威脅、制定行銷方案、評估行銷活動的效果等。

市場調研方案也稱為市場調查計劃書、市場調研策劃書。根據調查研究的目的和調查對象的性質，在進行實際調查之前，我們需要對調查工作的各方面和各階段任務進行通盤考慮和安排，為整個調研項目構建藍圖。市場調研方案是調查活動的指導文件，只有對整個調研項目進行統一考慮和安排，才能保證調研工作有秩序、有步驟地順利進行。

2. 市場調研方案的主要內容

市場調研方案涵蓋整個調研工作過程的全部內容，具體包括以下幾個方面。

（1）明確調研背景。我們需要對行業狀況和企業所處的社會、經濟、法律和技術等環境進行簡要分析，以此說明行業發展趨勢和企業生存環境；通過將企業的基本情況結合市場環境進行分析，瞭解企業現狀和所面臨的主要問題，確定調研工作的主題。

（2）確定調研目的與內容。確定調研目的，就是明確在調研中要解決哪些問題、通過調研要取得哪些資料以及取得這些資料有何用途。確定調研目的和內容時，我們應當做到：調研內容要精練；方案的設計要體現調研目的的要求，要符合客觀實際。

（3）確定調研對象與調研單位。確定了調研目的之後，我們要確定調研對象和調研單位。調研對象是根據調研目的、任務確定的調研範圍及要調研的總體，由某些性質相同的調研單位組成。調研單位（或稱為調研單元）是要調研的社會經濟現象總體中的個體，即調研對象中的具體單位。

（4）調研的組織與控制。調研的組織與控制主要是指調研工作的組織管理、調研項目組的設置、人員的選擇與培訓、調研質量的控制等。

（5）確定整理與分析調研資料的方法。在這一工作中，我們要確定採用定性分析法還是定量分析法，要對大量的原始資料進行加工匯總，使之系統化、條理化。

（6）確定調研工作進度。我們要確定調研工作的起止時間，即從調研方案的設計到提交調研報告的工作時間，同時也包括各階段的起止時間，其目的是使調研工作能及時開展

並按時完成。

調研工作進度安排大致可考慮以下幾個方面：
①總體方案設計論證；
②抽樣方案設計；
③問卷設計、試調研、修改及定稿印刷；
④問卷印刷裝訂；
⑤調研人員的招聘與培訓；
⑥調研工作實施；
⑦數據整理、錄入與分析。

（7）確定調研經費預算。調研經費包括以下幾個方面：
①調研方案設計費；
②抽樣方案設計費；
③問卷設計費；
④問卷印刷裝訂費；
⑤調研實施費（培訓費、交通費、訪員與督導勞務費）；
⑥數據編碼、錄入費；
⑦數據統計分析費；
⑧調研報告撰寫費。

（8）確定報告提交方式。確定報告提交方式即確定採用什麼樣的方式提交報告，是書面報告還是口頭報告，以及需明確報告的基本內容、報告的形式與份數等。

3. 市場調研工作的流程

一般情況下，市場調查可分為四個階段：調查前的準備階段、正式調查階段、綜合分析整理資料階段、撰寫調研報告階段。

（1）調查前的準備階段。這個階段需對金融機構提供的資料進行初步分析，找出問題，明確調查的重點、範圍和目標，制定市場調查方案，主要包括：市場調查的內容、方法和步驟，調查計劃的可行性，經費預算，調查時間等。

（2）正式調查階段。市場調查的內容和方法很多，綜合起來分為以下四類：
①市場供求調查。市場供求是市場調查的一個重要內容，主要包括以下七個方面：
第一，產品的市場供求情況，即是供過於求還是供不應求或供求平衡；
第二，市場潛在需求量，即產品在市場上所能達到的最大需求量是多少；
第三，不同的細分市場對於某種產品的需求狀況，以及各個細分市場的需求狀況與潛在需求量；
第四，產品的市場佔有率，哪些細分市場對於企業經營最有利；
第五，產品如何進行優化組合以滿足不同客戶的需要；

第六，其他企業的市場動態及在競爭中的地位和作用，本企業如何揚長避短，從而在競爭中發揮自身優勢；

第七，新產品投放市場的最佳時機。

企業通過對市場供求的分析研究，制訂出更優的行銷計劃。企業要重點進行購買力、購買動機和潛在需求調查，其核心是尋找市場經營機會。

②競爭對手情況調查。我們主要調查競爭對手的基本情況及競爭能力、經營戰略、行銷活動情況、替代品的威脅等。此外，我們還要注意潛在的競爭對手。

③企業經營戰略決策執行情況調查。我們主要調查如產品的定價、銷售渠道、廣告及促銷等方面存在的問題與改進情況等。

④政策法規情況調查。我們主要調查貨幣政策的變化、金融法律、法規的實施，以及金融調控和監管都對金融企業有重大影響，它是市場調查不可分割的一部分。

（3）綜合分析整理資料階段。資料收集後，我們需要對其加以評價和篩選，即衡量資料是否準確可靠，所涉及的時間是否適當，資料中有無研究所需的內容。

（4）撰寫調研報告階段。

我們應運用科學方法對所獲資料進行分析研究，得出結論，並在此基礎上撰寫調研報告。調研報告的具體內容如下：

①封面：寫明調查標題、承辦部門、人員、日期。

②摘要：簡要說明調查過程。

4. 調研方案的格式要求

（1）封面。封面要求簡潔清晰，字體字號適當，可考慮插入有關標誌或與主題相關的圖片，寫明名稱、研究者及時間等。

（2）目錄。目錄要清晰，目錄標題與目錄內容在字號上要有區別，如目錄標題用三號字，則內容用四號字。我們可使用自動生成目錄功能。

（3）正文。正文可加上標題，正文內容要層次清晰，字體字號規範、行間距適當。

（4）時間安排表。時間安排表設計應清晰明了，可對表格的邊框及底紋的色彩進行自定義。

（5）費用預算。我們要按規範要求書寫金額數字，標清幣種及單位。

（二）調查問卷設計

在進行市場調查時，比較常用的調查方法是問卷調查。而問卷的設計是問卷調查一個非常重要的環節，決定著調查工作的成敗。調查問卷設計得科學合理，調查工作就成功了一半。

[小貼士]　市場調查主要方法

市場調查的主要方法有以下三種：

1. 訪問法

它是指調查人員將所要調查的事項以當面、書面或電話的方式，向被調查者提出詢問，以獲得所需要資料的方法。它是市場調查中最常見的一種方法，可分為面談調查、電話調查、問卷調查三種。它們有各自的優缺點：面談調查能直接聽取對方意見，富有靈活性，但成本較高，其結果容易受調查人員技術水準的影響。電話調查速度快，成本最低，但只限於在有電話的用戶中調查，整體調查效果不佳。問卷調查是指調查人員預先設計好調查問卷，當面遞交、郵寄或通過在線方式發給調查對象，讓接受調查對象將自己的意見或答案填入問卷中，在一定期限內填寫好交回或寄回。這種調查方式應用範圍廣，調查對象回答問題的時間充裕，結果客觀，成本較低，但也易受調查對象個人態度的影響，並且回收週期長，回收率較低。

2. 觀察法

它是指調查人員利用眼睛、耳朵等感官或食品觀察並記錄被調查對象的行為，收集信息資料。觀察法是社會調查和市場調查研究的最基本的方法，其具體形式分為直接觀察法和儀器觀察法兩種方法。

直接觀察法是指調查者在調查現場有目的、有計劃、系統性地對調查對象的行為、言辭、表情進行觀察記錄，以取得第一手資料。它最大的特點是在自然條件下進行，所得材料真實生動，但它也會因為所觀察的對象的特殊性而使觀察結果流於片面，例如到商業銀行、證券交易所、期貨交易所等金融現場進行實地觀察等。

儀器觀察法是指運用先進的科學儀器對選定的目標進行攝影、錄音、錄像等，收集所需要的資料並進行觀察的方法。觀察法的優點在於客觀實在，能如實反應問題，不足之處是運用這種方法需要花很多時間等待，成本高。另外，這種方法很難捕捉到被觀察者的內在信息，譬如他們的收入水準、受教育程度、心理狀態、購買動機等。

3. 實驗法

它是指由調查人員跟進調查的要求，用實驗的方式，把調查的對象控制在特定的環境條件下，對其進行觀察以獲得相應的信息。比如，我們選擇某一特定市場，控制一個或幾個行銷自變量，研究自變量與其他因變量的因果關係。當金融產品改變設計、價格或促銷策略時，均可應用這種方法。這種方法主要用於市場銷售實驗和消費者使用實驗。

實驗法比較科學準確，但調查時間長，調查成本相對較高。

近年來，科學技術的突飛猛進為市場調查提供了極大便利，市場調查的效率迅速提高。現代金融企業在進行市場調查時，採用了先進的技術設備或手段，如電子計算機、微縮膠片、閉路電視、複印機、錄音機、攝像機、傳真機等，以收集、挑選、分析和處理信息資料。應用先進技術手段開展市場調查已成為市場調查活動的發展趨勢。

1. 調查問卷設計的原則

（1）主題明確。調查問卷的主題擬定要從實際出發，目的明確、清晰。

（2）結構合理、邏輯性強。調查問卷的問題排列應有一定的邏輯順序。

（3）通俗易懂。調查問卷使用的語言要通俗易懂，語言描述不要產生歧義。

（4）控制問卷的長度。問卷內容的選擇要科學合理，時間不宜太長，20分鐘左右即可。

（5）要便於資料的校驗、整理和統計。

2. 調查問卷設計的流程

（1）把握調研的目的和內容。我們要充分瞭解調研的目的和內容，將問題具體化、條理化和可操作化，將問題演化為一系列可以測量的變量或指標。

（2）收集有關研究課題的資料：①加強對調查研究的問題的認識；②為問題設計準備豐富的素材；③形成對目標總體的清晰概念。

（3）確定調查方法：①面訪調查。調查人員當面進行調查，被調查人員可以與調查人員面對面交流。對於詢問時間較長、內容較複雜的問題，採用面談調查較為合適。②電話訪問。調查人員通過電話對被調查人員進行問卷調查，適合簡單明瞭的問題。③郵寄問卷。調查人員與被調查人員無交流，被調查人員獨自完成問卷填寫。這種情況下，問卷的問題要簡單並且應當給出較為詳細的填寫指導。

（4）確定問題的內容。針對問卷的每個問題，設計者應當認真考慮問題的必要性和問題的個數。問卷應該問什麼，每個問題要問什麼，問題是否切中要害，問題答案接下來採用什麼統計分析方法，都要認真斟酌。

（5）確定問題類型。調查問卷的問題類型一般有兩種：開放性問題和封閉性問題。開放性問題又稱為無結構的問答題，被調查者自由回答，不提供可供選擇的答案。封閉性問題又稱為有結構的問答題，它提供了一組可供選擇的答案和固定的問答格式。

（6）確定問題的措辭。問題的措辭要準確、簡單、通俗；問題要圍繞主題，概念明確，避免一詞多義；問題的提問要有藝術性，避免引起被調查者反感；不要提不易回答的問題；要避免誘導性提問。

（7）安排問題的順序。問卷的問題設計要先易後難，先封閉後開放。

（8）確定格式和排版。問卷排版要科學，同一問卷需使用統一的架構；要控制問卷的篇幅，不宜過長；問卷設計要易於進行數據處理。

（9）擬定問卷的初稿和預調查。

（10）制定正式問卷。

3. 調查問卷的結構和內容

調查問卷一般包含標題、說明、主體、編碼號、致謝語與實驗記錄。

（1）標題。問卷的標題要反應研究主題，並能增強答題者的興趣和責任感。

（2）說明。問卷的說明可以是導語或是一封致調查對象的信。它應說明調查的目的和意義、填答問題的要求及注意事項等。

（3）主體。主體即調查主題的具體問題，是問卷的核心部分。

（4）編碼號。調查問卷可視情況確定是否需要編碼號。

（5）致謝語。為了對調查對象的合作表示真誠的謝意，設計者一般在調查問卷的結尾寫上感謝語。如果在說明中已經有表示感謝的話語，結尾無需再次致謝。

（6）實驗記錄。實驗記錄用來記錄調查問卷完成的情況和復查、校訂的情況，其格式和要求比較靈活，調查訪問員和校查者均要在上面簽名並填寫日期。

（三）調研報告撰寫

1. 調研報告的定義

調研報告是對某一項工作、某個事件、某個問題，經過深入細緻的調查後，將調查中收集到的材料加以系統整理和分析研究，以書面形式匯報調查情況的一種書面報告。

調查報告側重於研究結果，以調查為前提，以研究為目的，是調查與研究的辯證統一，但研究始終處於主導地位。

2. 調研報告的特點

（1）真實性。調研報告是在佔有大量現實和歷史資料的基礎上，用敘述性的語言實事求是地反應某一客觀事物。充分瞭解實情和全面掌握真實可靠的素材是寫好調研報告的基礎。

（2）針對性。調研報告一般有比較明確的意向，相關的調查取證都是針對和圍繞某一綜合性或是專題性問題展開的。因此，調研報告反應的問題集中而有深度。

（3）邏輯性。調研報告離不開確鑿的事實，但又不是材料的機械堆砌，而是對核實無誤的數據和事實進行嚴密的邏輯論證，探明事物發展變化的原因，預測事物發展變化的趨勢，得出科學的結論。

（4）社會性。調研報告作為時代的鏡子，能從各個不同的側面客觀地反應社會情況和問題。

（5）典型性。調研報告具有典型性，能反應事物的本質與規律，是為了解決某個問題，總結某項經驗，研究事物的發展趨勢而製作的。因此調研報告需要恰當地選擇典型，探索事物的發展規律，尋求解決矛盾的辦法。

3. 調研報告的基本內容

（1）標題。標題分為單標題和雙標題。

①單標題。第一，公式化寫法。公式化寫法就是按照「調查對象+調查課題+文體名稱」的公式擬制標題。例如，「一個富裕居委會的財務調查」這樣的標題，其中「一個富裕居委會」是調查對象，「財務」是調查課題，「調查」顯示文體是調查報告。這樣寫的

好處是要素清楚，讀者一看就知道這是寫的什麼單位，涉及的是哪些問題，文種也很明確。這種寫法的不足之處是太模式化，不夠新鮮活潑。第二，常規文章標題。它的具體方式靈活多樣。我們可以用問題作標題，如「兒童究竟需要什麼讀物」；可以顯示調查者自己的觀點，如「打工者維權何其難」；可以直接敘述事實，如「三個孩子去蛇島」；等等。

②雙標題。雙標題由正副標題組成。其中正標題一般採用常規文章標題寫法，副標題則採用公式化寫法，如「明晰產權起風波——對太原市一集體企業被強行接管的調查」。

（2）導語。導語也稱前言、引言、概述等，著重介紹基本情況，提出問題，交代調查報告的目的、時間、地點、對象範圍和方法步驟等，即說明為什麼做這個調查報告，讓讀者對調研報告涉及的主要對象和範圍先有初步的瞭解，並為調查報告的可信度提供佐證。調查報告的導語一般要根據主體部分組織材料的結構順序來安排，常用的有以下幾種類型：

①提要式。提要式就是設計者把調查對象最主要的情況進行概括後寫在調查報告開頭，使讀者一開始就對它的基本情況有一個大致的瞭解。例如，《靠名牌贏得市場——關於深圳市飛亞達（集團）股份有限公司的調查》的開頭：「飛亞達（集團）股份有限公司是一家以生產鐘表為主的大型企業，1987年成立於深圳。在經濟特區這塊改革開放的沃土上，該公司堅持不懈地實施名牌戰略，終於在競爭激烈的鐘表行業後來居上。歷經××年的艱苦創業，飛亞達由一個鐘表小廠發展為總資產逾××億元、年創利潤××××萬元的上市公司，成為國內同行的翹楚。」

②交代式。交代式是指設計者在開頭簡單地交代調查的目的、方法、時間、範圍、背景等，使讀者在開篇時就對調查的過程和基本情況有所瞭解。《關於北京市家用縫紉機銷售情況的調查》一文的開頭就是這樣的：「為了增強計劃性，加強對家用縫紉機的經營，更好地掌握市場銷售動態，我們採取了走訪經營單位與分析歷史資料的辦法，對北京市家用縫紉機歷年銷售情況以及當前社會保有量和市場需求變化進行了調查。經過分析，我們認為北京市場除上海縫紉機供不應求以外，其他牌號縫紉機銷售在北京市已趨於飽和。」這個開頭包括目的、方法、範圍和結論等方面，總的來說屬於交代式的開頭。

③問題式。設計者在開頭提出問題來，引起讀者對課題的關注，促使讀者思考。例如，《農村發展社會主義市場經濟的成功之路——貿工農一體化、產加銷一條龍經營的調查》的開頭：「近些年，隨著農村改革的深化和商品經濟的發展，貿工農一體化、產加銷一條龍的經營方式，正在中國農村迅速發展。它一出現，就顯示出旺盛的生命力和巨大的優越性，為農村經濟的發展注入新的活力。這種經營方式對中國農業向商品化、現代化轉化有哪些作用、應採取什麼方針政策扶持其發展，我們就這些問題進行了調查，並同10個縣市的有關同志進行了座談，形成了一些共識。」前一段入筆先提問，後一段是採用敘述的方式直接暴露問題，這屬於問題式寫法。

（3）主體。導語之後、結尾之前的文字，都屬於主體。主體是調研報告的核心部分，

是前言的引申和展開，也是結論的根據所在；主體主要包括調查報告的基本事實、主要情況、取得的突出成績和存在的主要問題以及成因，經過分析得出的基本經驗教訓和發展規律與前景預測等。這部分的材料豐富、內容複雜，在寫作中最主要的問題是結構的安排。其主要結構形態有三種。

①用觀點串聯材料。由幾個從不同方面表現基本觀點的層次組成主體，並以基本觀點為中心線索將它們貫穿在一起。例如，《人民日報》刊登的調查報告《按照市場經濟規律指導農民增收——山東省微山縣調查》的主體就是這樣的形態。它由四個部分構成：「抓住了規律就抓住了根本」「把握市場需求，發揮自身優勢」「圍繞市場競爭，加強聯合與協作」「遵循價值規律，推進農業『四化』」，這四個部分是由標題所顯示的基本觀點貫穿起來的。

②以材料的性質歸類分層。課題比較單一，材料比較分散的調查報告，可採用這種結構形式。作者在分析、歸納之後，根據材料的不同性質，將它們梳理成幾種類型，將每一種類型的材料集中在一起進行表達，形成一個層次。每個層次之前可以加小標題或序號，也可以不加。例如，《人民日報》刊登的調查報告《不信民心喚不回——從寧鄉縣五個鄉鎮的變化看做好農村思想政治工作的重要性》，分別從原因、措施、啟示三個方面著眼，寫了三個大的層次。其中原因又概括為五條，啟示也概括為三條，又形成大層次下的若干小層次。

③以調查過程的不同階段自然形成層次。事件單一、過程性強的調查報告，可採用這種結構形式。它實際上是以時間為線索來謀篇佈局的，類似於記敘文的時間順序寫法。《人民日報》刊載的《暗訪北京站前發票非法交易》一文，分別寫了這樣幾層內容：1999年12月6日15時35分，記者在北京站東側出站口遇到第一個賣發票的人；過馬路前，又遇到四五個賣發票的小伙子；過馬路後，記者被一個穿棕色皮衣的賣發票者攔住難以脫身；之後，他在站前丁字路口東北側又遇到幾個賣發票的男女。這種有清晰過程的寫法，可以提高讀者的閱讀興趣。

（4）結尾。調查報告常在結尾部分會表現作者的觀點，對主體部分的內容進行概括、昇華，因此，它的結尾往往是比較重要的一個部分。常見的寫法有下述三種：

①概括全文，明確主旨。在結束的時候我們將全文歸結到一個思想的立足點上。例如，《關於邯鄲鋼鐵總廠管理經驗的調查報告》的結尾：「邯鋼的實踐證明，國有企業適應建立社會主義市場經濟體制要求，必須在轉換經營機制的基礎上轉換經營方式，切實轉變經濟增長方式，這樣才能充分挖掘企業的內部潛力，提高企業的整體素質和市場競爭力。邯鋼的做法為國有企業實行從傳統的計劃經濟體制向社會主義市場經濟體制、從粗放經營向集約經營兩個具有全局意義的根本性轉變提供了借鑒的經驗。」

②指出問題，啟發思考。如果一些存在的問題還沒有引起人們的注意，如果限於各種因素的制約作者也不可能提出解決問題的辦法，那麼，把問題指出來，引起有關方面的注

意，或者啟發人們對這一問題的思考，也是很有價值的。例如，《暗訪北京站前發票非法交易》一文的結尾：「記者隨後又轉了幾個地方，16時10分從北京站前離開。在這40分鐘裡，碰見了大約20名賣發票的不法人員。聽口音他們大都是外地人。從言談舉止可以感覺到他們知道自己的行為是違法的。在廣場、路口維持秩序的公安、保安人員不少，也許是司空見慣，記者沒有看到他們出面制止這種不法行為。」

③針對問題，提出建議。在揭示有關問題之後，我們應提供一些可行的解決問題的建議。例如，1999年2月3日《人民日報》刊登的專題調查《人情消費，讓人如何承受你！》就寫了一個建議性的結尾：「在人情消費已成為一種風氣的情況下，制止大操大辦單靠一個人、一個單位很難從根本上奏效，如喝喜酒，往往是通知範圍大了人們反感，範圍小了沒接到通知的人也有意見。遏制人情消費，建立新型的人際關係，倡導社會新風，是一項社會系統工程，需要各級各部門共同努力。首先要加強宣傳和教育。提倡新事新辦，勤儉持家，厲行節約，建立新型的社會主義人際關係。節日期間，報紙、電臺、電視臺可舉辦專題欄目、節目進行宣傳，文化部門應挑選一批優秀的影片（主要是婚喪嫁娶新事新辦方面的）在各鄉鎮、村巡迴播放。文化部門應通過廣泛深入的宣傳教育，使人們樹立正確的人情消費觀。其次要制定社會規範。在政府機關和企事業單位建立紅白理事會，推行節儉辦紅白喜事。建立約束機制，對人情消費進行引導、規範、管理。最後是嚴格稽查。對大操大辦甚至借機斂財的幹部要嚴肅處理，甚至在新聞媒體上曝光。」

四、金融行銷的目標市場策略

［案例］　民生銀行1.5億助力長沙「美麗事業」

生產型企業辦貸款可用廠房設備做抵押，但大街小巷裡為市民提供美容美髮服務的小微企業融資難題如何解決？民生銀行長沙分行會同湖南省美容美髮化妝品行業協會成立互助合作社的模式，至今運行已一年，這種銀行、協會及會員共同參與的合作社互助基金，消除了企業抵押不足的障礙，已成功為85家會員企業申請到了民生銀行1.465億元的授信，為企業化解了困局。

融資慢、融資難一直困擾著美容美髮行業。2012年，長沙市商務局成立長沙中小商貿流通企業服務中心，為中小商貿流通企業發展創造了良好的環境。適逢民生銀行在湘推廣行業互助合作社方式，湖南省美容美髮化妝品行業協會與民生銀行牽手，聯合成立了美容美髮行業合作社和基金會，以互助保證金的方式，為會員單位申請到了民生銀行的授信支持。

據介紹，城市商業合作社由民生銀行各支行發起，按照區域、行業、產業鏈特徵，把鬆散的小微企業客戶整合成一個有組織的經濟體，通過城市商業合作社的平臺，為小微企業提供包括融資服務、資源信息整合、統一電子商務平臺搭建、政府協調等在內的各項金

融和非金融服務，幫助小微企業實現抱團發展。目前，民生銀行長沙分行還特別邀請理財師、售後經理為美容美髮行業企業會員進行了資金增值保值、資金結算省錢的技巧。

湖南省美容美髮化妝品行業協會執行會長易敬平表示，合作社會員只要還款記錄正常、行業口碑良好、講誠信，其融資需求將得到行業協會及民生銀行的大力支持。合作社成立一年來，會員企業已從 50 家擴展至 85 家。統計顯示，截至 2013 年 9 月，民生銀行長沙分行共對美容美髮行業互助基金會員授信 1.465 億元，放款 9,445 萬元，有效解決了湖南本土美容美髮企業的燃眉之急。

資料來源：people.com.cn/24hour/n/2013/0926/c25408_23036623.html。

（一）金融市場細分

一味追求「大而全」，往往會忽視「小而專」。如今，越來越多的企業開始細分複雜而多變的市場，為自己在巨大的市場中定位。在崇尚個性化消費的今天，金融行業面臨著如何發揮自身優勢為顧客提供專業化服務的問題。目標市場策略為解決這一問題提供了方法。

目標市場行銷指的是在市場細分的基礎之上，通過對細分市場的評估歸納出不同的目標市場類型，然後進行選擇，繼而在被選中的目標市場中進行市場定位，最後根據市場定位構建市場行銷組合，以進入目標市場、佔領目標市場、發展目標市場。

金融行銷的目標市場策略（STP 戰略）是綜合了金融市場細分（Segmenting）、選擇目標金融市場（Targeting）和金融市場定位（Positioning）的一種行銷策略。這三個步驟相對獨立又互相聯繫，存在著一定的時間先後關係。金融市場細分是指對金融機構所面臨的眾多市場進行細分，尋找適合金融機構發展的領域，是確定金融機構目標市場策略的前提。選擇目標金融市場是指通過一定的方法來判斷和選擇目標市場，是金融機構目標市場策略的具體過程。金融市場定位是指通過樹立獨一無二或者具有特性的定位，加強金融機構在顧客心目中的形象，是金融機構目標市場策略的補充和強化。

1. 金融市場細分的概念

市場細分理論是美國市場學家溫德爾·R. 史密斯（Wendell. R. Smith）於 20 世紀 50 年代中期提出來的。在現代市場經濟中，市場細分得到了廣泛的運用，是一種主流的市場行銷方法。市場細分是指甄別那些內部看起來非常相似但是又明顯區別於其他消費者類型的消費者群體，其目的是為了確定消費者之間的差別。

市場細分（Segmenting）就是把市場分割成界定清晰的消費者子集，任何子集都可以令人信服地被選為一個通過特定的行銷組合來實現的市場目標。實質上市場細分的關鍵是通過創造性的研究成果用非同質的需求集合來代替所謂的大眾市場，把它分為更小的子市場，每一個子市場反應同質的出售物集合。

日益激烈的競爭和顧客越來越高的要求對金融機構提出了更高的要求，因此金融市場

細分勢在必行。想要在所有金融服務上都勝人一籌幾乎是不可能的，因而金融機構要充分利用自身優勢，尋找金融市場中的機會。金融機構的目標市場策略正是在這種形勢下產生的。

澳洲銀行是澳大利亞最大的金融機構，它對於只要求基本金融服務的大眾客戶盡量提供電子化服務，以降低成本；對於教育程度較高的中產階層，除基本服務項目外，還為其提供各類私人借款、房屋貸款、保險、信用卡等服務，並將理財服務推廣到該階層；對於富人階層，專門設立了「私人銀行部」，對這些高價值客戶，依據其不同的資產狀況和金融需求，量身提供一攬子金融服務。

我們能夠看到，越來越多的金融機構正像澳洲銀行一樣開始細分金融市場，針對不同的顧客群體提供不同的金融服務。金融市場細分，就是指金融機構按照客戶（包括個人客戶和企業客戶）的一定特性，把原有金融市場分割為兩個或兩個以上的子市場，通過區分市場、研究市場來達到選擇市場和占領市場的目的。同一個細分市場的客戶需求具有相似性，而不同細分市場的客戶對於同類產品的需求存在明顯的差異性。例如，臺灣地區的臺新銀行發現當時的商業銀行都沒有對信用卡市場進行細分，同時發現女性信用卡市場的巨大潛力，於是針對女性推出了「臺新銀行玫瑰卡」，此卡一經推出大受女性消費者青睞。再如，深圳發展銀行專門為高端客戶量身定做的理財產品「天璣財富」，經整合行銷推廣，將之所彰顯的個性形象深深植入目標人群心中，一舉成為深圳發展銀行的高端產品，成為金融理財產品的佼佼者，獲「2007 年中國最佳理財產品品牌獎」「中國金融行銷十佳獎」。

金融市場細分是一種存大異求小同的市場分類方法。它不是對金融產品分類，而是將對同種金融產品的需求各異的客戶進行分類，是識別具有不同需求的金融產品購買者，並把他們歸類的過程。金融市場細分是金融行銷戰略的核心內容之一，是決定金融行銷成敗的一個關鍵性問題。金融市場細分是金融機構制定目標市場策略的第一步，只有完成了這一步驟，才能為進一步選擇目標市場和自我定位打好基礎。

2. 金融市場細分的意義

市場細分是金融機構確定目標市場、制定市場行銷組合策略的前提和基礎。具體來說，市場細分具有以下作用：

（1）有利於發現市場機會，開拓新市場。市場機會往往是已出現於市場但尚未被滿足的需求，這種需求通常是潛在的，一般不易發現。企業運用市場細分的手段，就便於發現這類需求，並從中尋找適合自身開發的需求，從而抓住稍縱即逝的市場機會，使企業贏得市場的主動權。

美國友邦保險公司一進入中國，就運用市場細分的原理對中國保險市場進行分析、研究，發現中國市場對人壽保險的需求潛力很大，尤其是個人壽險的需求滿足水準極低。因此，它抓住這一市場機會，大力推薦個人壽險業務，迅速在中國保險市場取得了一席之地。

（2）有利於選擇金融目標市場。金融市場經過層層細分，為金融機構選擇目標市場創

造了前提條件。通過市場細分，金融企業可以分析每一個細分市場或子市場上顧客的需求偏好、消費習慣、購買能力、滿足程度和競爭狀況，以便結合金融機構的實際規模、資本實力、服務手段的先進程度、分支機構的數量、人員素質等內部條件和外部環境，選擇、確定自己的金融目標市場。

（3）有利於制定和調整市場行銷組合策略。市場行銷組合策略是企業綜合考慮產品、價格、促銷形式和分銷渠道等各種因素而制定的市場行銷方案，是企業行銷成敗的關鍵。在市場細分的基礎上，企業能夠較深入地瞭解和較全面地掌握某個細分市場的需求、競爭狀況及自身的優劣勢等，並以此為依據，有針對性地制定或調整市場行銷組合策略，借此實現市場行銷目標。

（4）有利於有效地與競爭對手抗衡。在金融市場競爭日益激烈的情況下，金融機構通過市場細分，有助於自身發現目標顧客群的需求特徵，從而調整金融產品的結構，增加金融產品的特色，提高市場競爭能力。

3. 金融市場細分的要求

為了使細分市場具有真正的價值，能夠為金融機構制定有效的行銷戰略和策略服務，金融機構在進行市場細分時，應遵循以下基本原則：

（1）可區分性。它是指各個子市場或細分市場的差別是客觀存在的。這就要求各細分市場在需求偏好、消費能力、消費觀念等方面存在差別，對不同的行銷因素及方案有不同的反應。

用以細分市場的標準必須是可以衡量的，細分出的金融市場應有明顯的特徵，各金融子市場內部有明確的組成客戶。這些客戶應具備共同的需求特徵，表現出類似的購買行為。比如，香港的賽馬市場相當繁榮，因此出現了一大批特殊的顧客，他們需要為每次的賭馬活動投保；馬主同樣需要為他們的馬和其他設施投保，這些特徵使得當地保險公司能夠細分出這個特徵明顯的市場，並為其提供專業的服務。

（2）可進入性。金融機構要根據自身實力，量力而行。在市場細分過程中，金融機構所選擇的目標市場必須是自己有足夠的能力去占領並能為之提供產品及服務的子市場。在這個子市場上，金融機構能充分發揮自身的人力、物力、財力和生產、技術、行銷能力。反之，那些不能充分發揮金融機構資源作用、難以被金融機構占領的子市場就不能作為目標市場。

（3）可衡量性。它是指細分出來的市場必須是可以被識別、衡量或測量的，即金融機構細分出來的市場不僅範圍要比較清晰，而且也能大致判斷市場容量的大小。

（4）可盈利性。市場細分是為了盈利而進行的活動，其劃分出來的細分市場要有適當的規模和發展潛力，同時有一定的購買力，即有充足的需求量，金融機構進入細分市場後能夠獲得預期的利潤。為此，細分市場的規模既不宜過大，也不宜過小。如果規模過大，企業可能無法完全「消化」，很難得到由市場細分帶來的益處，結果白費工夫；如果規模

過小，企業可能「吃不飽」，現有的各種資源得不到最佳利用，利潤難以確保。細分出的市場規模必須恰當，使金融機構能合理盈利。比如，在日本出現了開在超市裡，專門為超市顧客提供貸款服務的小型銀行。正是日本超市行業的巨大規模，才造就了這種類型的銀行。

（5）要具備相對的穩定性，有發展潛力。它是指在一定時期內和一定條件下，市場細分的標準及已劃分的細分市場能夠保持相對的穩定。如果變化太快，市場被細分出來以後，金融機構還未來得及實施行銷方案，目標市場已面目全非，那麼這樣的市場細分就毫無意義。

4. 金融市場細分的步驟

金融市場的細分步驟與普通消費品市場的細分很相似，其關鍵在於識別市場細分的因素、制定細分的標準以及評估市場的容量與潛力。

第一步，識別細分市場。金融機構必須對面臨的市場有一個完整的概念，對其進行整體分析，提煉出不同的細分因素，並結合自身的優勢，識別和選擇整個市場中存在的潛在細分市場。例如，商業銀行將個人貸款業務按照貸款的用途分為汽車貸款、房屋貸款和商業消費貸款等。

第二步，收集細分市場信息。在對市場有了整體認識之後，金融機構需要對感興趣的細分市場進行研究，收集必要市場數據，為之後的市場細分打下良好的基礎。

第三步，描述細分市場。根據所收集到的信息，金融機構應該對誰是服務對象、選擇什麼金融產品、服務對象在哪裡購買金融產品、為什麼選擇該金融產品、如何購買金融產品、顧客的消費習慣等問題做出明確回答。這一步驟要用到因子分析、聚類分析等具體分析方法。

第四步，評估和選擇細分市場。在這一過程中，金融機構應對細分市場的容量、發展潛力和競爭狀況進行細緻的評估，並結合自身實力做出是否進入該市場的決策。

第五步，分析市場行銷機會。在細分金融市場的過程中，金融機構分析市場行銷機會，主要是分析總的金融市場和每個市場的競爭情況，確定相應行銷組合方案，並根據市場研究和潛力估計，確定總市場或每一個子市場的行銷收入和費用情況，以估計潛在利潤量，以此作為最後選定目標市場和制定行銷策略的經濟分析依據。

第六步，提出市場行銷策略。這是金融市場細分的最後一步，也是金融機構的一個決策點。在分析細分市場後，若發現市場情況不是很理想，金融機構可能會放棄這一細分市場；若對需求和潛在利潤水準比較滿意，金融機構才會根據分析的結果制定相應的市場行銷策略。

5. 金融產品市場細分的標準

在金融產品的市場細分過程中，金融機構應對個人客戶市場和企業客戶市場進行細分。對於個人客戶市場，其細分標準和普通消費品類似，通常以地理、人口、心理、行為

和利益這五個因素作為細分標準；對於企業客戶市場，通常從企業客戶所處行業及規模和資金狀況等方面來細分。

（1）個人客戶市場細分。個人客戶市場通常以地理、人口、心理、行為和利益作為細分標準。

①地理因素。該因素指購買者所處的地理位置和地理環境，具體的細分因素包括地理區域、地形、氣候、人口密度、生產力佈局和交通運輸等。處於不同地理條件的個人客戶，對金融機構的服務有不同需求。

地理因素是市場細分的一個最常用的標準，也是最明顯、最易衡量和運用的標準。但它基本上是一個相對穩定的靜態標準。在金融市場細分中，地理範圍分為城市和農村，顧客規模分為10萬人以下或10萬人以上，地理密度分為市區、郊區或鄉村等。在國外一些城市，以地理因素作為細分市場標準的創新性金融行銷已經進入人們的視野。在日本，出現了在超市中開展貸款業務的小型銀行；在美國，出現了開在電影院旁專門為看電影的人服務的小型銀行。

②人口因素。該因素指與人口相關的因素，如年齡、性別、職業、收入、受教育程度、家庭人口及家庭生命週期、民族與信仰等。考慮到管理和行銷成本，金融機構往往抓住人口因素中的收入和社會階層來進行市場細分。因為對於金融機構而言，客戶資金量的多少是決定其在整個客戶群體中處於何種地位的重要因素。

③心理因素。金融機構也可以按個人客戶的生活方式、個性、偏好等心理因素來細分金融市場。客戶的個性不同，對金融產品的需求有很大差異，主要體現在產品的風險選擇方面。例如，個性保守的客戶選擇金融產品時，總是以安全、可靠、風險小的品種為主；個性激進的客戶，往往更注重投資收益，願冒風險，追求較大利益。

具有不同生活方式的客戶對金融產品的偏好也不同，經濟實惠型客戶較多關心所購買金融產品的成本和收益，追逐時尚型客戶則更注重金融機構的品牌和新品種等。

心理因素是金融市場細分中比較複雜的一個標準，動態性較強。因此，金融機構必須根據個人客戶的不同心理進行市場調查研究，獲得可靠的數據，用來確定自己的目標金融市場。

④行為因素。該因素指消費者的行為特徵，如購買動機、購買狀態、使用程度和使用狀況以及消費者對市場行銷因素的反應等。一般認為，行為因素是市場細分的最佳起點。根據行為因素，我們可以對個人客戶進行以下細分：

其一，根據客戶對金融產品的不同利益追求和對不同金融產品品牌的忠誠度來細分不同的客戶群。

其二，根據客戶對某種金融產品的不同購買頻率，個人客戶細分為少量購買客戶群、中量購買客戶群和大量購買客戶群。

其三，根據客戶購買和使用金融產品時機的不同，個人客戶細分為不同的客戶群。例

如，旅遊季節，客戶對旅遊信用卡、人身意外傷害保險和各種交通工具保險的需求會增加。

其四，根據對金融產品購買狀況的不同，個人客戶細分為從未購買者、曾經購買者、潛在購買者、首次購買者和忠實客戶等客戶群。此細分的目的，在於對不同的客戶群體實施不同的行銷策略，來維護老客戶、轉化首次購買客戶為忠誠客戶、轉化潛在客戶為現實客戶。

⑤利益因素。一個產品或服務能帶來多重利益，但不同的消費者，看待各種利益的重要程度不同。例如，關於對銀行服務的看法，老年藍領階層或地位稍低的白領，將便利放在第一位；而上層白領人士則傾向於尋求高質量的、個性化的服務，服務中所體現的誠實正直和自我完善等因素更為重要。同樣，對於金融產品具有的利率、投資期限、風險性、回報預期、流動性等要素，如果按利益重要性排序，不同階層的表現是不同的。金融機構要通過利益標準分析客戶群（見表4-1），設計並推出適應不同利益追求者的差異化產品和服務。

表1-4　金融市場個人客戶細分標準

細分標準	特點	具體因素
地理因素	相對靜態	區域、地形、氣候、人口密度、城市農村人口比例等
人口因素	相對穩定	年齡、性別、職業、收入、受教育程度等
心理因素	相對動態	個性、生活方式、偏好等
行為因素	複雜多變	購買動機、購買狀態、使用程度、使用狀態
利益因素	相對動態	回報預期、流動性、風險性、投資形式

需要說明的是，以上五種標準只是個人客戶市場細分的基本因素，在現實生活中，往往一個細分市場的形成是由2個或2個以上的因素共同決定的，也就是說我們可同時按多種標準將客戶劃分為不同細分市場，以便準確揭示和充分滿足客戶需求。

（2）企業客戶市場細分。金融機構的客戶除上述分析的個人客戶以外，還有大量的企業和政府農戶，它們被統稱為金融機構的企業客戶群體。企業客戶細分主要考慮以下因素：

①企業規模因素。企業規模包括企業的年營業額、職工人數、資產規模和購買能力的大小等。根據這些因素我們可以將企業客戶分為大型客戶、中型客戶、小型客戶，每種類型的公司對金融服務的需求是不一樣的。

②行業因素。根據不同行業的特點，我們可以將企業用戶劃分為機械工業、化學工業、冶金工業、電子工業、採掘工業客戶等。即使規模相差不大的企業，由於所處行業不同，對金融產品和服務的需求差別可能很大，不同行業的企業客戶客觀上存在不同的風險水準。比如，網路經濟帶動了網路公司對銀行產品的需求量，然而這個行業存在著很大的

風險性，這就要求金融機構在與其進行業務往來時提高警惕。

③企業生命週期階段與投入風險標準。一個企業一般經歷建立階段、擴大階段、增長階段、停滯階段、衰退階段，這為細分企業市場又提供了一個依據。例如，風險資本投入高成長的新技術企業，一般在其創業階段進入，以追逐高收益。而商業銀行借貸資本一般在企業的擴大和增長階段介入，獲取的收益相對較低，但因風險較小，能獲得穩定的收益。金融機構為企業客戶提供產品和服務時，應特別注意風險的防範，以確保貸款的安全性和金融資產的保值增值。

需要特別指出的是，正如個人客戶市場的細分一樣，企業客戶的市場細分也應綜合考慮多個細分標準，進行合理組合。

（二）金融企業目標市場選擇

[案例] 澳大利亞聯邦銀行的目標市場選擇

澳大利亞聯邦銀行以客戶為中心，對公司客戶進行細分，將需求大致相同的客戶歸並為一組，從中選擇並確定目標市場，並運用具有不同針對性的行銷手段滿足這些目標市場的需求。對於公司客戶，各銀行主要根據企業的經營和發展狀況，分析其潛在的金融服務需求，主動行銷相應的服務。例如，在企業開業階段，銀行提供由政府擔保的小企業貸款和銀行啟動的貸款計劃；在企業擴張分銷網路階段，銀行提供信用卡零售商服務和廠房設備租賃服務；在生產擴張階段，提供廠房設備投資貸款；在更新產品時，銀行提供業務顧問和專營服務及廠房設備貸款；在出口貿易中，銀行提供出口融資和信用證業務；為企業員工，銀行提供保險和退休計劃服務；對企業的收購活動，銀行提供財務顧問服務和股本融資等。為切實滿足企業的需要，銀行還經常造訪企業瞭解情況，並評估企業的財務狀況、業務性質和所經營的市場狀況。此外，澳大利亞聯邦銀行對於公司客戶還按照業務規模及其特徵劃分目標市場，提供相應的金融服務。

1. 選擇目標金融市場的意義

金融企業的目標市場是指金融機構在市場細分的基礎上確定的重點服務的客戶群，也就是金融行銷活動中所要滿足需求的特定市場。金融機構的一切行銷活動都是圍繞目標市場進行的，選擇和確定目標市場，明確金融機構的具體客戶群，是金融機構制定和實施行銷組合策略的基本出發點。其重要意義有以下幾點：

（1）能夠系統地考察每一個金融細分市場，更好地發掘金融市場機會。

（2）分析各細分市場採用的市場行銷組合，判斷該細分市場的機會是否足夠收回所花費成本。

（3）可以依據不同細分市場的需要，從下到上，一步步建立起可行的行銷目標和預算分配。

2. 選擇目標金融市場的主要作用

（1）目標明確，有利於經營。無論銀行、保險公司、證券公司還是投資公司，每個金融機構都應該在滿足顧客需求與慾望的基礎上建立自己的經營戰略目標，否則很難在市場上立足，也經不起競爭，更不可能提高經濟效益。目標市場策略的重要意義在於經過市場細分後，金融機構能夠充分認識金融市場的消費需求與慾望，更好地予以滿足，使有限的資源發揮最大的經濟效益。

（2）發揮優勢，有助於競爭。無論規模大小，金融機構總有長處和短處，如何揚長避短，成為應該探討的重要課題。

（3）針對性強，便於調整市場行銷組合。針對目標市場，金融機構要確定金融產品和服務的產品策略、價格策略、渠道策略和促銷策略，才可以有的放矢，實現經營效果最大化。

（4）分析細緻，易於發掘市場機會。選擇金融目標市場，實際上就是一個以調查為基礎的分析過程——對市場進行細分，發掘機會，從而確定目標市場。

3. 選擇金融目標市場的過程

金融機構選擇目標市場（Targeting）的過程通常分為以下三個步驟：

（1）全市場分析。它是指根據選擇的細分標準，把市場進行分類，要求完全覆蓋。比如，一家保險公司通過對市場狀況和本公司特點的研究，決定用顧客家庭收入和產品類別兩組因素細分市場。顧客的家庭收入分高、中、低三個層次，產品有家庭財產險、人身意外險和壽險三類。細分的結果是：整個市場分為九個單元，每個單元代表一個子市場；在各個細分市場中，該保險公司列出當年自身的銷售業績（當然，保險公司尚未進入的細分市場，銷售業績為零）。

（2）細分市場的分析。在細分市場後，金融機構要從三個方面對細分市場進行評估：①細分市場的規模和增長速度。目標市場是否有未滿足的現實或潛在需求。具體評估指標包括消費者或用戶總量、購買力水準、購買率、需求總量、某產品的擁有量、需求增長率等。②細分市場的結構吸引力。現有細分市場企業間的競爭、潛在新侵入者的威脅、替代產品或服務的威脅、供方議價能力、買方議價能力，這五種作用力決定了細分市場的盈利的預期。③公司的目標和資源與目標市場的吻合度。即使細分市場符合上述兩個條件，公司還要考慮是否具備足夠的資源去參與該細分市場的競爭。公司選擇的細分市場的規模應該相對恰當，並非細分市場的規模越大越好，也不是其增長速度越快越好，關鍵是要與企業的實力相匹配。此外，結合公司的經營目標和長遠發展戰略，要使所選擇的細分市場有利於實現公司的使命。通過這些方法，公司可以初步確定哪些細分市場最具有潛力和發展前途，值得選擇。

（3）金融市場行銷組合與企業成本的分析。對於具有發展潛力和發展前途的目標市場，金融機構要進一步考慮能激勵顧客購買的行銷組合和優惠條件等，對其行銷成本加以

分析，決定是否進入。

初步確定一個或若干個細分市場作為目標市場以後，金融機構還要針對這個或這些細分市場，研究和制定一套完整的金融市場行銷方案。

4. 常用目標市場策略

金融機構在市場細分的基礎上，根據上述主、客觀條件選擇目標市場，其目的在於不斷拓展金融市場份額。要想順利實現這一目的，金融機構一般採用三種不同的目標市場策略。

（1）無差異目標市場選擇策略。實行無差異目標市場選擇策略的金融機構，就是把整個金融市場作為一個大目標，金融機構針對個人客戶和企業的共同需要，制訂統一的行銷計劃，以實現開拓金融市場、擴大金融產品銷售的目的。這種策略往往強調顧客的共同需要，而忽視其差異性。

採用這一策略的金融機構，一般實力強大，有廣泛可靠的分銷渠道，以及統一的廣告宣傳方式和內容。在實際操作中，金融機構只需推出單一的產品和標準化服務，設計一種行銷組織策略即可。比如，銀行促銷單一的借記卡，只要設計密碼系統、發展廣泛的特約商戶，通過單一產品、單一價格、單一促銷方式和單一分銷渠道就可以滿足需要。整個市場就是目標市場，僅推出一種產品（活期存款）。

該策略的優點：經營品種少、批量大、市場調研費用低，可降低管理成本和行銷支出，有利於用低價格爭取客戶，具有規模優勢。

該策略的缺點：忽略了同一客戶群不同層次的需求差異，提供的產品和行銷手段過於單一，不一定能適應複雜多變的金融市場需要；只是滿足了細分市場某一最大需求，市場上另一些較小的客戶群體的需求未能得到滿足，不適用於大多數產品、個性化的需求；缺乏彈性，難以適應市場的頻繁變化。

（2）差別市場選擇策略。實行差別市場選擇策略的金融機構，通常會根據不同類型、不同層次消費者的需求特點，把整體市場按一定標準劃分為若干細分市場作為其目標市場，針對每一個細分市場提供不同的產品（如中信集團銀行、證券、保險全面開花，花旗銀行提供多層次服務），並針對不同的目標市場制定和實施不同的行銷組合策略，多方位或全方位地開展有針對性的行銷活動，滿足不同顧客的需要，不斷擴大金融產品的銷售。例如，證券公司對客戶實行差異化市場策略，按照客戶收入高低、風險偏好、交易總量和頻率等，將客戶分為 VIP、中檔、普通等不同級別，使客戶分別享受不同的交易渠道、不同的設備、不同的信息內容和諮詢建議，少數高級客戶甚至可以享受專家的特別服務。

該策略的優點：差異化行銷面對多個細分市場，有多樣產品，能較好地滿足客戶的多元化需求，增強金融機構對目標市場的滲透能力，贏得更多的客戶，從而擴大市場份額。另外，由於企業是在多個市場上經營，一定程度上可以減少經營風險。一旦企業在幾個細分市場上獲得成功，就有助於提高企業的形象及市場佔有率；如果失敗，則只對某一細分

市場產生影響。

該策略的缺點：一是增加行銷成本。金融機構必須針對不同的細分市場執行獨立的行銷方案，會增加市場調研、促銷和渠道管理等方面的行銷成本。因此，實施此策略的金融機構應加強對收益成本占比的分析研究，一旦發現得不償失，應減少經營品種，集中資源於優勢市場。二是可能使企業的資源配置不能有效集中，顧此失彼，甚至使企業內部出現彼此爭奪資源的現象，導致拳頭產品難以形成優勢。

另一個極端策略就是一對一（個性化）策略——每一個客戶就是一個目標市場，針對客戶「量體裁衣」（如高端客戶的 VIP 服務）。

（3）集中市場選擇策略。無差別目標市場選擇策略和差別市場選擇策略都以整體金融市場作為金融機構的行銷目標，試圖滿足包括個人和企業在內的所有金融顧客的需要。集中市場選擇策略是指金融機構既不面向整個金融市場，也不把力量分散到若干個細分市場，而是把市場按一定標準劃分為若干子市場，集中力量進入一個或幾個細分市場，進行高度專業化的金融服務，針對目標市場分別提供不同的產品（如賽馬比賽保險）。

採用這種市場策略的金融機構，不是追求在整體市場上佔有較大的份額，而是為了在一個或幾個較小的細分市場上取得較大的佔有率，甚至居於支配地位。這一策略特別適合於資源力量有限的中小金融企業。它們受財力、技術等因素的制約，在整體市場上可能無力與大企業抗衡，但如果集中資源優勢在大企業尚未涉足或尚未建立絕對優勢的某個或某幾個細分市場進行競爭，其成功的可能性更大。

例如，美國花旗銀行確定的細分市場策略使之成為世界上最大的債券和商業票據交易商；美國通用金融公司專門做以通用車型為主的汽車融資服務，以專業化的汽車金融聞名全球。

該策略的優點：對少數幾個甚至一個細分市場進行「精耕細作」，對目標細分市場有深入的認識，更能建立特殊的聲譽；由於設計、銷售或推廣的專業化，金融機構能享受許多經營上的規模經濟效益，往往能獲得較高的投資回報率。

該策略的缺點：區域相對較小，企業發展受到限制；因為選擇的產品和市場較為集中，由市場狹窄引致的風險大，一旦該市場發生不利變化，或者突然進入一個新的競爭者，金融機構將會因為缺少回旋餘地遭受重創而難以復原。

5. 確定金融目標市場策略應考慮的因素

一般來說，金融機構進行目標市場選擇決策時，要綜合考慮自身實力、產品差異性、產品生命週期、市場特點、競爭策略等方面的因素。

（1）金融機構實力。當金融機構資金力量雄厚、產品功能齊全、銷售能力很強時，可採用無差別策略和差別策略；若實力不足，或者只在某些方面具有一定的優勢，則最好採用集中策略。

（2）金融產品特性。對於需求彈性比較小，或者高度同質性的產品或服務，宜採用無

差別策略；對於產品差異較大，或者需求彈性較大的產品和服務，宜採用差別策略或集中策略。

（3）金融市場特性。如果不同市場的顧客對同一金融產品的需求和愛好相近，而且每個時期內購買金融產品的數量或者交易額變化不大，對行銷的刺激反應不明顯，或者有比較趨同的反應，宜採用無差別策略。否則，宜採用差別策略或集中策略。

（4）金融產品所處生命週期的不同階段。通常，金融產品處於投入期和成長期時，可採用無差別策略，以探測金融市場與潛在顧客的需求。當金融產品進入成熟期或衰退期時，應採取差別策略，以開拓新的市場；或採取集中策略，以維持和延長金融產品生命週期。

（5）競爭企業所採取的市場策略。金融機構採取哪種市場策略，往往視其競爭對手採取的策略而定。若一個強有力的競爭者實施無差別策略，那本企業宜採取差別策略。

（三）金融機構市場定位

1. 金融機構市場定位的意義

定位（Positioning）就是對金融機構的產品和形象進行設計，使其在目標顧客心目中佔有獨特的位置。「定位」這個詞是1972年由廣告經理阿爾賴茲和杰克‧特勞特提出後流行的，他們把定位看成對現有產品的創造性實踐。他們認為，定位起始於產品，但其範圍可以無限拓展到一項服務、一家公司、一個機構甚至是一個人。然而定位並非對產品本身實施什麼行動，而是針對潛在顧客的心理採取行動，即將產品在潛在顧客的心目中確定一個適當的位置。

選擇目標市場和顧客只是對客觀金融市場的一種選擇，而市場定位更傾向於主動出擊，要求金融機構主動為產品和企業定位。

2. 金融機構市場定位的步驟

第一步是確立差異。目標市場定位的出發點和根本要素是確定產品的特色，目的是幫助顧客瞭解競爭銀行之間真正的差異，市場定位的核心問題是「創造差異」。首先要瞭解市場競爭者的定位，他們要提供的產品和服務有什麼特點，明確潛在的競爭優勢（成本、行銷方面等）。其次要瞭解顧客對某種產品各屬性的重視程度。最後還要考慮企業自身的條件。有些產品屬性雖然是顧客比較重視的，但如果企業力所不能及，也不能以此進行市場定位。

第二步是確立企業形象。企業要發揮自身優勢，影響顧客的購買決策，需要以自身特色為基礎樹立鮮明的市場形象，引起顧客的注意與興趣，求得顧客的認同。首先，要建立與市場定位一致的形象。讓目標顧客知道、瞭解和熟悉企業的市場定位（通過識別標誌、觀念或理念等），使目標顧客對企業的市場定位認同、喜歡和偏愛。其次，企業要鞏固與市場定位相一致的形象，強化目標市場顧客的印象，穩定目標顧客的態度，加深與目標顧

客的感情。最後，要矯正與市場定位不一致的形象。

第三步是確立行銷對象。根據上述兩步金融機構要確定精準行銷目標即市場定位。

3. 金融機構差異化及市場定位策略

（1）金融機構差異化。

金融機構要遵循現代企業經營的客觀規律，秉承競爭制勝之道，以強化比較優勢的方法來突破同質性，實施差異化發展策略，從傳統的、單一的金融產品服務到現代日益多樣化的規模定制服務，再到更加個性化的金融解決方案，為客戶提供高質量的金融服務。

差異化發展戰略是定位的基礎，也是現代金融機構經營過程中一種常用的、有效的理念和方法。金融機構差異化，主要表現在業務定價差異化、業務產品差異化和業務服務差異化三個方面。金融機構差異化發展可以擺脫傳統金融機構低水準競爭的格局、凸顯金融機構的比較競爭優勢，有利於金融機構提升核心競爭力。

（2）金融產品和服務市場定位策略。

①金融產品定位。金融產品定位是指金融企業行銷人員在目標市場上為企業金融產品確定一個恰當的位置，用以標示自己的產品，以區別於競爭者的產品。金融產品定位有兩個要點：一是產品必須能滿足消費者的需求，即與企業的目標市場相吻合；二是企業的產品和競爭者的產品必須要有區別，即企業的產品要有自己獨特的賣點。

因此，金融產品定位首先要確定具體的產品差異，側重點在於產品的獨特性和專業性。金融機構要對目標市場競爭者和企業自身情況進行分析。在設計金融產品時，金融機構要考慮產品的差異對目標顧客的重要性、實施產品差異的能力、所需時間，競爭者的模仿能力，等等。

確定了可以利用的產品差異之後，金融機構就可以為自己的產品定位並進行推廣。即使金融產品存在著較強的同質性，各個金融機構依然可以根據自身優勢進行產品定位。例如，交通銀行利用其在外匯業務上的優勢，開發出了「外匯寶」；招商銀行利用自己在網路方面的優勢推出了「一卡通」；太平洋保險公司推出的「神行車保」汽車保險，這都是金融產品定位的例子。

產品定位的方法有很多，涉及的範圍也很廣，如產品質量定位、產品功能定位、產品價格定位、產品造型定位等。具體到金融產品，產品定位的方法有以下幾種：產品差異定位法、產品屬性/利益定位法、產品使用者定位法、分類定位法、競爭定位法、關係定位法和「另闢蹊徑」定位法。

②金融服務定位。鑒於金融業的特殊性，金融機構進行市場定位，最終要在提供其他同業提供不了的服務上下功夫，體現在提供金融產品的方式、方法等方面。這些差別具體落實在金融機構的銷售渠道和服務渠道的設計、組織機構設置、企業品牌形象、員工服務態度、產品及服務價格策略以及各種公關活動的開展等方面。

花旗銀行作為世界最負盛名的銀行之一，它的定位策略體現在服務上。由於它將個人

客戶定位在高端客戶，從服務於新富人群的睿智理財到服務於富裕人群的貴賓理財，再到服務於高淨值人群的私人客戶業務，花旗銀行在客戶價值定位上形成了完整的體系。因此，花旗銀行相應地提高了服務質量：顧客無需在營業廳等待，可以邊喝咖啡邊與客戶經理商談業務；花旗銀行還定期為這些高端客戶提供酒會等聚會活動，促進彼此之間的業務關係。

金融服務定位的側重點在於它的優質性和差異性，與產品定位不同，顧客更容易對金融機構的服務水準進行評價和比較。

③金融機構定位方式與策略。金融機構定位是綜合了金融產品定位和服務定位之後，金融機構為自己在行業、個人和企業客戶心目中所確定的位置。金融產品定位和金融服務定位可以與金融機構整體定位有所區別，因為對於一些品牌效應過於龐大的金融產品，顧客們似乎已經忘記了它屬於哪個金融機構。但是金融機構的整體定位需從這兩者的定位中提煉出來並根據機構的整體經營戰略確立。

金融機構整體定位可以是行業領導者，也可以是行業的優勢群體。金融機構可以採取拾遺補缺的定位策略，分析金融市場中現有產品的定位狀況，從中找出尚未被佔有但又為許多客戶所重視的空缺位置；也可以依靠自身的強勁實力與競爭對手展開競爭性的定位策略，爭奪同一個細分市場。金融機構定位的關鍵是要抓住定位的實質，在客戶心目中形成一個強有力的形象。當然，金融機構還可以通過分析市場中現有的產品定位情況，發掘新的具有鮮明特色的市場位置來為自己企業的產品定位，即特色定位。

五、金融產品行銷策劃

（一）彰顯個性——金融產品策劃

[案例]　招商銀行推出「微信銀行」金融產品

2013年3月末，招商銀行正式推出信用卡微信客服。據悉，到目前為止已經有超過100萬客戶綁定了招商銀行信用卡的微信客服平臺，好評如潮。7月2日，在推出信用卡微信客服後的短短80多天，招商銀行再度宣布升級了微信平臺，推出了全新概念的首家「微信銀行」。「微信銀行」的服務範圍從單一信用卡服務拓展為集借記卡、信用卡業務為一體的全客戶群綜合服務平臺。

1.「微客服」升級為「微信銀行」

升級後的「微信銀行」覆蓋了更廣闊的服務範圍，不僅可以實現借記卡帳戶查詢、轉帳匯款、信用卡帳單查詢、信用卡還款、積分查詢等卡類業務，更可以實現招行網點查詢、貸款申請、辦卡申請、手機充值、生活繳費、預約辦理專業版和跨行歸集資金等多種

便捷服務。此外,「微信銀行」的在線智能客服更可實現在線即時解答客戶諮詢,為客戶提供了非常方便的諮詢通道。「微信銀行」將逐步實現招商銀行全業務的在線智能客服。

2.「微信銀行」功能更強大

「微信銀行」除了人們所熟悉的客戶服務功能,如網點查詢、貸款、辦卡申請和預約辦理專業版和跨行資金歸集外,還便捷地提供了網點地圖和排隊人數查詢的功能。客戶在微信上點擊「網點查詢和服務預約」的菜單並登錄後,將可以看到附近有哪些招商銀行網點和這些網點目前的排隊情況,方便客戶選擇排隊最少的網點辦理業務。

除了以上功能外,想申請信用卡、貸款或預約辦理專業版和跨行歸集資金的客戶,也可以在「微信銀行」選擇相應的菜單,進行信息錄入。之後,便會有招商銀行的客服人員主動聯繫辦理,該功能在很大程度上提高了業務辦理的效率。

3.「微信銀行」安全有保障

「微信銀行」是招商銀行手機銀行的延伸,也是繼網上銀行、電話銀行、手機銀行之後又一種方便客戶的金融業務服務方式,其便利性進一步加強。對於一些常用業務和便捷業務,客戶可直接在「微信銀行」中進行辦理,隨時隨地進行查詢、諮詢與辦理,客戶的選擇的空間更大。

在微信銀行中,凡涉及客戶私密信息的功能,均在招商銀行手機銀行後臺進行辦理,招商銀行手機銀行採用SSL安全協議進行高強度的數據加密傳輸,即使網路傳輸的數據被截獲,也無法解密和還原。同時,招商銀行採用雙重密碼、圖形驗證碼等全方位安全措施,確保客戶資金與信息的安全。客戶在登錄時要提供登錄名、密碼,即使手機被他人操作,不知道密碼也將無法登錄。在用戶退出手機銀行或關閉手機瀏覽器後,手機內存中臨時存儲的帳戶密碼等信息將自動清除,不會在手機上保存。如果用戶打開手機銀行,超過一定的時間未操作,銀行後臺系統將自動註銷登錄。

鑒於信息具有表現形式豐富、拓展性好、延展性好等特點,同時可支持視頻通話等創新功能,微信將會為銀行客服帶來更廣闊的發展空間。

資料來源:http://www.mei.net.cn/jxgy/201307/503798.html。

1. 金融產品策略
(1) 金融產品的定義、特徵、層次劃分及類型。

在任務一中,我們已經詳細講解了金融產品的定義、特徵、層次劃分及類型,本章將在對前面學習內容的復習總結的基礎上,引導大家深入地從「三層次、雙要素」模型的角度理解金融產品,如圖1-6所示:

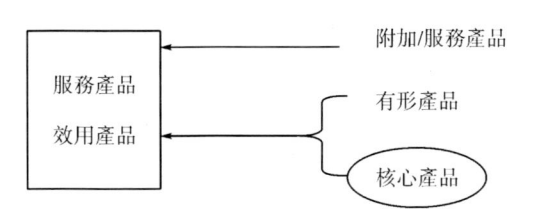

圖 1-6　金融產品「三層次、雙要素」模型

（2）產品系列、組合及優化策略。

①產品系列拓展策略。產品系列，也稱產品線、產品大類，是指一組密切相關的產品項目。這裡的密切相關可以是使用相同的生產技術、產品有類似的功能，同類的顧客群，或同屬於一個價格幅度。系列決策主要是指產品系列長度，即產品系列中產品項目總和的增減。產品系列長度受金融機構目標的影響，追求全覆蓋線或者追求高市場份額和高增長率的企業通常有較長的產品系列，而追求高額短期利潤的企業擁有經過精心挑選的較短的產品系列。產品系列擴展可以利用過剩的生產能力完善產品系列，以滿足目標顧客。但是，當產品項目增加導致費用大幅增加時，需要平衡收益和成本。

系列產品策略是指為顧客提供「全套」金融產品或「一站式」服務，以滿足顧客對不同金融產品的不同需求，使顧客可以在一家金融機構處理大部分甚至全部的業務。

一般有兩種方法增加產品系列的長度：產品系列延伸和產品線填補。

金融機構加長其產品線，超過現有範圍，屬於產品系列延伸。企業可從上、從下或從上下兩個方向延伸產品系列，具體取決於企業在產品鏈中的位置。增加產品線、擴展產品服務的廣度和深度能夠達到金融機構經營上的規模晉級和分散風險的目的。

產品系列填補是指在現有產品系列範圍內增加新的產品項目。隨著對市場認識的加深，以及市場細分的需要，中國各銀行的產品從低端逐漸向高端延伸，發行面對高收入階層的高端產品，如鑽石卡、白金卡、金卡等，從而向上加長了產品系列。

②產品組合策略。產品組合包括四個因素：產品系列的寬度、長度、深度和關聯性。這四個因素的不同，構成了不同的產品組合。

寬度是指企業的產品線總數。產品組合的寬度說明了企業的經營範圍大小以及跨行業經營甚至實行多元化經營的程度。增加產品組合的寬度，企業可以充分發揮特長，使資源得到充分利用，提高經營效益。此外，多元化經營還可以降低風險。

長度是指一個企業的產品項目總數。產品項目指列入企業產品線中具有不同規格、型號、式樣或價格的最基本產品單位。通常，每一條產品線中包含了多個產品項目。企業各產品線的產品項目總數就是企業產品組合長度。

產品組合的深度是指產品線中每一個產品有多少品種。例如，M牙膏產品線下的產品項目有三種，a牙膏是其中一種，而a牙膏有三種規格和兩種配方，則a牙膏的深度是6。

產品組合的長度和深度反應了企業滿足各個不同細分子市場的程度。增加產品項目，增加產品的規格、型號、式樣、花色可以迎合不同細分市場消費者的不同需要和愛好，招徠、吸引更多顧客。

關聯性是指一個企業的各產品線在最終用途、生產條件、分銷渠道等方面的相關聯程度。較高的產品的關聯性能帶來規模效益和範圍效益，提高企業在某一地區、行業的聲譽。

產品組合策略是企業為面向市場，對所生產經營的多種產品進行最佳組合的謀略。其目的是使產品組合的廣度、深度及關聯性處於最佳結構，以提高企業競爭能力和取得最好的經濟效益。其具體表現為：第一，擴大產品組合的廣度，企業利用現有設備增加不同品種類型產品的生產。第二，發展產品組合的深度，從而企業可以滿足市場對同類產品的不同要求，提高市場佔有率。第三，強化產品的關聯性，企業應從降低成本、提高質量出發，盡量縮小產品組合的廣度和深度，集中生產少數產品。

2. 金融產品品牌創建

（1）品牌的概念。產品品牌是對產品而言，包含兩個層次的含義：一是指產品的名稱、術語、標記、符號、設計等方面的組合體，用來識別製造商或銷售商。二是代表有關產品的一系列附加值，包含功能和心理兩方面的利益點，如產品所能代表的效用、功能、品位、形式、價格、便利、服務等。品牌是產品的一個重要組成部分，能夠增加產品的價值。品牌提供產品質量信息，有助於客戶識別產品。因為同一種品牌的產品質量相同，所以節省了消費者選擇商品時在時間和費用上的成本。

①品牌名稱。品牌名稱即可以用語言說出的部分，如中國銀行、花旗銀行。好的名稱能極大地促成一個產品的成功，不過，取個好名稱是不容易的。

②品牌標記。品牌標記是品牌中可以辨認但不能用語言說出的部分，通常是一些符號、圖案、顏色、字體等。中國銀行的標誌是典型代表。

③商標。商標是一個專門的法律術語。品牌或品牌的一部分在政府有關部門依法註冊並取得專利權後，稱為商標。商標受到法律的保護，是一項重要的知識產權，其他人不能隨便使用，否則就構成侵權。商標依其知名度的高低和聲譽的好壞具有不同的價值，是企業的一項無形資產，其產權或使用權可買賣。

品牌和商標都是商品的標記，品牌是一個商業名詞，而商標是一個法律名詞。由於品牌只有根據商標法登記後才能受到法律的保護，才能成為商標，因此可以說，所有的商標都是品牌，但品牌不一定就是商標。

（2）品牌的作用和價值。從金融機構、顧客和代理機構三個角度看品牌的作用，品牌主要可以起到識別產品、保證質量、維護權益的作用。

有魅力的品牌能引起強烈的消費者偏好，價值很高的品牌是一項極為可觀的資產，屬於企業最重要的無形資產。高價值品牌能為企業帶來許多競爭優勢，一個優秀的品牌會在

市場中享有很高的知名度和忠誠度。一個有影響力的品牌可以使金融機構在激烈的價格競爭中增強防禦能力。品牌是金融機構可持續發展的重要資產，勝過那些價格不菲的機器設備等有形資產。

（3）品牌塑造。首先，品牌塑造要以目標市場和產品利益作為品牌名稱設計的基礎。產品品牌的塑造，離不開行銷的具體工作，包括瞭解市場狀況，找出產品概念和品牌概念，還需要有行銷費用的支持。

①進行市場調查，瞭解消費者對品牌的心理需求。品牌塑造首先要進行定位，也就是說公司要明確品牌的核心價值是什麼，能給消費者帶來什麼利益，如何體現公司的企業文化和產品特點。企業找出特定市場和品牌特色，使品牌凸現個性。這對於處於成長期和成熟期市場上的企業尤其重要。

②從產品特點上尋找並保持一致。企業應找準產品概念，滿足消費者的慾望與需求。產品概念就是能給消費者帶來利益的產品功能，而品牌概念會有更深的內涵，更多是企業價值觀、產品個性和特色的體現。品牌的塑造不能離開產品的概念，品牌概念必須跟產品概念有某種聯繫。比如，我們很熟悉的寶潔公司的洗髮水「飄柔」，其產品概念就是能使頭髮更柔順，而品牌給我們的感覺是「自信、飄逸」。

不要急於求成，品牌塑造要有階段性。在消費者還沒有接受產品概念，或者對產品的功能還不是很瞭解時，企業就開始做品牌的推廣，往往導致消費者對廣告一頭霧水，不知道這個產品有何作用，致使品牌推廣效果大打折扣。

注重品牌概念的塑造。很多企業在成長期往往是主推一個產品，忽視了對品牌的塑造，導致消費者雖然對產品有認知，但對品牌沒有概念，不知道這個品牌的個性和特點是什麼，甚至不知道企業的名稱。當企業推出新品時，又需要重新教育市場，花費大量推廣費用。

③找好品牌定位。品牌定位的過程其實也就是找準目標市場的過程。品牌定位是品牌塑造的前提，沒有正確的定位只能使品牌塑造越走越偏，達不到效果，因此，我們首先需要對自己的品牌進行清晰的定位。比如，我們在提到很多知名品牌時，一下就能聯想到該品牌的形象。

其實品牌的定位就是消費人群定位，比如「鱷魚」服裝瞄準的是高收入階層，「奔馳車」主要是針對高收入階層，「大寶」化妝品的目標人群是工薪階層。因此，企業確定了產品的目標人群，也就決定了品牌的定位，從而決定了產品行銷策略。

品牌定位要著眼於潛在市場。不少企業在做產品和品牌定位時，往往看到的是市場需求狀況，而沒有考慮3年、5年甚至是10年後市場的狀況，因此品牌的成長性有限，無法發展壯大。

另外，我們要注意產品和品牌概念的一致性。企業在經歷了快速發展後，一般都會推出新品，進行多元化經營。比如，海爾最初就是從做冰箱開始的，然後涉及家電的各個領

域,這就更需要在進行品牌塑造時找準品牌的概念和定位,保持一致性,使品牌推廣更迅速和有效。

④行銷費用的支持。品牌不是促銷來的。品牌是一個大的概念,不僅包括產品的功能和質量,還包括品牌概念和服務等許多要素,因此需要企業的很多努力,包括推力與拉力的結合運用。如果單靠促銷,企業是無法使品牌的定位和概念迅速深入人心的。

大膽的投入和周密的計劃是分不開的。品牌要形成美譽度和忠誠度,大量的推廣包括廣告投入是必不可少的,關鍵是推廣策略如何來配合品牌概念,用最少的投入換取最大的收益。因此,品牌的塑造一方面需要大量的投入,另外還需要制訂周密的計劃,以確保在不同的階段,達到不同的效果,包括廣告計劃、促銷計劃、推廣計劃、渠道計劃等。

品牌設計要遵循一定的設計原則:容易識別,便於記憶;表達產品特色與效益;激發顧客的購買慾望;適合當地文化風俗;應有資格註冊並取得法律保護。

(4)品牌策略。品牌策略是一系列能夠產生品牌累積的企業管理與市場行銷方法,包括 4P 與品牌識別在內的所有要素。它主要包括:品牌化決策、品牌使用者決策、品牌名稱決策、品牌戰略決策、品牌再定位決策、品牌延伸策略、品牌更新。品牌策略的核心在於品牌的維護與傳播,如何把品牌做到消費者心裡去,是品牌策略中最重要的一個環節。

品牌戰略決策有 4 種:產品線擴展策略、品牌擴展策略、多品牌策略和新品牌策略。

①產品線擴展策略。產品線擴展是將已有品牌名稱擴展到已有產品種類的新形式、新規格和新風格中去。這是一種低成本、低風險的方法,用來促銷新產品、滿足顧客的各類要求,以及利用過剩的生產能力。以中國證券投資基金公司為例:公司旗下的開放式基金都採用這一策略,將基金公司的名字作為品牌名之首。例如,南方基金公司,無論新發什麼類型或風格的開放式基金,「南方」二字一定放在產品名稱的首位,目前其產品系列已超過 20 個。不過,一個過分擴展的品牌名稱有可能會失去其特有的含義,這是產品系列擴展策略所蘊含的風險。

②品牌擴展策略。品牌擴展策略是將已有品牌擴展到新的產品種類中。品牌擴展有許多優點。一個有口皆碑的品牌往往能幫助金融機構更加順利地涉足新的產品種類,並能引起顧客對新產品的關注和更快接受。但品牌擴展也有風險,如果品牌擴展產品失敗,可能會破壞消費者對同一品牌其他產品的印象。此外,一種品牌如果過分使用,便會失去在顧客心目中的清晰定位;因此當金融企業在新產品中利用原有品牌,必須清楚地知道已有品牌與新產品的聯繫程度。

③多品牌策略。在相同產品類別中引進多個品牌的策略稱為多品牌策略。證券投資者往往同時投資多種股票,一個投資者所持有的所有股票集合就是證券組合(Portfolio)。為了減少風險增加贏利機會,投資者必須不斷優化股票組合。同樣,一個企業建立品牌組合,實施多品牌戰略,往往也是基於同樣的考慮。多品牌提供了一種靈活性,有助於限制競爭者的擴展機會,使得競爭者感到在每一個細分市場的現有品牌都是進入的障礙。建立

多種品牌能以側翼品牌來保護主打品牌。當需要保護核心品牌的形象時，多品牌的存在更顯得意義重大。因此，多品牌策略有助於企業培植和覆蓋市場，降低行銷成本，限制競爭對手和有力地回應零售商的挑戰。

多品牌策略雖然有很多優越性，但同時也存在諸多局限性，太多的新品牌將導致企業資源投入分散。

④新品牌策略。為新產品設計新品牌的策略稱為新品牌策略。當企業在新產品類別中推出一個產品時，可能發現原有的品牌名不適合該產品，或是對新產品來說有更好更合適的品牌名稱，企業需要設計新品牌。例如，春蘭集團以生產空調著名，當它決定開發摩托車時，採用春蘭這個女性化的名稱就不太合適，於是採用了新的品牌名「春蘭豹」。又如，生產保健品的養生堂開發飲用水時，便使用了更好的品牌名稱「農夫山泉」。

3. 金融新產品開發策略

所謂新產品，包括新發明的產品、產品性能的改進、產品形態的調整以及全新產品，這些都需要通過金融企業自己的研究與開發努力才能取得。儘管新產品有時也來自購並和專利購買，但主要依靠金融企業自主創新活動。

（1）金融新產品的含義和種類。金融新產品是指金融機構為適應市場對產品的需求，向市場提供的能夠給客戶帶來新的利益和滿足的、與原產品有根本區別的產品。它不僅僅指開發的全新產品，也包括變更原有金融產品中的任何一部分、能夠給客戶帶來新的利益和滿足的產品。金融新產品一般包括以下各類產品。

①全新性產品。全新性產品是指金融機構採用新原理、新結構、新技術、新材料和新方法創造出來的、前所未有的產品。該產品能給消費者帶來嶄新的需求滿足，並且相比其他產品，其生命週期相對較長，如美國花旗銀行為規避利率管制發行的大額可轉讓定期存單、美國第一安全銀行經營的網路銀行、首次推出的電子貨幣等。

②改進型新產品。改進型產品是指金融機構採用各種改良技術，對現有產品的結構、功能、品質、特性、形式等方面進行改造而形成的新產品。比如，商業銀行在整存整取定期儲蓄存款的基礎上推出了存本付息、零存整取、定活兩便等儲蓄產品。

③換代型新產品。換代型新產品是指金融機構利用新技術手段開發的、對原有產品在性能等方面進行重大革新形成的新產品，也稱部分新產品，如銀行卡的升級換代、網上銀行業務等。

④仿製型新產品。仿製型新產品是指金融機構對市場中現有的金融服務產品做局部改進和創新而推出的有自身特點的新產品。由於仿製型新產品是在學習別人經驗、結合自身特點的基礎上產生的，金融企業在開發時所花費的人力、物力、資金等都比較低，簡便易行且週期較短，所以仿製型新產品被金融企業廣泛採用。

⑤組合型新產品。組合型新產品是指金融企業將兩個或兩個以上的現有產品或服務加以重新組合，從而推出的金融新產品。例如，支票存款帳戶是一種結合支票存款和普通存

款兩者優點而組成的新產品，開立帳戶者可以利用支票取現和轉帳，既避免了攜帶現金的不便，保證了資金的安全，又加快了結算速度，還享有利息。又如，1993年中國銀行與太平洋保險公司聯合開發出了「信用卡購物保險」。這一金融新產品將持卡人的人身保險、信用卡購物、物品損失保險等業務集於一身。

（2）金融新產品開發策略。金融新產品開發策略包括以下三種：

①產品擴充型開發策略。金融機構在確立了自己的市場地位並建立了業務發展空間後，通過向縱橫方向擴展現有業務、對客戶增加新的服務等辦法，來增加業務類型和產品品種，盡量滿足客戶所有的金融服務需求。產品擴充型開發策略不僅能維持現有客戶，而且能吸引更多的潛在客戶，同時還能全方位地滿足客戶的要求。其缺點是開發成本高、開發風險大，只適用於規模較大的金融機構。

②產品差異性開發策略。產品差異性開發策略是金融機構根據細分市場開發有別於其他金融產品的新產品的開發策略。金融機構通過市場細分和市場定位，選定自己的目標市場，根據目標市場的不同需求開發出具有成本優勢和競爭優勢的新產品。該策略的一個缺點是產品的差異性會隨著其他金融機構的模仿而不復存在。

③提高金融產品競爭力策略。提高金融產品競爭力策略是通過提高產品服務、降低產品成本、搶先研發並「上市」新產品等辦法，提高產品競爭力，滿足市場的需求。

（3）金融新產品開發流程。一般來說，新產品開發有六大步驟，具體如下：

①搜集新產品創意。開發新產品的關鍵在於從眾多的構思當中選取最合適、最有發展前途的構思。所謂構思，是指對能夠滿足現有客戶或潛在客戶某種需求的新產品所做的各種設想。這些主意或構思有許多來源，包括客戶調查、客戶投訴、客戶或員工建議、競爭、新技術等。

西方行銷學家的調查發現，關於新產品，60%的設想來自客戶、競爭對手和情報資料，其餘的40%則來自金融機構內部。充分徵求、研究客戶對金融機構服務的意見和看法是新產品開發成功的保證。

首先，外部渠道。第一，它來自客戶提出的各種意見和建議。由於客戶具有切身感受，因此意見和建議的實用性和可行性較高。另外，金融機構也可以通過向客戶進行正式的市場調研來直接獲取創意。第二，它來自競爭對手或聯營公司。出於競爭或合作的考慮，金融機構之間業務往來日益頻繁。商業銀行、證券公司、保險公司、信託公司之間，商業銀行和信用卡公司之間經常會合作開發新的金融產品。第三，金融機構也可以通過金融制度變遷、金融學科的研究成果或其他文獻資料獲取創意。

其次，內部渠道。第一，研發部門。幾乎所有的金融機構都有獨立的研發部門，由金融專家根據經濟發展和經濟環境的變化適時推出財務、保險等金融新產品方案。第二，市場行銷部門。行銷部門的工作人員直接與客戶打交道，傾聽客戶的意見，對市場的問題進行研究。第三，金融機構其他內部人員，包括高級管理人員和廣大工作人員。前者具有豐富

的知識和工作經驗，開拓創新意識很強；後者直接與客戶接觸，就近瞭解客戶的真實需求。

②篩選創意。篩選創意的目的是剔除那些不適合金融機構發展目標或資源的新產品構思。篩選過程通常包括兩個階段。第一階段，根據構思是否適合本機構的發展規劃、業務專長和資金實力剔除那些明顯欠妥的建議。這種迅速、準確的判斷有助於金融機構節省資源。第二階段，在餘下的產品構思中進行進一步審查，利用評分表方法評出等級。在對一系列因素做出適當評價的基礎上，金融機構應慎重地做出決策。

③新產品概念形成和測試。一個有吸引力的產品構思需要進一步發展形成產品概念。產品構思是金融機構在研究、發展的基礎上準備向市場推出可能產品的設想。產品概念是指具有確定特性、能增進消費者利益並容易為消費者接受的實際產品，包括產品功能、產品質量、產品價格以及名稱和商標等內容。

金融機構要從眾多的產品概念中選擇最具競爭力的最佳產品概念，就需要瞭解客戶的意見，進行產品概念測試，通過購買者的反應來檢驗新產品。概念測試通常採用概念說明書的方式印發給客戶，要求客戶就一些問題提出意見，主要分析客戶是否瞭解金融機構所提供的新產品和服務、該產品和服務是否符合客戶的需要、對該產品和服務是否接受和喜歡、對新產品和服務有哪些改進的意見等。然後，金融機構需要收集概念測試反饋的意見，進一步剔除不合適的產品概念，同時完善充實可行概念，使之更加滿足客戶需要。

④新產品商業分析。商業分析也稱為效益分析，金融機構從效益上對新產品概念進行分析，預測其市場份額、成本、利潤和投資收益率，從而判斷其是否符合金融機構的發展目標。商業分析包括三部分內容：制定基本的市場戰略、預測銷售、預測成本和利潤。在進行新產品商業分析時，金融機構通常可採取的方法包括盈虧平衡法、投資回收期法、資金利潤率法、利潤貼現率法、新產品系數法等。由於上述方法各有優缺點，金融機構可以根據具體情況選用，也可同時使用。

⑤新產品的設計和市場測試。新產品通過商業分析之後，就可以進入實際開發階段，新產品概念轉變為實際的產品或服務。研發部門可先行開發出少量的樣品或在某個區域進行新服務項目的試點，對新產品進行產品測試和消費者測試。產品測試主要用來測定潛在客戶對新產品的接受程度，通過客戶對新產品或服務的反應，對產品和服務以及行銷活動做進一步的改進與完善。市場測試主要通過金融機構的分支機構進行實地產品推廣，或讓部分客戶嘗試新產品或服務來考察行銷方案是否可行。通過測試，金融機構可以判斷該產品的開發是否取得成功，下一步是否可以整體推出。

⑥商業化階段。商業化階段使該項產品或服務成為金融機構的正式業務種類，並向市場全面推出。金融機構需要制定一系列的廣告和銷售促進計劃、銷售渠道計劃、銷售人員和中間商的培訓計劃等，以促進新產品的推出。由於此階段耗資最大，費用比例較高，獲利的可能性較小，因此一般情況下，金融機構可以採取分階段逐步進入市場的策略，先在主要市場或地區推出，再擴大到全國甚至國際市場，以避免較大的損失。

4. 金融產品生命週期理論

在推出新產品之後,金融機構總想使它有較長的生命週期。儘管並不能期望一個產品能夠永久銷售,但金融機構總是想賺到足夠的利潤,以補償在推出該產品時付出的努力和經受的風險。事實上,每種產品的生命週期都有不確定的長度。圖 1-7 表示的是一個產品生命週期的形態,顯示了產品銷售額與利潤額在整個產品生命期間的變化過程。

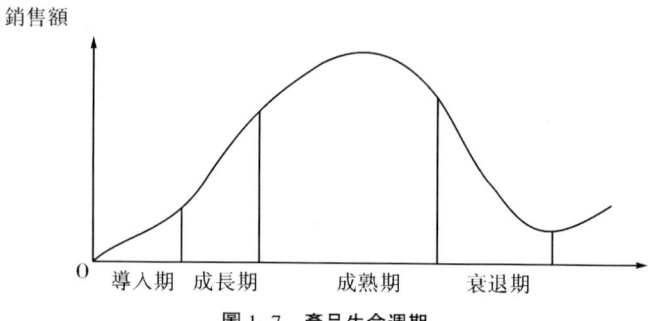

圖 1-7 產品生命週期

典型的產品生命週期一般可分為四個階段,即導入期、成長期、成熟期和衰退期。產品生命週期各階段的特點如表 1-5 所示:

表 1-5 產品生命週期各階段特點

比較內容	導入期	成長期	成熟期	衰退期
銷售額	低	劇增	最大	衰退
銷售速度	緩慢	快速	減慢	負增長
成本	高	一般	低	回升
價格	高	回落	穩定	回升
利潤	虧損	提升	最大	減少
顧客	創新者	早期使用者	中間多數	落伍者
競爭	很少	增多	穩中有降	減少
行銷目標	建立知名度,鼓勵試用	最大限度佔有市場	保護市場,爭取最大利潤	壓縮開支,獲取最後價值

(1) 導入期。在這一階段,產品銷售緩慢增長,市場在逐漸瞭解產品,大部分顧客還不願意放棄或改變自己以往的投資理財偏好。由於技術方面的因素,產品不能大批量生產,因而單位產品成本較高,企業對產品定價沒有把握。定價太高會限制購買,定價太低收不回成本。企業不但得不到利潤,反而可能虧損,因為企業將大量的經費用於新產品投放市場,產品也有待進一步完善。除研究開發經費之外,擴展銷路需要大量的促銷費用,如對產品進行宣傳。

對於現代金融業來說，產品的信息化程度很高，開發成本高昂，而且，不像實體消費品那樣，試用後不滿意可以退貨、包換等，一旦產品推出遭遇失敗，前期開發投入的巨額費用將損失殆盡。

在這一階段，市場行銷可以選擇的策略主要包括以下四種。

①快速撇脂策略。快速撇脂策略採用高價格、高促銷費用，以求迅速擴大銷售量，取得較高的市場佔有率。採取這種策略時必須有一定的市場環境，如大多數潛在顧客還不瞭解新產品，或已經瞭解新產品的人急於求購並且願意高價購買，或企業面臨潛在競爭者的威脅。當面臨這些情況時，金融機構應該迅速使顧客建立對自己產品的偏好。

②緩慢撇脂策略。緩慢撇脂策略以高價格、低促銷費用的形式以求得到更多的利潤。這種策略可以在市場比較小、市場上大多數的顧客已熟悉新產品、購買者願意出高價、潛在競爭威脅不大的市場環境下使用。

③快速滲透策略。該策略採用低價格、高促銷費用迅速打入市場，取得盡可能高的市場佔有率。在市場容量很大，顧客對產品不熟悉但對價格非常敏感，潛在競爭激烈，銷售規模的擴大可以降低單位生產成本的情況下，適合採用這種策略。

④緩慢滲透策略。該策略以低價格、低促銷費用來推出新產品。這種策略適用於市場容量很大，顧客熟悉產品但對價格敏感，並且存在潛在競爭者的市場環境。

導入期的長短取決於客戶對產品的接受程度，廣告策略是持續告知公眾該項服務能給人們帶來益處。

（2）成長期。在這個階段，顧客對產品已經熟悉，大量的新顧客開始購買產品，市場逐步擴大。產品大批量生產，成本大幅度下降，企業的銷售額迅速上升，利潤也迅速增長。競爭者看到有利可圖，將紛紛進入市場參與競爭，使同類產品供給量增加，價格隨之下降，企業利潤增長速度逐步減慢。但在競爭者進入市場時，最早投放產品的公司在這一逐漸增大的市場上已具有競爭優勢，有限的競爭和快速增長的銷售量會使產品很快獲利。這一階段通常實施的行銷策略有以下幾種：

①改善產品品質。改善產品品質可以提高產品的競爭能力，滿足顧客更廣泛的需求，吸引更多的顧客。

②尋找新的子市場。市場細分可以找到新的尚未滿足的子市場，根據其需要投放市場，可以迅速占領新市場。

③改變廣告宣傳的策略。企業應把廣告宣傳的重心從介紹產品轉移到建立產品形象上來，吸引新顧客，使產品形象深入人心。

④適時降價。企業應樹立品牌，維繫老顧客，在適當的時機採取降價策略，激發那些對價格比較敏感的客戶產生購買動機和採取購買行動。

（3）成熟期。這一階段的主要特徵是：銷售量雖有增長，但已接近和達到飽和狀態，

增長率呈下降趨勢；利潤達到最高點，並開始下降；許多同類產品和替代品進入市場，競爭十分激烈等。成熟期的另一特徵是廣泛進行廣告宣傳，促進需求，廣告宣傳的費用成本增加，利潤相應減少。

　　成熟期的經營情況較為複雜，金融機構應從自身和產品的實際出發。如果實力不是很雄厚或產品優勢不大，金融機構可採用防守型策略，即通過實行優惠價格、優質服務等，盡可能長期地保持現有市場；對於無力競爭的產品，也可採用撤退型策略，即提前淘汰這種產品，以集中力量開發新產品，東山再起；如果企業實力雄厚，產品仍有相當競爭力，則應積極採取進攻型策略。進攻型策略往往從以下三方面展開。

　　一是產品改良策略。金融機構通過改良產品的性能、品質、花色等，以保持老用戶，吸引新顧客，從而延長成熟期，甚至打破銷售的停滯局面，使銷售曲線重新揚起。

　　二是市場再開發策略。金融機構應尋求產品的新用戶，或是尋求新的細分市場，使產品進入尚未使用過本產品的市場，如從城市擴展到農村。

　　三是行銷因素重組策略。金融機構應綜合運用價格、分銷、促銷等多種行銷因素，如降低價格、開闢多種銷售渠道、增加銷售網點、加強銷售服務、採用新的廣告宣傳方式、開展有獎銷售活動等，刺激消費者購買。

　　因為行銷的多數金融產品屬於成熟產品，行銷者必須富於創造性，通過改進和完善產品來延長其生命。這些策略旨在鼓勵現有客戶多使用產品或用新的方式來使用產品，或吸引新的顧客來體驗產品。

　　(4) 衰退期。衰落期的主要特徵是：替代品大量進入市場，消費者對老產品的忠實度下降；產品銷售量大幅度下降，價格下滑，利潤劇減；競爭者紛紛退出市場；等等。對此，企業採取的策略往往有以下幾種：

　　①收縮策略。金融機構應縮短戰線，把資源集中於最有利的細分市場，最有效的銷售渠道和最易銷售的品種、款式上，以求從最有利的因素中獲取盡可能多的利潤。

　　②維持策略。由於在衰落階段許多競爭者相繼退出市場，而市場上對此產品還有一定需求，因此生產成本降低的金融機構應繼續保持原有的細分市場，沿用過去的行銷組合策略，將銷售量維持在一定水準上，待到時機合適，再退出市場。

　　③撤退策略。當產品已無利可圖時，金融機構應當果斷地停止生產，致力於新產品的開發。否則，這不僅會影響企業的利潤收入，佔用企業有限的資源，還會影響企業的聲譽，在消費者心中留下不良的企業形象，不利於企業新的產品進入市場。

　　④重新定位策略。重新定位策略是指金融機構通過對產品重新定位，為其尋找新的目標市場和新的用途，使其再次煥發青春，從而延長產品的生命週期，或者成為另一個市場的新產品。

（二）轉動魔方——金融產品價格策劃

[案例]　　工商銀行創新金融服務，降低服務收費

中國工商銀行積極貫徹落實國務院關於金融服務實體經濟的政策要求，加快服務創新，壓降服務成本，規範各項服務收費，讓利給廣大企業和居民客戶。

一是擴大小微企業免費業務範圍，免收小微企業貸款承諾費、法人帳戶透支承諾費、承諾授信額度費、循環貸款承諾費、銀行承兌匯票承諾費、出具貸款意向書手續費、出具貸款承諾書手續費、出具各類保函手續費、資金管理費、常年財務顧問費、高端財務顧問費等費用。二是加大對包括小微企業在內各類客戶的收費減免力度，取消對公帳戶餘額管理、跨境查詢、代辦抵押登記、其他現金管理服務、代理銷售交強險、對公單位轉帳到個人帳戶等項目收費，下調所有渠道的行內異地轉帳和取款手續費，下調除櫃臺外其他渠道（含自助設備、網上銀行、電話銀行、手機銀行、短信銀行、電話轉帳POS等）的跨行轉帳手續費，降低本外幣融資類保函和非融資類保函的收費標準。三是為包括企業在內的每位客戶提供一個免收帳戶管理費（含小額帳戶管理費）和年費的帳戶。同時，工商銀行重申將繼續承擔全部抵押登記費用。

資料來源：中國工商銀行網站。

1. 金融產品定價基礎

價格是對產品或服務的價值體現。更廣義來說，價格是指消費者用來交換擁有使用產品和服務利益的全部價值量。價格通常是影響交易成敗的重要因素，同時又在市場行銷組合要素中有著特別的地位，其他要素，如產品、促銷、渠道等效用產品要素，以及人員、過程、有形展示等服務要素，雖然都創造價值，但在實現交易之前都形成了企業成本，金融機構只有通過合理定價促成交易，才可以實現成本補償和贏利。因此，價格要素是唯一創造收益的要素。企業定價的目標是促進銷售，獲取利潤。這要求企業既要考慮成本的補償，又要考慮消費者對價格的接受能力，從而使定價策略具有買賣雙方雙向決策的特徵。此外，價格還是市場行銷組合中最靈活的因素，它可以對市場做出靈敏的反應。

中國金融市場是一個政府主導並嚴格監管的有限競爭市場，金融工具是政府調控經濟的重要工具，金融機構對產品定價的自由度是有限的。因此，定價策略首先要瞭解和遵守政府政策法規，明確行銷定價策略的政策約束，然後考慮其他影響因素及其影響方式和程度等。

（1）定價的基本步驟。定價主要包括七個步驟，如圖1-8所示。

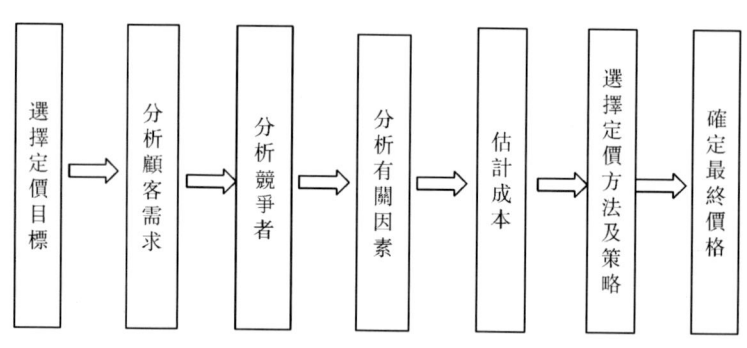

```
選擇定價目標 → 分析顧客需求 → 分析競爭者 → 分析有關因素 → 估計成本 → 選擇定價方法及策略 → 確定最終價格
```

圖1-8　定價的基本步驟

①選擇定價目標。定價目標是指企業通過制定特定水準的價格，憑藉價格產生的效用所達成的預期目標。定價目標是企業市場行銷目標體系中的具體目標之一，但它的確定必須服從於企業行銷總目標，也要與其他行銷目標相協調。從價格方面來看，企業總目標並不只對應一種定價目標，在不同情況下，可以通過不同的定價目標來實現。定價目標主要有以下幾種：

維持企業生存。通常是在企業處於不利環境時，不得不以維持營業為定價目標。這種定價目標只能作為非常時期的過渡性目標，不宜長期使用。

爭取當期利潤最大化。這種目標是指企業通過制定較高的價格來獲取最大限度的銷售利潤和投資收益，但盈利最大化取決於合理價格所推動的銷售規模，因而追求贏利最大化的定價目標並不意味著企業要制定最高單價。當企業及其產品在市場上有較高的聲譽時，可以考慮盈利最大化。

實現預期的投資收益率。企業定價時一般都要在總成本費用之外加上一定比例的預期盈利，在產品成本費用不變的條件下，價格高低往往取決於企業確定的投資收益率的高低。

保持或擴大市場佔有率。保持或擴大市場佔有率也稱市場份額目標，即把保持或提高企業的市場佔有率（或市場份額）作為一定時期的定價目標。在許多情況下，市場佔有率的高低比投資收益率更能說明企業的行銷狀況。

抑制或應付競爭。有些企業為了阻止競爭者進入自己的目標市場，故意將產品價格定得很低，這種定價目標一般適用於實力雄厚的大企業。有些中小企業在市場競爭激烈的情況下，以市場主導企業的價格為基礎，隨行就市定價，也可以緩和競爭，穩定市場。

②分析顧客需求。企業的定價行為一定要考慮顧客的需求，通過調研瞭解市場容量；調研內容應包括該產品有多少潛在的顧客，該產品的需求價格彈性，以掌握不同價格水準上的需求量。

一般來說，購買者對那些價值高、經常購買的產品的價格變動較敏感；對於那些價值

低、不經常購買的小商品，即使單位價格較高，購買者也不太注意。

除了價格，購買者通常更為關心取得、使用和維修產品的總費用，因此，如果企業能使顧客相信某種產品取得、使用和維修的總費用較低，那麼，它就可以把這種產品的價格定得比競爭者高，以取得較多的利潤。

③分析競爭者。企業在考慮定價時不僅要考慮消費者，還必須考慮競爭對手的反應，要考慮競爭對手的價格水準。

處於競爭優勢的企業往往擁有較大的定價自由，而處於競爭劣勢的企業更多地採取追隨性價格政策。企業要知己知彼，經過比質、比價，為自己的產品制定出具有競爭力的價格。

④分析相關因素。這些因素包括產品的性質、產品的組合、產品市場壽命週期、促銷策略、渠道策略等。

產品的性質。不同性質的產品，其價格的制定策略也不相同。

產品市場壽命週期。產品所處的市場壽命週期不同，價格制定策略也不相同。

產品組合。在產品組合中，要考慮產品與其他產品是替代關係還是互補關係，如果其中一種產品的價格策略變動，就必然會影響同一產品組合中的其他產品。

促銷策略。促銷活動都需要支付相應的費用，在不同的市場條件下，不同商品促銷的費用是不相同的。企業在選擇促銷策略時，既要考慮市場拓展的需要，又要考慮是否有相應的價格策略支持，以及消費者對價格的心理和經濟承受能力。

渠道策略。在市場行銷中，企業選擇渠道的長、短、寬、窄及分銷環節的多少，對定價都會產生不同程度的影響。若企業採取長渠道策略，會涉及各類中間商，為鼓勵他們積極經銷產品，開拓市場，因而產品價格低；若採取短渠道策略，開拓市場的任務由企業自己承擔，必然產生相應的費用，因而價格相應提高。

綜上所述，定價是一項很複雜的工作。國外一位專家曾指出：「在所有決策問題中，價格是最令人捉摸不定的。」

⑤估計成本。產品的價格是根據成本、利潤和稅金三部分來制定的，但這種成本，不是指企業生產該產品的個別實際成本，而是該產品的平均成本或社會成本。企業在實際定價時，首先要考慮的是產品成本，它是產品定價的基礎因素。產品成本是企業經濟核算的盈虧臨界點，產品定價必須能夠補償產品成本，這是企業再生產的最基本條件。企業定價時，必須將產量、銷量、效率、價格、成本綜合起來考慮。同時，還應與其他不同產品的價格進行比較，合理地確定不同產品間的比價，反應它們的社會價值之間的比例關係，符合等價交換的原則。因此，準確地估計成本是成功定價的基礎。

⑥選擇定價方法和策略。定價方法受需求和供給的影響。價格與需求量呈反方向變化，價格與供給量呈同方向變化，如圖1-9所示。

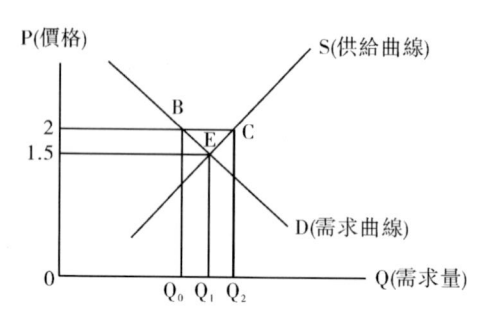

图 1-9　金融產品市場需求曲線

價格是市場行銷組合因素中十分敏感的因素，它直接關係著市場對產品的接受程度，影響著市場需求和企業利潤，涉及生產者、經營者、消費者等各方面的利益。因此，定價策略是市場行銷組合策略中一個極其重要的組成部分，企業需要慎重地選擇。

⑦確定最終價格。企業在確定了產品的初始價格後，還需考慮其他方面的要求、意見和情況。

首先，企業必須考慮所制定的價格是否符合政府的有關政策和法令的規定，否則就會受到法律制裁。

其次，企業還要考慮消費者心理，如採取聲望定價策略、奇數定價方法。

最後，企業還要考慮企業內部有關人員（如促銷人員、廣告人員、會計人員等）對定價的意見，經銷商、供應商等對定價的意見，以及競爭對手對定價的反應等。考慮了上述諸多因素後，方能確定出最終價格。

（2）影響定價的主要因素。影響定價主要因素可分為外部因素和內外因素。其中，外部因素包含以下幾個方面。

①政策約束。政府對產品價格的監督、保護、限制的政策，是金融行銷價格決策不可逾越的硬性約束。中國目前仍然實行比較嚴格的金融管制，儘管趨勢是逐步放開，但 2008 年全球金融危機爆發後，減慢了金融管制放鬆的步伐，實行全面放開還要經歷一段時間。

金融產品的價格主要包括利率、匯率、佣金率、保險費率、佣金費等內容。

第一，利率政策。利率是資金的價格，也是商業銀行信貸產品的定價基礎。作為中國利率體系主要運作體的銀行存貸款利率一直受到嚴格的管制。從 1996 年開始，中國步入漸進式利率市場化的改革進程①，實施「先外幣、後本幣，先貸款、後存款，先批發、後零售」的戰略步驟。

從存款利率看，所有存款利率檔次基本由中央銀行規定，以此為上限，商業銀行可以

---

① 利率市場化就是利率的自由化，是指通過市場和價值規律機制在某一時點上由供求關係來決定利率的運行機制。

向下浮動。高息攬存是違法的，將面臨嚴厲的懲罰。貸款利率從 2004 年開始允許區間浮動，但有嚴格的上下限。後來貸款利率下限逐步放開，形成了「存款管上限，貸款管下限」的管制制度。從 2015 年 10 月 24 日起，央行對商業銀行和農村合作金融機構等不再設置存款利率浮動上限，標誌著歷經近 20 年的利率市場化改革終於基本完成。

利率管制逐步放開，使得銀行對於存貸款利率有了部分定價決策權。不過，長期習慣於被行政力量左右的銀行，還要花相當長一段時間來適應由市場決定產品價格的經營模式。學習並運用好定價策略是中國銀行業提高市場競爭能力最緊迫的任務。

第二，匯率政策。匯率是指一國貨幣與另一國貨幣的比率或比價，或者說是用一國貨幣表示的另一國貨幣的價格。匯率是國際貿易中重要的調節槓桿。一個國家或地區生產或出售的商品都是按照本國或本地貨幣來計算成本的，匯率的高低直接影響該商品在國際市場上的成本和價格，直接影響該商品在國際市場上的競爭力。因此，匯率是政府制定貨幣政策的重要參數。

每個國家都有自己的匯率制度，匯率制度是對確定、維持、調整與管理匯率的原則、方法、方式和機構等所做出的系統規定。改革開放以來，中國人民幣匯率制度在不斷改革和完善：1979—1984 年，人民幣經歷了從單一匯率到雙重匯率再到單一匯率的變遷；1985—1993 年，人民幣對外幣官方牌價與外匯調劑價格並存，向雙匯率迴歸；自 2005 年 7 月 21 日起，中國開始實行以市場供求為基礎、參考一籃子貨幣進行調節、有管理的浮動匯率制度，實行銀行結售匯制，取消外匯留成和上繳，建立銀行之間的外匯交易市場，改進匯率形成機制。

第三，證券交易收費政策。根據《中華人民共和國證券法》的規定，目前中國證券活動中的收費項目主要有：證券發行承銷費用，出具相關文件的收費（包括出具財務會計審計報告、資產評估報告、法律意見書等），證券交易的開戶收費，委託交易的佣金收費，證券交易所的席位費、經手費，投資者查詢證券交易相關事項的收費，公告法定披露信息事項的收費，等等。其中，占比最大的是承銷收費和交易佣金收費。

第四，保險費率。保險費率是應繳納保險費與保險金額的比率。保險人按保險金額向投保人或被保險人收取保險費的比例，通常用「‰」或「%」表示，是計算保險費的依據，保險金額乘以保險費率就是保險費。保險費率由純費率和附加費率兩部分構成。純費率亦稱「淨費率」，是保險費率的主要部分，依此計算的保險費用以彌補財產損失和給付保險金。財產保險純費率的計算依據是保險金額損失率，即一定時期內的賠款金額與保險金額之比；人身保險的純費率是根據人的生存率、死亡率、資金收益率等因素計算的。

根據《中華人民共和國保險法》第一百三十六條的規定，關係社會公眾利益的保險險種、依法實行強制保險的險種和新開發的人壽保險險種的保險條款和保險費率，應當報國務院保險監督管理機構批准。其他保險險種的保險條款和保險費率，應當報保險監督管理機構備案。保險公司不得擅自更改、制定保險條款和保險費率。

②市場類型和市場需求。市場行銷學認為，在完全競爭市場，產品或服務的價格上限由需求決定。因此，需求如何影響價格還與市場形態有關。

第一，市場類型。中國金融市場實行較嚴格的許可制度，機構准入、產品上市等均要報監管部門批准。金融機構的數量以及產品數量均有限，少數國字號金融機構占據了最大的市場份額。因此，中國金融機構目前接近於寡頭壟斷的市場類型。

寡頭壟斷市場的特點是：企業較少、相互依存、產品同質或異質、進出不易。

寡頭壟斷市場定價的特點是：

價格領先制。價格決策由大金融機構做出。決定價格的大機構通常被稱為價格領導者，或支配型機構；小機構則是價格接受者。價格領導者包括支配型價格領袖（本行業規模最大的企業）、效率型價格領袖（本行業成本最低、效率最高的企業）、「晴雨表」型價格領袖（能優先掌握市場變化的企業）。

成本加成，即定價時按一定百分比在平均成本上加上利潤。

寡頭聯盟。它是指彼此之間通過協商達成價格。

第二，市場需求。潛在交易者通常會在產品或服務的價格與利益即通常所說的「性價比」之間權衡。因此，在設定價格之前，金融機構必須理解價格與需求之間的關係。尤其是一些中小金融機構，在經營特定目標市場、有一定定價空間時，常常要考慮需求價格彈性。

需求價格彈性是指市場商品需求量對於價格變動做出反應的敏感程度。不同產品的需求隨價格的變動幅度不同，需求和價格一般是負相關關係：價格下跌，需求量增加；價格上升，需求量減少。

價格變動的目的是提高銷售收入，銷售收入是銷售價格與銷售量的乘積。價格的升降取決於金融機構對產品需求價格彈性的瞭解。一般來說，如果需求價格彈性系數小於1，價格上升會使銷售收入增加；如果需求價格彈性系數大於1，那麼價格的上升會使銷售收入減少，價格下降會使銷售收入增加；如果需求價格彈性系數等於1，那麼價格變動不會引起銷售收入變動。因此，對需求彈性差的產品實施提價策略的正面效果比較明顯；而需求彈性好的產品適宜採用降價策略以擴大銷售，只要擴大生產所增加的生產和銷售成本不超過所增加的收益，就是可行的。金融機構應該通過長期的、大量的觀察和累積，針對目標市場總結出各種產品的價格和銷售量的變化規律。

③競爭因素。產品最高價和最低價之間的定價，取決於市場競爭狀況。產品的任何價格調整都會引起競爭者的反應。因此，管理者要想充分地權衡價格競爭的直接收益和長期後果，必須建立正確的競爭觀念，制訂有效的定價計劃，合理分配競爭資源。如果要主動發起價格戰，企業應該具備一定的條件：

如果已有或可通過低價策略創造絕對成本優勢，競爭者就沒有能力抗衡減價。

如果產品僅在相對較小的細分市場有吸引力，可以推斷競爭者無法對自己的威脅做出

反應。

如果對價格戰的承受能力比競爭者更強，那麼一旦爭取到一個顧客，就可以通過銷售相關產品獲得較大收益，可以主動地以虧損價格銷售某一產品。

影響定價的內部因素包含以下幾個方面。

①定價目標。如前所述，定價目標通常有利潤最大化、市場份額、產品質量、生存等。例如，花旗銀行追求利潤最大化，針對高端市場收費很高；東亞銀行以擴大市場份額為目標，用低收費吸引更多客戶。

②成本因素。成本是定價策略中的重要因素，是金融機構為產品和服務設定的價格底線，以補償經營管理和提供服務的過程中耗費的物資和勞務。

成本有兩種形式：固定成本和可變成本。固定成本是不隨產品種類和數量而變化的成本。例如，金融機構必須支付的每月租金（或提取的固定資產折舊）、系統維護費、水電費、管理人員的薪金等。可變成本是隨產品種類和數量而變化的成本。總成本是固定成本和可變成本之和。金融機構制定的價格應該至少能夠補償維持既定經營水準的總成本。

金融機構在設施設備和管理系統允許的範圍內，應盡可能通過增加銷售量來降低單位生產成本。例如，降低資金來源的成本，提升管理信息化、員工專業化程度，提高經營效率，為競爭性定價爭取更大的空間。

③企業的行銷組合戰略。價格只是金融機構用來實現行銷目標的工具之一。金融產品價格策略必須和產品設計、銷售渠道和促銷決策等其他行銷要素相配合，才能形成一個整體協調聯動的行銷方案。不同組合方案會影響定價決策。例如，通知客戶新產品上市的方式有電話、短信、郵件、網路等，每種方式的成本不同，也會影響價格水準。

由於價格是一個相當重要的產品定位因素，金融機構最好先考慮定價策略，然後考慮其他行銷組合要素。針對特定細分市場，金融機構要弄清楚「我們能賣多少錢」的問題，然後設計一種新產品，讓所有的成本支出都在價格允許的範圍內。

2. 金融產品定價方法

（1）成本導向定價法。成本導向定價法是指依據產品的成本決定其銷售價格的定價方法。成本是企業生產經營過程中所發生的實際耗費，客觀上要求通過商品的銷售而得到補償，並且要獲得大於其支出的收入，超出的部分表現為企業利潤。單位產品的完全成本加上預期利潤和應納稅金可以確定交易價格，價格和成本之間的差額即利潤。在這種定價方法下，把所有為生產某種產品而發生的耗費均計入成本的範圍，計算單位產品的變動成本，合理分攤相應的固定成本，再按一定的目標利潤率來決定價格。其計算公式為：單位產品價格＝單位產品總成本×（1+目標利潤率）。

這是最基本的、最普遍的也是最簡單的定價方法，其主要優點在於：涵蓋所有成本；依據目標利潤制定；廣泛使用，較為理性；計算準確性較高，買賣雙方都易於理解和操作。這種方法的主要缺點是忽視了競爭和市場需求彈性的影響，沒有很好地考慮市場供求

變化對價格的影響，也沒有考慮產品生命週期的不同階段對價格的影響，而且靈活性差。成本導向定價是通過提前預估成本制定的，如果實際生產數量發生改變則會直接導致成本發生改變；如果成本高於競爭者，使用此方法會造成企業競爭力不足；它忽略了需求價格彈性；它對於某些企業目標如市場滲透、對抗競爭等行為幫助有限。

成本導向定價法又衍生出了總成本加成定價法、目標收益定價法、邊際成本定價法、盈虧平衡定價法等幾種具體的定價方法。

採用成本加成定價法的關鍵是確定合理的成本利潤率。而成本利潤率的確定，必須考慮市場環境、行業特點等多種因素。某一行業的某一產品在特定市場以相同的價格出售時，成本低的企業能夠獲得較高的利潤率，並且在進行價格競爭時可以擁有更大的空間。

在用成本加成方式計算價格時，成本是在假設銷售量達到某一水準的基礎上確定的。因此，若產品銷售出現困難，則預期利潤很難實現，甚至成本補償也變得不現實。成本加成定價法一般在租賃業、建築業、服務業、科研項目投資以及批發零售企業中得到廣泛的應用。即使不用這種方法定價，許多企業也會參考此法制定的價格。

目標收益定價法又稱投資收益率定價法，是根據企業的投資總額、預期銷量和投資回收期等因素來確定價格。與成本加成定價法相類似，目標收益定價法也是一種生產者導向的產物，很少考慮市場競爭和需求的實際情況，只是從保證生產者的利益出發制定價格。另外，先確定產品銷量再計算產品價格的做法完全顛倒了價格與銷量的因果關係，把銷量看成價格的決定因素違背了實際情況。

邊際成本是指每增加或減少單位產品所引起的總成本的變化量。由於邊際成本與變動成本比較接近，而變動成本的計算更容易一些，所以在定價實務中多用變動成本代替邊際成本。邊際成本定價法也可稱為增量分析定價法。

盈虧平衡定價法是運用盈虧平衡的原理確定價格，即在假定企業生產的產品全部可銷售的前提下，計算出保證企業既不虧損也不盈利的產品最低價格水準。其主要優點是金融機構可以在較大範圍內靈活掌握價格水準，且運用較簡便。

（2）需求導向定價法。需求導向定價法是指企業在定價時不僅要考慮成本，還要注意顧客需求及其價格承受能力，按照顧客對商品的認知和需求程度制定價格，而不是根據成本定價。這類定價方法的出發點是顧客需求，它認為企業生產產品就是為了滿足顧客的需要，因此產品的價格應以顧客對商品價值的理解為依據來制定。

若成本導向定價的邏輯關係是：成本+稅金+利潤=價格，則需求導向定價的邏輯關係是：價格-稅金-利潤=成本。這種定價原則需要綜合考慮成本、產品生命週期、市場購買力、銷售地區、交易心理等多種因素。需求導向定價法具體包括認知價值定價法、反向定價法和需求差異定價法三種。

①認知價值定價法。這是利用產品在消費者心目中的價值，也就是消費者心中對價值的理解程度來確定產品價格水準的一種方法。消費者對商品價值的認知和理解程度不同，

會形成不同的定價上限。如果價格剛好定在這個限度內，那麼消費者就能順利購買，企業也將更加有利可圖。

實施這一方法的要點在於提高消費者對商品效用認知和價值的理解度。企業可以通過實施產品差異化和適當的市場定位，突出企業產品特色，再結合整體的行銷組合策略，塑造企業和產品形象，使消費者感到購買這些產品能獲取更多的相對利益，從而提高他們可接受的產品價格上限。

②反向定價法。所謂反向定價法，是指企業依據消費者能夠接受的最終銷售價格，計算自己從事經營的成本和利潤後，逆向推算出產品的批發價和零售價。這種定價方法不以實際成本為主要依據，而是以市場需求為定價出發點，力求使價格為消費者所接受。

③差別定價法。差別定價法即對同一產品採用兩種及以上的價格，這種價格上的差異與成本不成比例，它是以購買對象、產品式樣、地點和時間等條件變化所產生的需求差異為定價依據，在基礎價格上決定加價還是減價，具體又分為如下四種：不同的產品功能採用不同的定價，不同的顧客採用不同的價格，不同的時間採用不同的價格，不同的服務方式或場所採用不同的定價。

採用差別定價法的前提是：市場必須是可以細分的，且各個細分市場的需求強度不同；產品或服務不可能從低價市場流向高價市場；高價市場上不可能有競爭者減價競銷，不會引起顧客不滿。

(3) 競爭導向定價法。商品和服務的價格形式不僅受價值、成本和市場供求關係的影響，還受市場競爭程度和市場結構的制約。

事實上，顧客常常在與某一金融機構達成交易的過程中，參照其競爭者同類產品的價格，作為判斷將要交易產品價格高低的依據。競爭導向定價法就是金融機構依據競爭者的價格，結合自己產品的特點，選擇有利於贏得競爭的定價方法。

競爭導向定價法的特點是：只要競爭者的價格不變，即使自己的生產成本與市場需求發生變化，產品價格也保持不變；反之，即使成本與需求沒有變化，由於競爭者價格發生變化，自己也跟隨競爭者調整價格，以免被對手擊敗。這種定價法主要有如下三種。

①競爭參照定價法。企業定價時參照競爭對手的價格，並以其為基礎來考慮自身產品的定價，一般採取三種定價形式：與競爭對手的價格相同、低於競爭對手的價格或高於競爭對手的價格。

②隨行就市定價法。金融企業把自己產品的價格保持在行業平均價格水準上。

③密封投標定價法。此種定價法主要用於投標交易方式，常用於大型項目，如國債發行、大宗採購等，其一般流程是：賣方公開招標—買方競爭投標、密封遞價—買方擇優選取—到期公布中標者名單—中標的企業與賣方簽約成交。投標者遞價主要以壓倒競爭者可能的遞價為原則，但不可以低於邊際成本，否則不能保證適當收益。

3. 金融產品定價策略選擇

常用的金融產品定價策略可以歸納為五種：產品生命週期定價策略、折扣定價策略、心理定價策略、服務定價策略和價格調整策略。

（1）產品生命週期定價策略。產品市場生命週期可分為導入期、成長期、成熟期和衰退期。產品生命週期定價策略主要是根據金融產品所處市場生命週期的不同階段，分析成本供求關係、競爭情況等的變化特點，以及市場接受程度等，採取不同的定價策略，以增強產品的競爭能力，擴大市場佔有率，從而為企業爭取盡可能多的利潤。

①新產品定價策略包括撇脂定價策略、滲透定價策略、滿意定價策略。

第一，撇脂定價策略。新產品在產品的生命週期中處於導入期，新產品初涉市場，在技術性能上較老產品有明顯優勢，而在企業投入上卻存在批量小、成本大、宣傳費等期間費用高的劣勢。企業定價決策時要考慮自身的競爭實力和新產品科技含量，若新產品具有高品質且不易模仿特點，則可選擇撇脂定價策略，即以高價策略，將產品打入市場，迅速收回投資成本，以攫取最大利潤。

撇脂定價也有一定的前提條件：市場有足夠的購買者，他們的需求缺乏彈性，即使把價格定得很高，市場需求也不會大量減少；高價使需求減少，但不至於抵銷高價所帶來的利益；在高價情況下，仍然可以獨家經營，別無競爭者；高價使人們產生這種產品是高檔產品的印象。

第二，滲透定價策略。所謂滲透定價是指企業把其創新產品的價格定得相對較低，以吸引大量顧客，提高市場佔有率。若新產品的價格需求彈性較大，低價可大大增加銷售量，迅速占領市場，以擴大銷售量，增加利潤總額。

滲透定價也有一定的前提條件：市場需求對價格極為敏感，低價會刺激市場需求迅速增長；企業的生產成本和經營費用會隨著生產經營經驗的增加而下降；低價不會引起實際和潛在的競爭。

第三，滿意定價策略。滿意定價策略是一種介於撇脂定價策略和滲透定價策略之間的價格策略。其所定的價格比撇脂策略價格低，而比滲透策略價格要高，是一種中間價格。這種定價策略因能使生產者和顧客都比較滿意而得名。它能同時兼顧生產企業、購買者和中間商的利益，能較好地得到各方的接受。有時它又被稱為「君子價格」或「溫和價格」。

優點：滿意價格對企業和顧客都較為合理公平，由於價格比較穩定，在正常情況下盈利目標可按期實現。

缺點：價格比較保守，不適於競爭激烈或複雜多變的市場環境。

適用對象：它適用於需求價格彈性較小的商品，包括重要的生產資料和生活必需品。

②成長期定價策略。新產品投入市場，經過一段時間後，銷售量上升很快，就進入了生命週期的成長期。

在產品的成長期，原來的高價和低價逐步轉為正常價格。所謂正常價格，是指正常納

稅後的銷售收入能補償合理成本，且該價格不低於保證行業平均利潤的價格水準。供應偏緊和質量較優的產品，在低於導入期價格的前提下，允許保持高於行業平均利潤，以體現優質優價政策。

③成熟期定價策略。產品由成長期進入發展緩慢時期，銷售量增長停滯，產品就進入了生命週期的成熟期。在產品的成熟期，如果企業的產品利潤率明顯高於同行業平均水準，應適當降低產品價格，以提高產品競爭力。但企業採用低價時，要掌握降價的依據和幅度，若價格降得過低，企業可能不堪重負；價格降得太少，對保護銷售不起實質性作用。

④衰退期定價策略。由於技術的發展，市場上出現了新的產品，逐步替代老產品，老產品銷量不斷下降，產品就進入了生命週期的衰退期。產品進入衰退期時，企業仍需採用低價策略，根據具體情況，可分別採取維持價格和驅逐價格兩種策略。其一，維持價格策略。繼續保持產品在成熟期間的價格，但企業在經營上必須採取一些促銷的手法，如加強廣告宣傳、改進包裝、附贈禮品、加大回扣等，否則此價格策略難以持久。其二，驅逐價格策略。大幅度降價，使價格降到能將競爭者驅逐出市場的水準，以此增加本企業市場份額，阻止銷售下降，延長產品壽命。

（2）折扣定價策略。折扣定價是為了鼓勵顧客採取有利於公司的購買行動而對基礎售價所做的調整。一般包括以下形式：現金折扣、數量折扣、功能折扣，又叫貿易折扣、季節折扣、價格折讓。

①現金折扣。現金折扣，是企業對按約定日期付款或提前付款的用戶給予不同優待的一種折扣。例如，付款期限為一個月，立即付現可打5%的折扣，10天內付現可打3%的折扣，20天內付現可打2%的折扣，最後10天內付款則無折扣優待。

幾乎各家財產保險公司都會採用保費打折策略，依據上一年度的事故率或賠付款額的大小，給予達到規定標準的顧客保費折扣。

有的證券經紀公司代理客戶進行國債回購交易，就是根據委託代理的資金數額確定佣金標準。隨著委託資金的增加，手續費折扣增加。

②數量折扣。數量折扣，是指金融機構對購買一定數量和金額的用戶，給予大小不同優惠的一種折扣。購買數量越多、金額較大，給予的折扣越多。數量折扣促使顧客保持向特定的金融機構購買產品，而不是向多家金融機構購買產品，具體又分為以下兩種：

累計數量折扣。它規定在一定的時期內，購買總數超過一定數額時，按總量給予一定的折扣。例如，信用卡的折扣優惠計劃，當累計刷卡金額達到一定數量時，可以兌換一定的禮品。

非累計數量折扣。它規定顧客一次性購買一定數量或購買多種產品達到一定的數量時，會給予顧客價格折扣。

③交易折扣。交易折扣又稱功能折扣，是產品提供者根據代理商、仲介在市場行銷中

擔負的不同職能給予不同的價格折扣。證券和保險經紀人作為金融產品交易的中間商，常常以提成的方式獲得交易折扣，提成數額一般根據交易金額和提成比例計算。

折扣定價應遵循以下原則：因為其他人都提供折扣優惠，你就不應該再提供這種優惠；在制定折扣政策時要有創意；應該利用折扣政策來清理存貨或增加業務量；應對其在時間上做出限制，並確保最終顧客得到這項交易；為了在一個成熟市場上生存，才應該制定折扣政策；應盡可能早地停止這種折扣優惠。

（3）心理定價策略。心理定價策略分為尾數定價策略、整數定價策略、聲望定價策略、招徠定價策略。

①尾數定價策略。尾數定價就是對產品的價格不取整數而保留尾數，保留尾數可以降低一位數價格，給人一種便宜或是吉祥的感覺。這是利用顧客求廉心理和要求價格準確的心理進行定價，這種方法主要適用於彈性較大的普通產品的銷售。

②整數定價策略。對於檔次較高的產品和服務，如服務於高端客戶的私人銀行產品，可在基礎價格上湊成整數，使顧客形成高價高質的印象，吸引高收入階層。整數定價會增強顧客的購買慾望，因為高收入者重視質量、品牌，而不計較價格。對產品進行整數定價，也可以使購買者可以輕鬆、快捷地付款，節省時間，便於雙方的交易達成。

③聲望定價策略。市場上的不少產品在顧客中享有較高的聲譽，顧客對它們產生了信任感，在購買時，顧客不在乎錢的多少，而在乎商品能否顯示其身分和地位，這是一種「價高質必優」的消費心理。即使該產品成本下降，價格一般也不會下降，否則有損這類商品的形象，比如招商銀行的金葵花貴賓卡。

使用威望定價法，不僅能為銷售商帶來豐厚的利潤回報，同時也可以使消費者在心理上有極大的滿足感與安全感。

④招徠定價策略。招徠定價，就是金融企業利用部分顧客求廉、好奇和觀望心理，特意將某一種或某幾種產品的價格定得特別高或特別低，以引起顧客的注意，進而帶動其他產品的銷售。

（4）服務定價策略。服務是無形的，不能試用或退貨，存在較大的購買風險。顧客往往通過其他一些交易線索瞭解產品的價值，而價格是一個重要的價值提示。金融行銷人員在制定服務價格策略時，要通過定價，明確無誤、令人信服地揭示並傳達服務價值。服務定價有以下三種方法。

①滿意度定價法。顧客在購買金融服務產品前都可能存在某種疑慮，例如，理財產品預期回報率常常讓客戶不放心。滿意度定價法旨在降低顧客的疑慮。金融機構可採用多種方式來降低顧客的擔心，如提供必要的信息，包括提供以往業績證明、中間過程階段性狀況報告等，甚至提出給予補償的保證──降價或退款，以顯示對產品的自信。

服務保證是一項冒進性的承諾，企業採用這種策略時應該特別慎重，實施前必須認真分析實施的必要理由及相應的風險，同時要考慮客戶的反應，如果對客戶說提高價格是

「為了幫助我們更好地為您服務」，客戶往往會不悅。

②關係定價法。關係定價有時又稱組合定價，即將兩種或兩種以上的服務「捆」在一起銷售。這種價格激勵方式對顧客來說有好處，對金融機構來說則能降低成本，因為提供一種附加服務通常比單獨提供一種服務的成本低，還能增加與顧客的聯繫。與顧客之間的聯繫越多，金融機構就能越多地掌握顧客的信息，發掘顧客的需求。

商業銀行通過關係定價，鼓勵顧客在銀行有多個帳戶，使用多種服務。鼓勵的形式可以是提供較低的手續費、較高的存款利率，或用多種帳戶提供較低的貸款利率。

③效益定價法。效益定價法以精確的成本計算為基礎，通過明晰成本、管理成本和降低成本，將節省的成本部分或全部以低價格形式轉給顧客。這一方法的好處是：一方面，這種有效的、更精簡的成本結構使得競爭對手在短期內難以模仿；另一方面，成本優勢結合產品特性，能讓顧客感受到產品獨特的價值所在。

效益定價者往往是行業中某方面業務的領跑者或標新立異者，他們努力摒棄行業裡傳統的操作方式，尋求持續的成本優勢。

（5）價格調整策略。價格調整策略是金融機構對上述基礎價格調整的策略。因為市場的情況千變萬化，有時價格需要根據經濟環境的變化、產品生命週期、競爭對手新策略、顧客消費心理變化等因素進行調整，以實現預期的行銷目標。

金融機構各種產品或服務的價格必須相互照應、相互協調。價格調整應該基於必要和可行的原則，以下列舉了可能需要調整價格的一些原因：帳戶數量或市場份額有所下降；與競爭者的價格，其產品的益處相比價格太高；由於成本增加或者需求量太大，價格相對過低；未能提供滿足低收入客戶的定價而受到批評；產品線中每個產品項目的價格差異不合適或令人費解；向客戶提供了太多的價格選擇，使客戶感到無所適從；價格對於客戶來說似乎高於其真正價值；客戶對價格過分敏感，並不賞識其質量上的差異；提高產品質量增加了經營成本，同時也增加了產品的價值。

（三）多管齊下——金融產品促銷策劃

[案例]　銀行和保險業備戰「雙十一」多樣化形態促銷

在互聯網金融引領當下金融業風潮之際，今年不少傳統金融機構也緊跟潮流，擠進了「雙11」促銷大潮中，相關的行銷活動在不少銀行官方網站上頻頻可見，業界備戰「雙11」的氣氛漸濃。

2013年，除了建行、招行外，中行、中信等多家銀行也都推出了「雙11」促銷活動。

「何必要等『雙11』，12家明星店鋪商品限搶風暴等你來搶購……」在建行善融商務電商平臺上我們看到了這樣的內容。

招行手機支付「1定優惠」，在2013年11月11日當天，客戶使用招行一卡通或信用卡進行網上購物，消費任意金額並通過手機完成支付，每消費一筆可獲一次抽獎機會，參

加「雙11」歡樂大抽獎。

此外，保險公司的加入，也是今年「雙11」促銷熱潮的亮點之一。「7.12%高收益明星產品」，近日一家保險公司在網店中促銷自家旗下一款「特供雙11」萬能型年金險產品時，給出了頗具吸引力的預期收益率。

2013年，銀行和保險業備戰「雙11」的促銷形態多樣化。

一是銀行系電商平臺展開的限時搶購業務。目前除了建設銀行外，交通銀行電商平臺也正展開限時搶購活動。截至2013年年底，在交行電商平臺「交博匯」商品館成功交易的客戶，可獲得10元話費獎勵，每人每週限一次，每週100名。在「交博匯」商品館成功交費或進行充值類交易的客戶，交易滿20元也可獲10元獎勵，每週也是限額100名。

二是各行攜手電商公司聯合開展限時特惠活動。這些合作商家覆蓋的行業範圍廣，既有高端奢侈網購平臺，也有旅遊電商平臺等，而優惠形式也有專屬優惠、返券等多種形式。例如，目前中信銀行正聯合某奢侈品和時尚高端全購物網站展開優惠活動。而平安銀行的「淘寶特惠」平臺的限時特惠活動形式也頗為多樣，目前有「10倍計分」「9塊9包郵」「20元封頂」「5折團購」等幾大活動同時上演。交通銀行的客戶也能在百森水果、卓彩網、樂宿客等網購平臺上專享優惠。目前海淘也漸成風範，中行的VISA、萬事達標誌的個人信用卡在明年2月28日前在指定的10家網上商戶海淘，單筆交易每滿100美元可返現5%，單筆交易最多返現10美元。

三是為加大各行網銀、手機銀行等支付工具的交易量，針對在所有平臺進行網購的客戶，推出的適用範圍更廣的優惠活動。除了上述招行「雙11」的手機支付優惠活動外，在國航等多家航空公司官網通過建行成功購票支付，排序靠前且成行的客戶，將有機會獲贈50元至100元不等的「善融商務電子券」。而交行持卡人在明年1月24日前，每逢周五，首次開通「銀聯在線支付」卡號或成功支付一次，即送話費，活動期間交易滿額，禮上加禮。

四是各大保險公司特供產品主要為萬能險產品或特價車險。

此外，多家險企的車險也參與了「搶錢行動」，投保保費達到一定額度，將獲得返現金、送行車記錄儀、送加油卡、無限次免費道路救援服務等。

資料來源：閩南網。

1. 金融促銷認知

（1）金融促銷的概述。下文對金融促銷的概念、特點、意義、影響因素進行簡單敘述。

①金融促銷的概念。金融促銷是指金融企業將自己的金融產品和服務通過適當的方式向客戶進行報導、宣傳和說明以引起客戶注意和興趣，激發其購買慾望，促進其購買行為的行銷活動。簡而言之，金融促銷是金融企業將其金融產品和服務信息向客戶傳遞的過

程。它包含兩層意思：一是金融促銷是一個信息傳遞的過程；二是金融促銷是為了吸引客戶購買金融企業的產品和服務。

②金融促銷的特點。金融產品或服務的無形性以及生產和消費的不可分離性，使得其促銷在方式的實施上有其獨特之處。具體表現在三個方面：

客戶對信息的需求迫切。金融產品的無形性導致客戶消費產品的風險大於購買一般產品承擔的風險，因此客戶在做出消費決策時更加謹慎，一般會在消費前盡可能收集大量相關信息。若客戶沒有收集到某一金融產品的相關信息，客戶很可能會減少或不購買。

注重客戶的口碑宣傳。金融產品是一種體驗，客戶更希望通過周圍的人獲取金融產品消費的相關信息，這也意味著客戶口碑宣傳極為重要。因此，在金融促銷中應注重客戶的口碑宣傳。

促銷效果受客戶的認知和經驗影響。客戶在接受外部信息的同時，也傾向於根據自己的記憶和以前的消費經驗做出決策。

③金融促銷的意義。金融企業開展促銷活動是金融市場發展的必然結果，促銷可以大大改善金融企業的經營能力，在現代化金融的競爭中發揮著重要作用。

提供金融產品信息，引導消費者。金融機構通過促銷活動，使客戶知曉本機構提供何種金融產品和服務，具體有何特點，去何處購買以及購買條件如何等，以便於客戶選購，擴大產品銷售。

刺激金融消費需求。通過促銷活動可以引起客戶對於新產品和服務的購買慾望，從而既引導了消費需求，又為新產品開拓市場創造了必要條件。

樹立金融產品的品牌形象。金融機構通過促銷活動，使其產品的價格水準和服務質量在市場上展現出來，以供客戶選擇比較，而各金融機構之間也可以彼此瞭解，促進互相學習和有效競爭。

提升金融企業的競爭力。通過促銷活動，人們可以瞭解金融機構的特點與優勢，從而樹立良好聲譽，有助於其維持和擴大市場份額。各金融機構之間也可以通過促銷來增強相互瞭解，並根據對方的促銷活動採取對策。同時，企業通過宣傳自身的產品或服務，增強客戶對本企業的偏好，不斷提高自身服務的競爭力。

④金融促銷的影響因素。在市場經濟活動中，金融促銷受到許多因素的影響，從而使得其效果不理想。因而金融企業在做出促銷決策時，應充分考慮以下五方面因素的影響。

消費需求。由於金融消費者的購買需求不相同，其對金融產品或服務的要求也不相同，因而金融企業應該採取不同的促銷策略。

金融產品生命週期。在金融產品或服務生命週期的各個階段，其需求量、利潤會有所不同，因而所處的生命週期階段是進行促銷組合設計時需要重點考慮的因素。在導入期，金融企業應當做好投入市場前的公關宣傳工作，並配合適當的廣告、人員推銷工作，快速地使其目標客戶熟悉，從而縮短其引入期。在成長期，鑒於該階段客戶已對金融產品或服

務有所瞭解，所以應降低廣告的投入量，將主要的促銷手段變為人員推銷，而促銷的重點也應由介紹產品或服務轉向建立分銷渠道。在成熟期，金融產品或服務已經站穩市場，其促銷的作用就是要延長產品的成熟期。因此，企業應該採取以營業推廣、公關宣傳為主，廣告、人員推銷為輔的促銷策略。在衰退期，當金融服務無法滿足客戶需求時，應大幅度減少促銷投入。

促銷費用。金融企業在選擇促銷組合時應遵循以下兩個原則：一是在促銷費用一定的條件下，選擇能使促銷效果最佳的促銷組合；二是在促銷效果一定的情況下，選擇能使促銷總費用最低的促銷組合。此外金融企業也應將自身的經營狀況、財務實力等考慮在內。

目標市場特點。目標市場的特點一般包括消費者人數、消費者分佈情況、信息傳達便捷性和消費者類型等。目標市場的特點會直接影響金融產品或服務促銷的制定。當消費者多且分佈廣泛、信息傳達便捷時，使用廣告和營業推廣相結合的促銷組合較合適；而當消費者少但消費量大時，人員推銷就能達到理想的促銷效果；當消費者對金融產品或服務已有一定的瞭解時，人員推銷的效果要好於廣告促銷。

促銷組合策略。金融企業會根據目標市場的規模、類型等的不同而選擇不同的促銷策略。促銷方式一般可分為人員推銷、廣告促銷、營業推廣、公關宣傳等具體方式。促銷策略一般有以廣告為主的拉式策略、以人員推銷和營業推廣為主的推式策略兩種。拉式策略是指直接刺激客戶對其金融產品或服務產生興趣，再促使客戶向金融企業購買；推式策略強調將金融產品或服務向最後的客戶進行促銷。但在實際的促銷活動中，金融企業極少單獨使用某一種促銷策略進行產品推廣，更多是將兩種策略有效地結合使用，並側重於其中的一種。例如，保險公司通常是通過保險人員主動聯繫客戶，採取推式策略來促銷其保險產品，而銀行則更傾向於使用廣告等拉式策略來吸引客戶。

（2）金融促銷的實施步驟。金融產品或服務促銷決策的實施過程一般分為六個步驟：確定促銷對象，明確促銷目的，設計促銷信息，確定促銷預算，決定促銷組合以及促銷實施、控制和效果反饋。

①確定促銷對象。金融促銷對象是指接受金融產品或服務促銷信息的潛在客戶。金融促銷對象的選擇是以對金融企業的市場細分和服務定位為前提，以目標對象對金融產品或服務的熟悉程度和喜愛程度為依據。高熟悉高喜愛型：應當通過各種促銷形式繼續保持其良好的社會公眾形象。低熟悉高喜愛型：應該增強促銷宣傳力度，提升金融產品或服務知名度。高熟悉低喜愛型：對於這類負面形象深入人心的金融產品或服務，進行促銷的戰略意義不大，應進行全方位重新包裝或放棄提供該產品或服務。低熟悉低喜愛型：該類金融產品或服務知名度和美譽度都很低，必須採取相應行之有效的促銷措施來改變這一不利局面。

②明確促銷目的。金融促銷目標是指金融企業從事促銷活動所要達到的目的。金融服務促銷本質是信息的傳達過程，即 AIDA 模式。金融產品或服務促銷的目標在信息傳達不

同的時期以及不同的市場環境下有所不同。金融產品或服務在 AIDA 模型不同時期促銷目標如下：

告知目的（Attention）。該階段的促銷目標應定為引起促銷對象的注意。企業通過促銷宣傳使更多客戶對本企業及該金融產品或服務有所瞭解，提升金融企業及其金融產品或服務的知名度。

激發目的（Interest）。該階段的促銷目標應定為建立良好的企業、產品或服務形象。該階段促銷激發客戶對該金融產品或服務的需求，爭取客戶對該金融產品或服務產生選擇性需求。

勸說目的（Desire）該階段的促銷目標為以客戶需要為訴求點刺激其購買慾望。即在目標市場中營造企業和產品或服務的獨特風格和個性，建立良好的企業整體形象和產品或服務形象，使客戶對該產品或服務產生消費慾望和偏愛。通過促銷宣傳，勸說更多的客戶使用本金融機構的某種金融產品或服務，擴大銷售，提高產品或服務的市場佔有率。

提示目的（Action）。該階段的促銷目標應定為增加客戶的重購次數、提升產品或服務口碑。客戶購買不標誌著企業與客戶溝通的結束，因為客戶可能在任何時間終止與該金融企業的聯繫，並轉向另外的金融企業。因此金融企業應與客戶保持持續的溝通，通過促銷宣傳，提醒客戶不要忘記本機構的金融產品或服務，並能夠反覆購買和使用該產品，以鞏固市場地位。

③設計促銷信息。在確定目標促銷對象和確定促銷目標之後，金融企業就應該對促銷信息的內容、結構、包裝和載體進行科學的設計。

信息內容設計。信息內容設計是指通過對金融產品或服務的客觀描述，為喚起客戶的需求進而使其產生購買行為而進行的信息設計。信息內容根據其訴求點的不同分為客觀訴求和主觀訴求。客觀訴求又稱理想訴求，是對金融產品或服務的基本功能、價格、操作方式等客觀情況進行平鋪直敘的描述。主觀訴求也可稱為情感訴求，是指喚起人們內心的某種情感，並利用這種情感來描述金融產品或服務。

信息結構設計。信息結構設計是指將信息內容的先後順序進行安排。信息結構根據其主要訴求點插入的不同階段可分為降式、升式和水準式三種。降式信息結構是指在信息內容的開始就展示其金融產品或服務的主要訴求點，然後逐漸弱化這一結論。升式信息結構則是在信息內容的最後才提出金融產品或服務的主要訴求點。水準式信息結構就是在整個信息內容的傳達過程中始終包含其主要訴求點。

信息包裝設計。信息包裝設計是解決如何包裝信息內容的問題。信息包裝包括信息內容的背景顏色、造型、字體等。但需注意的是信息包裝可以採取藝術手段，但藝術僅僅是服務於信息內容的，不能脫離信息內容的主要思想。同時，在進行藝術包裝過程中要注意目標受眾對於信息的可理解性，不能使信息產生歧義或使受眾感覺信息內容晦澀難懂。

信息載體設計。信息載體是用於傳達信息內容的工具。金融企業在選擇載體時應當注

意信息載體的專業性、可靠性和可親性。專業性體現在信息內容可以通過金融專家或專業人士來傳達，可靠性和可親性體現在其選取的信息載體必須是積極的、正面的，容易讓人信任和喜愛的。

④確定促銷預算。促銷預算是指金融企業打算用於促銷活動的費用開支，預算規模直接影響促銷效果的大小和促銷目的的實現程度。一般而言，確定促銷預算的方法有以下幾種：

量力而行法。該方法根據金融企業自身能力所能負擔的程度來靈活確定促銷費用。此方法雖簡便易行，但其忽略了促銷對擴大銷售的積極作用，因而此方法很少得到應用。

銷售百分比法。該方法根據以前銷售水準和未來預測銷售水準的一定百分比來確定促銷預算。該方法在實際情況中應用的比較廣泛，但在對競爭對手的預測中存在一定的困難。

競爭比較法。該方法根據同行業競爭對手的促銷費用或行業平均促銷費用水準來確定自己的促銷預算。由於該方法完全依賴競爭對手的情況而定，而忽視了金融企業自身實力和促銷目標，存在一定的盲目性，因而適用於競爭比較激烈的金融市場。

目標任務法。根據自身的促銷目標和任務來確定所需要的費用，進而確定促銷預算。該方法下促銷費用完全根據促銷目標而定，具有很強的針對性。但在實際工作中需要考慮的因素太多，很難估計各項促銷費用的成本，因而該方法可行不大。

⑤決定促銷組合。促銷組合是金融企業根據促銷目標對促銷方式的合理搭配和綜合運用。金融企業的促銷方式包括廣告促銷、人員推銷、營業推廣和公關宣傳等。由於不同的促銷方式各有優缺點，所以金融企業通常將多種促銷方式組合運用，從而達到揚長避短的效果。有效的促銷組合一般應符合以下幾個條件：

符合金融企業的促銷目標。好的促銷組合一定要符合金融企業的促銷目標。例如，如果金融企業希望其產品或服務的潛在客戶群達到最大，並且大多具有消費意願，則可以採用廣告和營業推廣相結合的促銷組合；如果金融企業希望客戶瞭解其服務特色，並且改善自身形象，可以採用人員推銷和公關宣傳相結合的促銷組合。

符合金融服務的特點。好的促銷組合要符合產品或服務的性質。服務的不同性質決定了客戶的消費目的的不同，因此行銷人員也要採取不同的促銷組合策略。例如，大額貸款這類金融服務主要針對的是組織市場中的工商企業，宜採用人員推銷為主的促銷組合；保險類、信用卡類服務主要針對廣大的消費者，適宜採用廣告和營業推廣為主的促銷組合。同時，在產品或服務生命週期的不同階段，促銷目標不同，因此也需要採用不同的促銷組合。例如，在產品或服務的投入期，金融企業的促銷目標是希望該服務能被廣泛的人群所瞭解，適宜採用廣告和公關宣傳為主的促銷方式；在產品或服務的成熟期，促銷人員可以通過採用廣告來提醒客戶，運用營業推廣方式來刺激客戶購買。

符合市場條件。成功的促銷組合一定要符合市場條件，市場條件包括市場規模和市場

特性。市場規模的大小決定了能夠購買該產品或服務的客戶群的大小，也就決定了採用何種促銷組合最為有效。如果金融產品或服務的市場範圍廣、客戶多，那麼適宜採用廣告促銷為主、營業推廣為輔的促銷方式；如果市場範圍窄、客戶少，則適宜採用以人員推銷為主、營業推廣和廣告為輔的促銷方式。另外，市場的特性決定了促銷方式的接受程度，因此不同的市場特性也需要採用不同的促銷組合。

可行的促銷預算。不同的促銷方式其預算也不相同，金融企業應在自身實力允許範圍內選擇合適的促銷方式。促銷預算必須是能夠負擔的、適應競爭需要的，因此要考慮銷售額多少、促銷目標、產品特點等因素來制定促銷預算，並選擇符合預算的促銷組合。

⑥促銷實施、控制和效果反饋。促銷策略的實施與控制過程就是對促銷進行監督、指導的過程，並在必要時採取調整、改進措施。促銷活動開展以後，金融企業還要根據市場反饋信息，調查促銷效果，考察是否實現了預期的目標，並以此為依據提高促銷質量、實現促銷目標。

2. 廣告策略

廣告是通過各種宣傳媒介直接向目標市場上的客戶對象（包括現有的和潛在的）介紹和銷售產品、提供服務的宣傳活動。廣告產生的相關費用由廣告發布人承擔。金融廣告旨在鞏固現有客戶和誘使潛在客戶意識到金融機構提供的某種產品或服務將有助於達到他所期望的目標。例如，在什麼地方存放資金最為安全，如何通過貸款買一套新的住宅，委託哪家證券公司進行證券投資，在何處可以買到自己最需要的保險，等等。

（1）金融機構運用廣告的顯著變化。20世紀七八十年代以來，國際上金融機構對行銷重要性的認識日益提高，廣告宣傳手段越來越像工商企業那樣大膽和激進。發生這種變化的原因主要有以下幾個方面：

①各種金融機構成立，彼此競爭越來越激烈。計算機技術的應用使金融業務步入一個新時代，新產品不斷出現，需要運用廣告手段迅速、準確、全面地將相關信息傳達給顧客。

②金融機構之間在網點數量、價格和營業時間等方面的競爭作用相對下降，競爭的焦點集中在服務質量和服務差距上，更需要借助廣告來推廣。

③金融零售業務（個人客戶業務）在金融業務中的地位日益提高。一般來說，金融「批發」業務、公司業務更多地依賴人員推銷和公共關係活動，金融零售的大眾市場則需要通過宣傳媒介大做廣告來爭奪客戶。

④ATM網路和POS網路的建立和發展，需要強有力的廣告戰來促銷這些分銷點的業務。

（2）金融機構的廣告策略。廣告是金融促銷的一種手段，為了達到更好的促銷效果，金融企業要在做廣告時採取必要的策略。制定廣告策略一般採用5M法，即目的（Mission）、資金（Money）、信息（Message）、媒體（Media）和衡量（Measurement），因

而相應的金融服務廣告開發策略則為明確廣告目的、廣告預算、廣告內容、廣告媒體和廣告效果衡量五個方面。

①明確廣告目的。金融企業的廣告目的應該與企業行銷戰略保持一致。同時，由於廣告的使用具有週期性，所以金融企業要明確每個時間段的廣告目的。例如，為達到在目標受眾中樹立良好聲譽的目的，金融企業會選擇以企業形象為主題的廣告宣傳；為了擴大近期銷售量，金融企業會選擇以金融服務為主題的廣告宣傳。

以金融服務為主題的廣告說明了服務本身的特點，易引起消費者的注意，並成為客戶購買服務的理由，從而起到促銷的作用。服務廣告的關鍵在於：一要充分展現本企業服務區別於競爭者的特色，並加以宣傳介紹；二要突出顯示本企業服務的質量和服務優勢對於不同的目標市場和客戶需求的滿足程度；三要精確選擇廣告投放的時間和地點，從而在人無我有的情況下，達到先入為主的效果。

②編製廣告預算。廣告預算是指金融企業根據廣告計劃在一定時期內從事廣告活動所要投入的總費用。任何廣告都必須要有一定的費用發生，因此金融企業要根據自身的情況進行廣告預算。金融企業在編製廣告預算時要考慮金融服務的生命週期、廣告目的、市場激烈程度等因素，從而制定合理的廣告預算。

③製作廣告內容。金融企業製作廣告內容，可以從以下幾個方面著手：

USP策略。USP策略又稱獨特銷售策略。該策略的思路是通過廣告向客戶介紹本金融服務區別於其他同類服務的特點，並集中展示該特點，從而讓客戶瞭解該金融服務可以給自己帶來的利益。因而，該策略是基於對服務的詳盡分析，展示其與眾不同之處。

品牌定位策略。品牌定位策略的基本思路是，首先找到該類金融服務在客戶心中的切入點，然後向目標受眾集中投放廣告，並運用廣告創意使得該金融服務給客戶留下深刻的印象，使其在選購相似金融服務時首先想到本企業的金融服務。

品牌形象策略。品牌形象策略既指金融服務本身所帶有的承諾，也指金融企業的形象，因此使用該策略的前提是該金融服務擁有良好的服務威望和品牌形象。

無論採取何種策略，為了使金融廣告給消費者留下深刻的印象，一則好的金融廣告都應該把握以下幾點：

金融廣告內容要具有說服力。金融廣告可以通過直接指向目標受眾的切身利益，扼要地闡明其所提供的服務，以使客戶有明確的選擇。

金融廣告要富有創意。廣告的效果在很大程度上取決於廣告創意。隨著公眾興趣和認識態度的轉變，創意性廣告已成為塑造金融企業形象的有效手段。

要有好的廣告語。廣告語是廣告的靈魂，應具有較深刻的內涵。既含蓄又有獨創性的廣告語才能使人耳目一新。而且寓意深刻的廣告語能給人留下意猶未盡、回味無窮的美好印象。

④選擇廣告媒體。廣告媒體是指廣告信息傳播的載體，主要分為：印刷媒體，如報

紙、雜誌、書籍等；電子媒體，如電視、廣播等；郵寄媒體，如產品說明書、宣傳手冊、產品目錄、服務指南等；戶外媒體和其他媒體。四大媒體是指廣播、電視、報紙、雜誌，其他媒體是指戶外、郵寄等。不同的廣告媒體在傳播空間、時間、效果、廣告費用等方面具有不同的特點。金融機構選擇廣告媒體取決於以下幾個因素：第一，廣告預算；第二，受眾特點和規模；第三，是形象廣告還是產品廣告。

金融企業可選用的廣告媒體有以下幾種：

廣電媒體。廣電媒體分為廣播媒體和電視媒體。廣播媒體的優點是製作週期短、傳播時間靈活、宣傳範圍廣、人口覆蓋面大、成本費用低，屬大眾化傳媒；其缺點在於僅有聲音，不如電視媒體引人注意，並且信息轉瞬即逝。因此，廣播難以為抽象的金融產品和服務提供直觀有效的宣傳。電視媒體在各種廣告媒體中傳播效果最好。據統計，電視廣告直接產生的效果約占所有媒體的35.4%，累積性效果高達50%。電視媒體的優點在於綜合了視覺、聽覺傳播效果，富有感染力，能引起觀眾的高度注意，傳播範圍廣，有利於金融機構形象的塑造，通過生動的場景展示可以更好地說明金融產品的功能；其不足之處在於製作成本高、信息轉瞬即逝、觀眾選擇性小。隨著電視影響的擴大和金融機構更多地運用有創意的廣告以及社會公眾對金融重要性認識的提高，電視廣告在金融廣告預算中的比例逐年提高。20世紀70年代初，英國銀行的電視廣告支出僅占其廣告預算的4%。而進入80年代後，這一數字達到了50%。

報刊媒體。報刊媒體又分為報紙媒體和雜誌媒體。報紙由於發行量大、覆蓋面廣，並涉及各階層的讀者，因而也是最具可選擇性的廣告媒體之一。報紙的優勢在於其訂閱和發行地區比較明確，區域集中度較高，信息傳播快，費用比較低，尤其適合於借助文字傳播內容比較複雜的說明性廣告。金融機構可以根據其產品情況和促銷目的，在報紙上刊登各種類型的金融廣告。如果是一種複雜的金融產品，還可以在報紙廣告中登載一段詳盡的說明文字；在為企業下屬分支機構和網點提供促銷支持時，也可將每個分銷渠道的情況列在上面。雜誌的優點是品種多、可選擇性大、印刷質量好、保存時間長、反覆傳閱率高，其不足之處在於其發行週期長、信息傳播慢、讀者範圍窄。一般專業雜誌的可信度和權威性更符合金融機構的形象要求。

戶外媒體。戶外媒體主要包括設置在公共場所的廣告牌、海報招貼等，由於廣告牌長期固定在某一場所，可重複傳播，注意率極高。由於廣告牌位置固定，所以接受宣傳的往往是同一類客戶。金融廣告牌主要宣傳企業名稱和服務內容，廣告畫面和廣告用語必須簡明易記，以強化宣傳效果。

郵寄媒體。這是通過郵局直接寄給客戶宣傳品的廣告方法。郵寄媒體的針對性最強，可根據目標客戶的需求特點，決定廣告傳播的內容和形式；郵寄媒體可詳細介紹產品和服務的功能與特點，說明性較強；郵寄媒體的閱讀率高，傳播效果好，費用低廉。在需要對目標市場進行宣傳，尤其是宣傳金融機構特有的業務項目時，郵寄媒體更是一種高效廉價

的促銷方法。在新產品投放初期，郵寄方式既可以起到短期保密作用，以防止在大面積推廣之前招來模仿者，又可以讓老客戶盡早瞭解新產品信息，優先享用新產品。隨著越來越多的金融機構建立起客戶數據庫，郵寄媒體正發揮著越來越大的作用。

總之，金融機構選擇廣告媒體，應在充分瞭解各媒體特點的基礎上，根據目標宣傳對象的性質、特點、範圍、規模以及廣告費用等因素進行綜合考慮，並在重點選擇某一媒體後，再輔助以其他媒體，通過媒體組合方式以強化其促銷功能。

⑤衡量廣告效果。常用的衡量方法有銷售實驗法和廣告效率法兩種。銷售實驗法通過對比廣告促銷前後的金融服務的消費量來評定廣告效果。廣告效率法的計算公式是：廣告效率＝本企業的市場份額／廣告份額，廣告份額＝本企業廣告費用／行業廣告費用總額。

3. 人員推銷

金融服務人員推銷是指金融服務行銷人員以促成銷售為目的，通過與客戶進行言語交談，說服其購買金融產品和服務的過程。由於金融產品和服務的複雜性和專業性，尤其是新的產品和服務不斷湧現，人員推銷已成為金融產品和服務銷售成功的關鍵因素之一。由於金融服務具有無形性，顧客無法用視覺、聽覺、感覺、味覺和觸覺去使用並體驗產品，而金融機構之間的產品同質性較高，加大了顧客識別金融產品和服務的難度，必須通過銷售人員清楚地解釋產品和服務給顧客帶來的益處，才能贏得顧客的信任。

金融機構的推銷人員可以是固定人員、流動人員、投資顧問或經紀人。人員推銷活動大致分為兩類：第一，簡單的促銷活動，只要求保持現有顧客關係並接受其交易委託；第二，創造性的促銷活動，尋求潛在的顧客，引導他們成為現實顧客。

(1) 人員推銷的觀念變化。不同類型的金融機構對人員推銷的態度不盡相同。比如，證券業和保險業從一開始市場化程度就較高，人員推銷得到較廣泛的運用。中國銀行業曾經在比較長的時期是等客上門的「坐商」，瞧不起人員推銷。隨著互聯網金融的出現和金融機構的競爭越來越激烈，人員推銷越來越成為所有金融機構的核心競爭手段，客戶經理制得到了極大的普及。客戶經理制推行的經驗證明：是否以客戶為中心是人員推銷成敗的關鍵。以客戶為中心的客戶經理與顧客接觸時的表現應該如下所述：詢問客戶，傾聽客戶心聲，瞭解客戶真正的需求；回答客戶的問題，幫助客戶瞭解銷售的產品；使客戶方便地購買和使用產品；向客戶提供售後服務，堅定客戶的信心；提出最能滿足客戶需求的產品組合建議。

(2) 人員推銷方式。人員推銷方式直接且運用靈活，其主要優勢表現為：可以當面說明金融產品或服務的用途、特點，也能直接觀察瞭解到客戶的願望與需求，並及時做出反應；可以培養企業與客戶之間的良好關係；可以詳盡解釋某項產品或服務的優點，以引起客戶的興趣和購買慾望，從而激發其購買行為。

人員推銷的形式多種多樣，可以採用櫃臺推銷、大堂推銷、專門服務區推銷、電話推銷、上門推銷、研討會、路演或講座和社區諮詢活動推銷等。金融企業要根據產品和服務

的類型及市場狀況的不同，實施不同的人員推銷方式。

　　營業大堂推銷，即由金融營業網點的銷售人員向客戶介紹展示金融產品與服務。為了節省人力，提高業務效率，銀行零售業務引進了電子計算機櫃臺業務自動處理系統，但客戶面對ATM機感到陌生。許多銀行在營業大堂設立了大堂經理崗位，彌補與客戶個人接觸的不足。通過設立專業諮詢服務臺，由熟悉業務者任大堂經理，向客戶介紹產品和服務，可以降低機器工作的負面效果。每一位走進銀行的顧客在有需要的時候，都可以在第一時間得到大堂經理的照應，提高了大堂的人情味和櫃臺與設備的配置效率。這一做法得到了許多顧客的認可。

　　貼身服務的客戶經理推銷。客戶經理即與顧客接觸的服務人員，集業務員、諮詢員和情報員於一身，向客戶推銷產品、談判費用、達成交易、提供售後服務。客戶來大堂不僅僅是辦理某項業務，同時希望獲得理財方面更多的諮詢。為了適應客戶，尤其是「大戶」的各種金融需要，客戶經理必須提供多方面的服務：為客戶的財務狀況提供諮詢，提供所屬的產品和服務，對所需項目提供做出具體安排，當出現資金問題時幫助解決，與客戶不斷保持聯繫。

　　大宗消費品融資推銷。大宗消費品融資促銷主要指進入房地產交易市場、汽車交易市場，為消費者提供消費信貸、住宅按揭計劃等金融服務。在消費信貸發達的國家，客戶在購買房子、汽車時都有金融機構的配套服務。目前有幾家國際知名的汽車金融公司進入國內市場，汽車消費融資貸款的競爭將更加激烈。

　　潛在市場客戶推銷。人員推銷在這一領域發揮作用的潛力很大。金融機構可以向工廠、學校等企事業單位，甚至政府部門派出理財專家或財務顧問，主動上門辦理收款、結算、融資、理財等「內部銀行」業務。如果集中精力拓展某一個小規模市場，人員推銷可以有針對性地為那些對金融服務抱有懷疑和不信任態度的人提供更多的銷售服務。金融機構還可以在超級市場內派出自己的推銷人員，主動與進入超市的客戶直接接觸，為他們提供金融諮詢服務；一旦客戶有金融服務需求，就及時給予滿足。

　　保險推銷模式。在利用人員推銷方面，人壽保險業務表現得更為成熟。歐美一些國家的保險業主要採取經紀人制度，日本和中國則廣泛地採取人員推銷方式。推銷人員的活動在保險業具有特殊的重要性和職能。對生活中的各種經濟性危險，人們一般很難測出它們在何時發生，會達到何種程度。因此，人們對於人壽保險服務效用的認識和隨之而來的需求往往是潛在的、不明確的，它們被置於滿足各種感官需求的商品之後。

　　同時，由於各種保險種類存在差異和優劣，客戶很難識別並做出明智的決策。因此，保險推銷人員的主要工作首先是要讓潛在客戶瞭解人壽保險的重要性，這是其他促銷方式所無法代替的。

　　（3）人員推銷的管理。在人員推銷管理的過程中，要著重進行四方面的工作，即招聘、培訓、激勵、考查和評估。

①招聘。招聘好的推銷員是成功行銷的前提。平庸的推銷員和優秀的推銷員之間的差別巨大。根據科特勒引述的一項研究材料，在一般情況下，優秀推銷員比普通推銷員多推銷1.5~2倍的商品；在銷售隊伍中的，30%的優秀推銷員可以推銷60%的產品。此外，人員挑選不當會增加人員調整成本。在美國，一個有經驗的推銷員辭去工作後，培養一個新的推銷員的成本會達到5萬~7萬美元，而且新手比例增加，將降低行銷隊伍的銷售能力。

金融機構的優秀客戶經理是具有很高價值的無形資產，是企業的核心競爭力之一。因此，從招聘開始就要重視選拔素質較高者。在招聘工作展開時，不僅人力資源部門要全力以赴，行銷經理和行銷主管也應參與決策。

②培訓。為了達到人員銷售的目的，新聘人員必須經過培訓再進入推銷崗位。培訓客戶經理的重要性並不為公司內部所有管理層所認識。領導的重視是培訓取得成效的關鍵。不僅要培訓銷售技巧，還要培訓產品和服務知識；不僅新員工需要培訓，老員工同樣需要培訓；培訓不僅要有短期計劃，還要有長期安排；要使人員培訓成為金融機構長期戰略規劃的重要部分。

③激勵。為了吸引和留住優秀的客戶經理，必須要有相應的工資待遇。待遇低了沒人來，待遇高了又會增加銷售成本。因此激勵制度設計是客戶經理管理部門最重要、最有挑戰性的工作。激勵有多種途徑，如酬金激勵、榮譽激勵等。

薪酬一般包括固定收入、變動收入、消費補助和小額獎勵。合理的薪酬制度能激發客戶經理的熱情，又能指導他們的工作。管理人員應該清楚哪些薪酬成分是有意義的。舉例來說，如果新客戶的發展是當務之急，就應當增加開發新客戶工作的獎勵金額。榮譽獎勵包括升遷晉級、擴大權限、享受福利項目等。比如，企業在內部刊物登出員工月度獎金額、帶薪外出旅遊度假或休假、在大廳貼出獎狀、在大會上給予特別介紹，都會給員工帶來榮耀和滿足感，進而激勵推銷人員相互比較業績的熱情。人壽保險公司在這方面有一套比較成熟的經驗。針對推銷人員的工作特點，可採取特有的工資報酬形式，即以業績為薪酬基礎。具體來說，就是從客戶簽訂的保險契約中提取。例如，將第一年保險費的一定比例（通常為30%~50%）的初年度手續費和第二年以後保險費的延續手續費（通常為5%），兩者合併支付，作為報酬，激勵員工努力提升業績。

④考查和評估。考查和評估的依據是預期推銷目標和相關業務指標。要達到考查和評估的目的，首先要設計合理的目標和指標體系。經常用到的推銷目標是：銷售額或銷售收入、利潤額、客戶擴展個數等。相關的業務指標是對目標的具體化或規定，如考核總量還是增量、毛收入還是淨收入、費用支出大小、資金占用、損失率、新客戶與老客戶的銷售量區分、客戶意見和評價、市場佔有率等有形和無形的指標。

指標是推銷人員的行為導向，應該體現公司的行銷理念和戰略。許多行銷人員的短期行為都可以從考核指標找到根源。例如，銀行推銷信用卡，以出售張數計算業績獎金，使推銷人員利用各種關係不擇手段推銷，只要能賣出就是成功，結果大量的信用卡並不是

持卡人所需要的，這些卡最終成為長期沒有交易發生的「睡眠卡」，浪費了大量資源。因此，指標設計和調整是推銷人員管理中十分重要的基礎性工作，需要花費大量時間和精力認真研究。

針對既定目標進行考核，需要收集人員業績信息。主要的信息渠道有以下幾個：定期銷售報告、個人觀察、查看客戶信件和投訴、對客戶進行調查、與推銷人員談話等。

原始信息掌握得越多、越詳細，就越有可能對銷售人員的業績進行量化評估。評估的項目及其重要程度需要根據情況設計。這是一項非常具體細緻的工作，如獲取訂單的成功率是否高，每天打多少電話，娛樂公關的開銷是否過大，找到多少新客戶，老客戶是否流失或保持交易。評估的結果可以作為發放獎金、評選先進、評定晉級的依據，也可以作為是否需要再次培訓的依據。

（4）人員推銷的策略。金融機構開展人員推銷時，需要對促銷人員進行合理的組織和分配，具體可以採取以下 4 種策略。

①目標區域策略。金融機構把目標市場劃分為若干個區域，每個促銷人員負責某個區域的全部促銷業務。這樣既有利於核查促銷人員的工作業績，激勵其工作積極性，也有利於促銷人員與其客戶建立起良好關係，節約促銷費用。

②產品分類策略。金融機構將金融產品與服務分成若干種類，每一個或幾個促銷人員結為一組，負責促銷一種或幾種金融產品。該策略尤其適用於類型多、技術性強的產品促銷。

③客戶細分策略。金融機構把目標客戶按其產業特徵、人口變量、狀況加以分類，每個促銷人員負責向其中一類客戶進行促銷。該策略有利於促銷人員深刻瞭解客戶需求，從而有針對性地開展好促銷活動。

④綜合組織策略。當產品類型多、目標客戶分散時，金融機構應綜合考慮地域、產品和客戶等因素，並依據諸因素的重要程度以及關聯情況，分別組成產品—地域、客戶—地域、產品—客戶等不同的綜合組織形式，開展人員推銷。

當然，隨著金融產品和金融市場的不斷變化，人員推銷的策略也需要及時進行評估和調整。

4. 營業推廣

（1）營業推廣的類型和特點。營業推廣也稱為銷售促進（Sales Promotion，SP），是指金融企業為刺激需求而採取的能夠產生激勵作用並達成交易目的的促銷措施，一般包括陳列、展出、展覽、表演和許多非常規及非經常性的銷售措施。營業推廣只是廣告和人員促銷的一種補充、輔助工具，僅適用於短期促銷。

一般來說，營業推廣具有以下三個突出特點：

①促進「交易機會」。許多營業推廣手段都具有這樣一種值得注意的特性，即它可以打破購買者傾向於某一特定決策或交易的習慣，告訴那些潛在購買者只有這樣一次「難得

的機會」去購買某一特定產品。不過，營業推廣的缺點就是儘管為廣大購買者所歡迎，但其中的多數人對產品缺乏長期的忠誠。現代金融機構廣泛使用電腦建立客戶數據庫，使金融機構能夠為那些保持長期業務關係的客戶提供優惠報答。現在，國內一些信用卡公司推出「累計積分優惠計劃」也是一種旨在與客戶建立長期關係的促銷策略。

②是一種輔助性促銷方式。人員推銷、廣告和公關都是常規性的促銷方式，多數營業推廣方式則是非正規性和非經常性的，只能作為常規性促銷的補充。使用營業推廣方式開展促銷活動雖能在短期內取得明顯效果，但它一般不能單獨使用，而是常常配合其他促銷方式使用。營業推廣方式的運用，能使與其配合的其他促銷方式更好地發揮作用。

③有貶低產品之意。採用營業推廣方式促銷，似乎迫使顧客產生「機會難得、時不再來」之感，進而打破顧客需求動機的衰變和購買行為的惰性。但營業推廣的一些做法過於頻繁和輕率時，容易引起潛在顧客懷疑金融機構所提供的產品和服務，懷疑其價格是否公道，是否安全可靠。事實上，不少金融客戶（包括個人客戶和機構客戶）寧願交付較高的費用來接受一流的、全面的、高質量的金融服務。因此，金融機構在開展營業推廣活動時，要注意選擇恰當的形式和時機。

（2）金融營業推廣的目標。儘管營業推廣在金融業中的運用存在各種矛盾的觀點，許多金融機構還是在運用各種促銷工具，尤其在需要促進信用卡發卡和刷卡、需要大力吸收儲蓄存款的時候。因此，有必要強調，金融機構的營業推廣活動必須明確目標市場，選擇合適的形式，制定方案，實施和控制方案，並評價結果。

在中國，由於資金的稀缺性，營業推廣主要運用於個人客戶零售市場。銀行類金融機構在使用營業推廣手段時，要考慮將以下目標列入計劃：①客戶開立存款帳戶；②增加存款帳戶中的存款餘額；③新產品和服務的促銷，包括電話服務、短信服務免收費；④吸引存款人更多地使用信用卡消費。

（3）營業推廣作為一種非價格競爭手段，在金融行業具有特殊的作用。金融機構在同業競爭中一般都設法避免直接的價格競爭，包括利率競爭和費用競爭。金融機構常常使用一些特定的獎勵性贈品促銷。國內曾經比較盛行定期儲蓄有獎促銷方式，由於容易為同業競爭者所模仿，同時，其他彩票也出現了，有獎儲蓄讓位於更加隱蔽的贈品促銷方式。

為了獲得成功，促銷必須與顧客的實際需要相關聯，其獎勵規模應以激發顧客使用某種服務的興趣為度。

（4）如何選擇促銷工具？金融機構常用的促銷工具主要有如下幾種：

①贈品。贈送禮品是金融機構運用較多的促銷方法之一。例如，在吸收存款、辦理信用卡以及新設分支機構開業典禮時贈送禮品，或是為了鼓勵長期合作而向老客戶贈送禮品等。在時間選擇上，包括短時期內的促銷和長時期的促銷。

②配套優惠。國外許多金融機構隸屬於跨行業的集團公司。如果客戶要以分期方式購買汽車，汽車公司和發放消費貸款的銀行往往屬於同一家企業集團；作為一種促銷手段，

對於購買本公司汽車的客戶，金融機構可以以低於市場利率提供汽車消費貸款。

③專有權益。專有權益是指金融機構為自己的客戶提供某種特殊的權益或方便。例如，香港渣打銀行推出一種其信用卡客戶可以享有的專有權益：客戶可以在中國香港及海外各大城市的任何一部電話上使用國際電話服務，電話費由信用卡帳戶支付。由於目前國外信用卡市場競爭激烈，發卡機構紛紛向用戶增加提供這種專有權益。

④有獎銷售。這主要用於儲蓄、信用卡購物等方面。例如在20世紀80年代後期，國內各家專業銀行紛紛推出各種住房有獎儲蓄，有的1年開一次獎，有的1年開幾次獎。

⑤免費服務。當金融市場競爭加劇時，為了推廣業務、招攬客戶，金融機構往往會採取免費服務的促銷方法，例如信用卡持有者免付年費（刷卡六次以上）等。

⑥促銷性策略聯盟。促銷性策略聯盟是指金融產品與服務配合生產或流通部門的經營活動而提供的融資服務。例如，針對信用卡業務，發卡銀行和航空公司聯合推出的「信用卡航空優惠計劃」便是策略性聯合促銷的案例。新加坡等國航空公司在20世紀80年代就推出了航空優惠計劃，即在一定時期內，乘坐某航空公司班機的飛行公里數累積到一定數額，便給予各種優惠。

⑦關係行銷。金融服務業促銷方式的最新發展表現為數據庫行銷，其典型代表是「信用卡關係行銷」。上述促銷方式均帶有一次性色彩，如存款多少可獲一次中獎機會，辦理某項業務可以享受一次優惠；而信用卡數據庫行銷方式帶有連續性的特點，它可以為金融機構建立起客戶的長期關係，增強客戶的忠誠度。就發卡公司而言，業績的關鍵不僅在於持卡人越來越多，而且要促使每個持卡人增加用卡消費，用卡消費越多，發卡公司得益越多。

⑧目標行銷——集促銷與捐助於一體。20世紀90年代，在西方發達國家出現了一種集促銷與捐助於一體的目標行銷，一些金融機構也模仿採用。由於金融產品和服務在一定程度上的同質性和易模仿性，金融客戶選擇金融夥伴時還會考慮金融機構的聲譽，而社會責任感是客戶評判和選擇金融機構的重要依據。瞭解到金融客戶的這種心理和行為方式，美國運通公司率先推出兼顧促銷與捐助的目標行銷。該公司宣布：凡持有美國運通信用卡的客戶，每交易一次，該公司就會捐出2美元給美國「反饑餓基金會」。在短短一年中，運通公司通過這種方式捐出了500萬美元給「反饑餓基金會」。

運通公司的目的顯然不純粹是為了做公益事業，它的主要著眼點是招攬信用卡客戶，擴大其金融業務。這種以捐助為主題的行動的確會吸引熱衷於公益的人。運通公司發起的這種愛心活動成為「動機行銷」的一個實例。在公眾社會責任感日益增強的年代，推行這種兼顧公益目的的金融促銷活動可以取得很好的效果。

中國金融機構很快也學會了這一促銷方式。2008年，中國工商銀行、中國銀行、中國建設銀行和上海銀行成為「中國紅」慈善信用卡首批發卡機構，向中國紅十字基金會「中國紅行動」進行捐款。善款將重點資助「紅十字天使計劃」，幫助援建鄉村紅十字博

愛衛生院，培訓鄉村醫生，開展貧困農民和兒童的大病救助活動。

5. 公共關係促銷

（1）公共關係促銷的概念。金融企業的公共關係促銷是指金融企業運用各種傳播手段與社會公眾溝通，從而達到樹立良好的企業形象，贏得公眾的理解、信任和支持，樂於接受金融服務的目的。

（2）公共關係促銷的原則。

①溝通協調原則。金融企業通過與社會大眾的溝通協調，促進金融企業與社會公眾的相互瞭解和合作，從而建立和保持良好、和諧的關係。

②互惠互利原則。金融企業在與社會公眾交往的過程中，應兼顧雙方的共同利益，尋求雙贏的結局，從而獲得社會公眾的回報。

③社會效益原則。金融企業在追求自身利益的同時，應更加重視社會效益。當經濟效益與社會效益發生衝突時，企業如果能考慮社會整體利益，就能贏得社會公眾的讚譽和支持，最終促進企業自身利益的提高。

（3）公共關係促銷的方法。

公關促銷的核心是公關活動的方法和形式的策劃與實施。金融企業要根據本企業在目標市場所處的位置選擇合適的公關方法和形式。金融機構開展公關關係促銷的方法主要有以下幾種：

①通過新聞媒體宣傳機構形象。金融機構通過與新聞界建立良好關係，將有新聞價值的相關信息通過新聞媒體傳播出去，以引起社會公眾對金融產品與服務的關注。報紙、雜誌、廣播、電視等新聞媒體是金融機構與社會公眾進行溝通、擴大影響的重要渠道。新聞報導在說服力、影響力、可信度等方面要比商業廣告所起的作用大得多，也更容易被社會公眾所接受和認同。因此，金融企業要與新聞媒介建立良好的關係，以爭取它們的支持。這方面的活動包括撰寫各種與本企業有關的新聞、舉辦記者招待會、邀請記者參觀本企業等。

②借助社會名人和知名團體擴大知名度。在金融企業的一些重要場合，邀請名人或意見領袖參加，可以達到擴大知名度的目的。所謂「意見領袖」，是指在某一階層中具有一定影響力的人，他們的思想、態度和行為容易被人模仿，對促銷有著不可估量的作用。

③積極參與和支持社會公益活動。贊助社會公益事業活動是金融企業開展公共關係促銷的重要形式。如贊助希望工程和孤寡老人、為慈善基金會和教育基金會捐款等。金融企業通過媒體報導贊助活動的過程獲得免費的公共宣傳，可以大大提高知名度，同時也能贏得社會公眾的普遍關注和高度讚譽，可以最大限度地增加行銷機會，現已成為金融機構開展公關促銷的主要方法之一。

④與客戶保持聯繫，相互增進瞭解。金融機構應主動與客戶保持溝通聯繫，通過諸如個別訪談、講演、信息發布會、座談會、通信、郵寄宣傳品與賀卡等方法，促進客戶對機

構的瞭解，從而使其形象能長期保留在客戶的記憶中。這種公關促銷活動對維繫老客戶、吸引新客戶具有良好的作用，尤其是對於穩定老客戶作用更大。

⑤舉辦專題活動。金融企業各部門應在各自所轄範圍內開展有吸引力的活動，如體育比賽、歌咏比賽、徵文比賽等。通過這些活動可以增加企業與客戶之間的相互交流、相互瞭解。

⑥危機應對活動。金融企業可能會因為某些問題與一些部門或客戶發生矛盾，受到社會的批評或被新聞媒體曝光。此時，金融企業應迅速開展相應的危機應對活動，將公關危機變為公關機遇。面對危機時，金融企業首先要抱著正確的態度，虛心接受社會的批評，真誠表達歉意並盡快拿出處理意見和整改措施，從而既挽回聲譽，又樹立良好的企業形象。

（四）開闢通路——金融產品分銷策劃

[案例]　　春節 7 天工行信用卡刷了 134 億

2015 年春節七天長假期間，客戶使用工行信用卡實現的消費金額達到 134 億元人民幣，比去年春節期間增長了 27%，對促進居民消費發揮了積極作用。

工行相關負責人告訴記者，今年春節期間工行信用卡消費額的大幅增長主要有三個方面的原因。

第一是工行信用卡客戶群體持續擴大。在 2014 年年末，工行信用卡發卡量已經率先突破 1 億張，穩居亞太第一、全球前三的信用卡大行地位。

第二是工行信用卡服務品質顯著提升，增強了客戶用卡的意願，消費額、透支額、啟用率、動卡率等核心指標持續領先同業。以優化用卡環境為例，工行以 POS 機為紐帶在餐飲、購物、旅遊、教育、交通等各個領域搭建起一個安全穩定、高效便利的支付網路，既廣泛覆蓋大酒店、大百貨、大賣場這樣的「大動脈」，又縱橫延伸至便利店、禮品店、咖啡廳這樣的「毛細血管」，真正體現了民生情懷，實現了便民利民。

第三是工行在春節期間的信用卡促銷活動受到客戶歡迎。今年春節期間，工行聯合多家優質商戶開展了「刷卡連連獎」「積分當錢花」「愛購全球」等促銷活動，在工行各分支機構還結合地方特色開展了「繽紛送禮」「刷卡有禮」等區域性促銷活動，取得顯著成效，其中工行河北、湖南、甘肅和雲南等多家分行的信用卡消費額同比增幅均超過 80%。

資料來源：大連晚報，2015-03-11。

金融機構需要結合金融產品的特點，在不同的時間、區域為客戶提供多種策略的選擇，使客戶能方便地購買其所需的產品，為此，金融機構必須制定和實施分銷策略。

1. 金融產品分銷策略的含義

金融機構分銷策略是指金融機構把金融產品和服務推向目標客戶的手段和途徑，具體

包括以何種方式為客戶提供服務以及在何地為客戶提供服務。

金融機構市場行銷活動效益的高低不僅取決於金融機構的產品開發，而且取決於金融機構的分銷渠道。前者是形成金融產品使用價值的過程，即金融機構降低金融產品的成本、提高產品質量、增加產品的式樣與功能、制定合理的價格以提高市場競爭力；後者是金融產品使用價值和價值的實現過程，即金融機構通過適應客戶需求的變化，將已經開發出來的產品及時、方便、迅速地提供給客戶，以滿足目標客戶的需要。從某種程度上講，建立良好的分銷渠道要比組織產品開發更為重要。

任何一家金融機構，要想把它的產品迅速推向市場並在同類品開發中佔有一席之地，必須建立一整套科學、高效的分銷渠道，以最短的時間、最低的成本、最快的速度將金融服務提供給客戶。

2. 分銷策略對金融機構的影響

20世紀90年代中後期，中國經濟快速增長，導致金融總量大幅度增加，這在某種程度上得益於金融機構廣泛地建立了分銷網點。但是，由於過度追求規模效益，導致成本上升、壞帳增加，在21世紀初，金融機構紛紛開始減少分銷網點。

例如，中國工商銀行的網點從最高時的47,000家下降到目前的17,000家。金融機構重新審視分銷策略與客戶需求之間的差距，並改用多種分銷渠道策略來增強企業產品的銷售效果。

（1）促進了「引進來與走出去」的有機結合。

經濟全球化的發展，要求我們要善於利用好國外、國內兩種資源，兩個市場。「引進來」是指外資金融機構帶來了先進的行銷方式和經營理念。中國加入WTO之後，外國金融機構紛紛湧入，它們不僅帶來了先進的經營理念、行銷理念、專業技術、管理經驗、優質產品及售後服務等，還對中國同行產生了良好的示範和啟迪作用。外資企業的這種示範效應和擴散效應對於中國金融業的健康成長起到了助推作用。

由於外資金融機構採取積極、有效的分銷策略進行市場開拓，增強了人們對各類金融產品的瞭解，提高了全社會的金融意識，迅速增加了國內市場容量，使中資金融機構也得到了更多的實惠。

「走出去」是指中資金融機構通過從機構設置、分銷模式到運作機制的一系列重大改革，走出國門，到海外設立分銷渠道，促進本國金融機構的國際化，並且將風險在世界範圍內分攤，提高自身承擔風險的能力。

（2）促進了國內金融市場的競爭。

隨著中國金融業改革開放的逐漸深入，國內金融機構種類不斷增加，有效促進了市場競爭，提高了市場創新程度，推動了專業分銷渠道的建立。直接分銷是金融產品的主要分銷方式，這是由金融產品的不可分割性和專業性決定的。直接分銷使得金融機構能更快、更有效地接觸到目標客戶，而且可以直接接收來自客戶的信息反饋。

根據反饋的信息，金融企業可以創造新的金融產品滿足客戶的新需求。例如，中國的保險公司通過一線銷售人員多年的努力，充分瞭解客戶的潛在需求，開發了人壽保險、財產保險、醫療保險、再保險、旅遊保險、農業保險和體育保險等金融產品。

（3）電子商務的分銷策略改變了金融機構的銷售方式。

正如消費方式徹底改變了人們的生活習慣一樣，電子股票、網上銀行、網路保險的出現，不僅改變了金融機構與客戶的關係，而且提供了新的業務機會，拓展了服務的範圍，改善了客戶獲取產品的方便程度，並降低了服務收費。金融機構可以通過電子商務將原來不贏利的業務變為贏利的業務，更有效地改善金融機構分銷的質量和結果。

例如，自動櫃員機的廣泛使用增加了獲取銀行服務的方便程度，減少了支票的數量。網路技術使零售企業的電腦與銀行電腦直接聯網進行資金轉換。通過網路化手段介紹和推廣保險公司及其險種，進一步開拓了保險市場的廣度和深度。保險需求、產品評價、理賠服務等電子化信息使得保險公司幾乎能夠即時瞭解更全面的市場供需情況，大大縮短了調整經營策略和經營品種的時間，以適應市場的快速變化。

新的分銷渠道對金融機構提出了更高要求。個人和企業客戶對價格的敏感性增強，反過來影響金融機構對其所提供產品的選擇。金融機構必須通過業務量的增長來彌補縮小的利潤率，甚至需要調整某些產品的行銷策略和銷售方式。

3. 金融產品的特性對分銷策略的影響

由於金融產品的特殊性，金融機構的分銷渠道有其獨特的方式，一般是通過建立分支機構與網路來實現銷售的，即以直接分銷為主。當然，隨著金融產品不斷創新，功能逐漸多樣化，金融機構開始使用信息技術手段，如通存通兌、信用卡、自動櫃員機、售貨終端機等自動化行銷渠道。同時，金融機構的行銷渠道開始強調仲介機構和個人的作用。有時，金融產品比一般產品更需要仲介的參與才能完成銷售。

（1）金融產品的不可分性。

一家金融機構向客戶提供了某種產品，就同時將一系列服務分配給了客戶，而能否充分、有效地接觸客戶，瞭解他們對服務的意見，成了行銷成敗的關鍵。金融產品的銷售並不是一次性服務，銷售後的跟蹤服務和信息反饋對於金融產品的銷售來說顯得更為重要。這就要求金融機構經常地、充分地接觸客戶，這會消耗一定的成本。如果將這些費時、費力的工作交給仲介機構（特別是代理和零售商），必然會節省財力、人力與物力。

金融機構需要開展強有力的產品宣傳和營業推廣，借助廣泛的銷售網路，充分發揮代理商、經銷商以及批發、零售商的宣傳優勢。

（2）金融產品具有高風險性。

風險性是金融產品的另一個特點，即使是被人們普遍認為最安全的儲蓄存款也存在通貨膨脹的風險。因此，風險使得客戶比較謹慎，只有在完全瞭解金融產品的特性和估計預期的風險之後，客戶才會做出購買的決定。基於這一點，金融機構需要開展強有力的產品

宣傳和營業推廣，借助廣泛的銷售網路，充分發揮代理商、經銷商以及批發、零售商的宣傳優勢。當然，金融機構本身為能更好地分散金融產品的風險，也可選擇多個中間商進行銷售。

正是金融產品的特殊性，決定了金融機構不僅要依靠自身的優勢來直接銷售產品，而且更應充分利用各種中間商實現及時、迅速地向客戶銷售產品的目的。

4. 分銷策略的作用

分銷策略是溝通金融機構與客戶之間關係的橋樑，合理選擇分銷策略對保證金融機構的正常經營，建立國際化、現代化的金融戰略具有重要的意義。

（1）正確的分銷策略可以更有效地滿足客戶的需求。

金融機構根據不同的需求因素選擇合理的分銷渠道，可以把各種產品提供給目標客戶群，並根據客戶需求的變化，隨時調整產品的種類與功能，更好地解決金融市場中的供求矛盾、結構矛盾、時間矛盾與地區矛盾，以滿足不同地區、不同層次客戶的個性化需求。

（2）選擇合適的分銷策略可以簡化流通渠道，方便客戶購買。

一家銀行自身的活動範圍總是有限，無法將其產品提供給所有的客戶，但如果選擇合理的分銷渠道，借助中間商，便可在更大的空間範圍內方便顧客購買，加速商品流通，縮短流通週期，有效地平衡供求關係。

（3）合理的分銷策略有利於降低金融機構的行銷費用。

直接分銷與間接分銷各有所長。金融機構直接分銷一般是通過廣布銷售網點的方式來實現的，但這會使成本上升，所以金融機構可以借助間接渠道的優勢來彌補這一缺陷。通過合理選擇中間商，既可以減少金融機構分支機構的設置，節約相應的行銷費用，又可以擴大客戶面，增加銷售量，加速資金週轉。

由此可見，金融機構經營效益的高低不僅取決於產品的種類，還取決於行銷渠道的選擇。金融機構如何選擇合理的手段和網路，把產品適時、適地、方便、快速、準確地銷售到終端客戶，成為企業為了維持現有客戶和增加新客戶制定和實施分銷策略要考慮的主要問題。

5. 金融產品分銷渠道選擇

（1）分銷渠道的含義。

分銷渠道是指產品從生產者到達最終用戶過程中所經過的個人或組織所構成的體系。銷售渠道的起點是生產者，終點是用戶。若生產者自己建立行銷網路將產品出售給用戶，這種銷售體系稱為直接分銷渠道；若生產者利用獨立的仲介機構將產品出售給用戶，這種銷售體系稱為間接分銷渠道。與一般企業類似，金融企業的分銷渠道也分為直接分銷渠道和間接分銷渠道兩大類。

（2）直接分銷渠道。

①直接分銷渠道的含義和功能。直接分銷渠道也稱零階渠道，是指金融機構不通過任

何中間商將產品直接銷售給最終需求者。金融產品的特殊性決定了在銷售產品時,通常與金融機構自身無法截然分開。它往往依靠金融機構直接與客戶聯繫,將各種產品直接提供給客戶。金融機構的直接分銷渠道主要是通過廣泛設置分支機構開展業務,或派業務人員上門等方式銷售金融產品。

在實踐中,直接分銷渠道對金融產品銷售發揮的功能有:金融機構自身網點或分支機構分佈較廣,體系較為完善,能夠滿足銷售要求;金融產品的專業化程度較高,通過其他渠道無法滿足專業化的要求;一些金融產品的目標客戶群較為集中、明確,需針對重點客戶,實行點對點的專業服務。

②直接分銷渠道的類型。傳統的金融機構大多數採用的是直接分銷渠道,金融機構直接分銷渠道主要包括分支機構行銷、面對面推銷、直復行銷、網上銀行以及ATM等電子分銷渠道、信用卡網路分銷。

第一,分支機構行銷。金融機構傳統分銷渠道的典型形式是分支機構網路。金融機構在全國乃至世界各地直接投資建立的分支機構,構成了其產品的直接分銷網路,可直接服務於客戶。分支機構是金融機構最主要的直接分銷渠道,也是決定金融機構能否成功經營的重要因素。

隨著新技術的採用和金融創新的出現,許多金融機構開始減少傳統的分支機構網路,作為傳統分銷渠道的分支機構的重要性有所下降,而ATM、電話服務、網上服務、手機服務等新型渠道的重要性正在持續上升。但是目前分支機構在金融機構的分銷渠道中仍然佔有主要地位,其重要性不容忽視,具體的主要體現在以下幾個方面:

其一,客戶就近選擇金融分支機構辦理業務的習慣在短期內很難改變,相當一部分客戶偏好金融分支機構為其提供個性化服務。

其二,金融機構可以通過實體分支機構向客戶提供更加人性化的直接感情服務,這是電話服務、網上服務等電子渠道無法實現的。

其三,金融分支機構對於金融機構品牌形象的樹立有著重要的意義,在一定程度上也起著廣告宣傳的作用。

其四,金融分支機構在開發和維護客戶的資源方面具有不可替代的作用。

第二,面對面推銷。除了進行傳統的櫃臺坐等服務外,直接分銷機構中的各個網點還會派專業行銷人員進行面對面推銷,這是直接行銷渠道中最基礎和最原始的形式。目前,越來越多的金融機構建立了專業行銷隊伍,通過多種形式和途徑訪問潛在客戶,不斷拓展其新業務以發展預期潛在客戶成為他們的新客戶。例如,各金融機構中憑藉自身努力而發展起來的客戶經理就是從事面對面直接銷售的人員。

第三,直復行銷。直復行銷是指不經過店面,直接由買賣雙方完成交易的一種分銷方式。金融機構通過多種方式將金融產品和服務銷售給現有客戶以及潛在客戶,具體說來,包括直接郵寄行銷、目錄行銷、電話行銷、電視行銷以及網路行銷,等等。

第四，電子分銷渠道分銷。隨著網路技術以及信息技術的進一步發展，近幾年來電子分銷渠道已經日漸發展成為新的分銷方式。電子分銷渠道以電話、電腦、手機等電子網路為媒介，以客戶自助為特點，使得顧客足不出戶便可享受金融產品消費。以銀行為例，就是將傳統的銀行產品通過電子網路系統直接分銷給用戶，如電話銀行、網上銀行、手機銀行、自助銀行和各類電子資金轉帳業務，等等。

第五，信用卡網路分銷。信用卡網路也是金融機構的一種直接分銷方式，它是指金融機構通過發行信用卡直接向持卡人提供金融服務而建立起來的金融機構向客戶分銷產品的直接渠道。另外，在信用卡網路中，還包含著零售商場、大型超市、酒店等消費場所。因此，金融機構通過向這些消費機構推銷其信用卡服務來服務於消費者。

③金融機構直接分銷渠道的優缺點。金融機構直接向客戶銷售產品的方式有許多的優點，具體表現為：

實現及時性。將金融產品直接銷售給客戶，可以使客戶及時瞭解金融產品，特別是使新開發的產品能迅速投入市場，縮短流通時間，減少因銷售環節多、時間長引起的損失。

降低行銷費用。在間接分銷中，各中間商要收取一定的費用，這對金融機構來說是一種成本開支。特別是當中間商過多時，這筆費用相當可觀。對於那些客戶相對集中、顧客需求量大的市場，直接銷售可以自己控制價格，大大節省流通費用，降低行銷成本，利潤可以有較大的增加。

增加產品銷售。在直接銷售金融產品的過程中，更應強調金融機構對客戶的服務。金融機構派人直接提供產品，貼近市場，並保證較高質量的售前、售後服務，這樣可以進一步擴大金融機構的影響，提高聲譽，使金融機構與客戶的關係更加密切，從而擴大銷售量。

便於瞭解信息。直接推銷產品可使金融機構及時掌握市場上的相關信息，瞭解客戶的心理，把客戶對產品品種、功能等需求信息直接反饋給產品開發部門，以便更新產品，並不斷開發符合客戶需要的新產品。

由此可見，如果金融機構將直接分銷渠道巧妙運用，可大幅度降低金融機構的流通費用，加快金融產品的流通速度，增加收益。

當然，直接分銷渠道也有不可忽視的缺點。當金融機構規模達到一定程度時，由於廣泛地設立分支機構，並為其配備相應的服務人員，勢必會占用一定的人力、物力和財力，增加分銷費用，影響金融機構的經濟效益。特別是對於客戶分散、需求差異大且多層次的市場，此渠道的缺陷更為明顯。

（3）間接分銷渠道。

①間接分銷渠道的含義。間接分銷渠道指的是金融機構需要通過某些中間商或者中間設備才能將金融產品銷售給客戶的分銷渠道。以商業銀行為例，銀行通過房地產開發商向購房者銷售個人住房貸款，通過汽車經銷商向購車者提供汽車貸款，通過安裝在消費場所

的POS機向客戶提供電子服務,等等。

②間接分銷渠道主要有兩種分類。

第一,短渠道與長渠道。在金融產品傳遞的過程中,根據縱向所經過的中間商的多少可以將間接分銷渠道分為短渠道與長渠道。

短渠道,也稱為一階分銷渠道,它指的是金融機構在金融產品的銷售過程中只需要通過一個中間商來傳遞產品。也就是說,在金融產品的轉移過程中,最多只經過如批發商、零售商或代理商等一個仲介機構,由該中間商將金融產品銷售給最終客戶。

長渠道,指的是金融機構通過兩個或者兩個以上的中間商的傳遞來銷售金融產品。長渠道又可以分為二階分銷渠道和多階分銷渠道。二階分銷指的是金融產品的銷售要經過兩個中間商,通常是一個批發商和一個零售商,或者是一個代理商和一個零售商。多階分銷指的是金融產品的銷售要經過三個或三個以上的中間商,一般是首先由金融機構為自己尋找一個代理商,然後代理商再轉售給批發商或者零售商,最後由零售商將產品銷售給最終客戶。

第二,窄渠道與寬渠道。按照金融機構銷售產品時在分銷渠道的某個層次上橫向選擇的中間商數量的多少,可以將間接分銷渠道分為窄渠道與寬渠道。

窄渠道,指的是金融機構在特定市場上只選用一個中間商為其推銷金融產品。窄渠道能促使金融機構與中間商通力合作,排斥競爭替代性產品進入同一銷售渠道。但是窄渠道也存在一些不足,如果金融機構對某一個中間廠商的依賴性太強,在發生意外的情況下,金融機構容易失去已經占領的市場。

寬渠道,指的是金融機構在分銷渠道的某一環節中選擇兩個以上的同類中間商銷售其產品。在分銷渠道的某個層次上,如果使用的同種類型的中間商越多,那麼分銷渠道越寬;反之,如果使用的同種類型的中間商越少,那麼分銷渠道就越窄。

③間接分銷渠道的優缺點。

間接分銷渠道的優點主要有:

第一,轉變了金融產品的提供方式。金融機構與客戶並不必直接見面,不再受分支機構地點和開業時間的限制,可以更好地滿足客戶的需求,為客戶提供方便。

第二,加快了金融產品的分銷速度。間接分銷渠道使中間商充當了產品交換的媒介,有效地調節供求、地區、時間、數量和結構等方面的矛盾,加速產品的合理分流,大大縮短了產品流通的時間。

第三,有利於金融機構拓寬市場。由於中間商熟悉產品特點及本地市場情況,可以改善金融產品的推銷狀況,挖掘市場潛在購買力,為更多的客戶提供多樣化服務,進一步擴大業務範圍,提高產品市場佔有率。特別是對於金融機構新開發的市場或地區,可以通過尋找代理商而使產品快速進入。

第四,有助於降低行銷費用。金融機構通過中間商作為媒介,可以降低行銷費用,並

改善金融機構與客戶的關係，收到事半功倍的效果。

第五，便於提供更多的市場信息。中間商作為流通媒介，同本地區、本市場的客戶有著廣泛的聯繫，能有效地收集客戶的信息，並將之反饋給金融機構，以便更好地促進金融產品的開發和銷售。

當然，間接分銷渠道也呈現出了一些不足之處，其最大的不足體現在中間商的選擇上。另外，由於一個或者多個中間商的存在，使得銷售環節增多，從而提高了金融產品的最終價格。

（4）金融產品分銷渠道建設要考慮的因素。金融機構在設立與管理分銷渠道過程中要綜合考慮多方面的因素，主要包括成本與利潤、產品及需求、市場與控制等因素。

①成本與利潤因素。金融機構選擇何種類型的分銷渠道，完全取決於收益的情況。不同的金融機構即使採用相同類型的分銷渠道，其具體的操作效果也會迥然不同。在西方，大多數行銷經理認為，使用企業自己建立和擁有的分銷網路的銷售量最大。

因為企業的推銷員完全致力於本企業的產品，在如何推銷本企業產品方面受到過專門的培訓，他們的未來與企業的發展密切相關，更富有進取心，客戶也更願意與企業直接打交道，因此，他們的成功的可能性更大。然而，銷售代理商或經紀商也可能比企業推銷隊伍的銷售量更大，這是因為代理商早已建立了廣泛的市場網路，如果企業的激勵機制科學，代理商會像企業推銷員一樣擁有積極性。

②產品及需求因素。從金融產品角度來看，通常技術複雜的產品或服務，其展開具有極強的連續性，多採取直接渠道；如果產品或服務的技術要求較低，具有多環節，且相對分割和獨立，就可採取間接渠道。從需求方面來看，客戶對服務的專業性要求高，服務過程具有較高的參與度，對產品及服務的需求具有整體性，宜採取直接渠道；反之，客戶需在一定時間和地點一次性購買很多產品，可採取間接渠道。

例如，在基金公司向戰略投資者配售業務中，如果面對的只是少量的、較為集中的機構客戶，擁有較大規模的券商，可通過營業部自身滿足要求。反之，如果面對的是廣大中小投資者，就需要充分利用銀行營業網點多的優勢作為間接渠道進行銷售。保險公司銷售不同的險種也可利用獨立中間商例如經紀公司、銀行或郵局來開展。銀行業的自身特點，使得銀行服務利用獨立中間商較困難，大量的業務主要靠銀行自己的銷售網路直接服務於客戶。因為銀行業的各個服務環節很難相互獨立，產品和服務的技術性很強，顧客的參與程度很高，且具有整體性的要求，所以它只能利用自己的銷售網路來綜合性、一攬子地開展整體業務。

信用卡業務之所以可利用間接銷售渠道，是因為只有借助於商場和酒店開展相應的業務，信用卡的使用價值才能得以實現，客戶才能真正享受到銀行信用卡的全面服務，因此，信用卡業務的這部分可以從銀行整體業務中獨立出來。

③市場與控制因素。利用間接渠道通常能夠迅速擴展市場，提高市場覆蓋面，但會失

去對分銷的直接控制。銷售代理商或經紀商是一個獨立的機構，它更關心的是本企業的利潤最大化。因而它特別關注關鍵業務的銷售和開展，或是產品組合的整體經營業績，而不太關心某一特定代理業務的經營業績。

此外，銷售代理商的行銷人員可能對產品的技術細節和具體市場缺乏瞭解，不能有效地進行促銷宣傳和市場拓展工作。金融機構通過直接渠道銷售產品，能直接控制分銷狀況，但受網點數量、推銷隊伍規模等因素的影響，不能迅速提高市場覆蓋面。

(5) 金融產品分銷策略。

①分銷策略的含義。分銷策略，也稱為分銷渠道策略，是企業為了使產品迅速地轉移到消費者手中，選擇最佳的分銷渠道，並適時對其調整與更新，以適應市場變化所採取的策略。金融機構在沿用生產企業的傳統分銷策略的基礎上，結合金融產品的自身特點，創造出了一些新的分銷策略。

②分銷策略的種類。

第一，直接分銷策略和間接分銷策略。

這是根據金融機構的銷售的產品是否利用中間商來劃分的。

第二，單渠道分銷策略和多渠道分銷策略。

這是根據分銷渠道的類型的多少來劃分的。

單渠道分銷指的是金融機構僅僅是簡單地通過一個渠道實現金融產品和服務的銷售。例如金融產品和服務由金融機構自己銷售或者全部通過經銷商銷售。

多渠道分銷指的是金融機構通過不同的銷售渠道將相同的金融產品和服務銷售給不同的市場或者不同的客戶。比如，金融機構可以在本地區採用直接分銷，在外地區採用間接分銷；對某些產品採用長渠道，對另一些產品採用短渠道；通常多渠道分銷比單渠道分銷能夠更有效地擴大市場佔有率，對市場競爭激烈的金融產品的銷售具有更大作用。

第三，結合產品生命週期的分銷策略。

分銷渠道與金融產品一樣，具有一定的生命週期。金融產品所處的生命週期階段不同，產品的成本、收益以及受歡迎程度也會有所不同。因此，在不同的階段要根據實際情況採取不同的分銷渠道策略。在產品導入期，最主要的任務就是迅速打開市場，金融機構應該以自銷或者獨家行銷為主以提高新產品的聲譽，盡快占領市場；在產品成長期，金融機構應該選擇有能力、有經驗的中間商進行分銷，提高銷售量以擴大市場份額；在產品成熟期，金融機構應該拓寬分銷渠道，尋求更多的中間商，與中間商積極配合以達到進一步拓寬業務活動的範圍；在產品的衰退期，金融機構可以選擇聲望比較高的中間商分銷產品，以獲取產品更好的經濟效益。

第四，組合分銷渠道策略。

組合分銷渠道指的是金融機構將分銷渠道策略與產品策略、價格策略、促銷策略等相結合，更好地開展金融產品銷售活動。這種策略分為三種：一是分銷渠道與產品生產相組

合的策略，即金融機構根據產品的特徵選擇分銷策略；二是分銷渠道與銷售環節相結合的策略，即金融機構根據平等互利的原則，盡量減少銷售環節，拓寬分銷渠道，更好地減輕客戶的負擔，促進產品的銷售；三是分銷渠道與促銷相結合的策略，即金融機構通過大量的廣告，宣傳或協助中間商做廣告，以促進金融產品的銷售。

第五，綜合渠道成員網路策略。

金融機構要利用固定網點、先進的設備和技術、銷售人員、中間商、地區性和全國性的廣告等一切行之有效的分銷渠道，創立和維持一個地區性的或全國性的金融分銷網路。由於新技術的發展，提供了傳遞金融產品的新渠道，所以許多金融機構已減少了其傳統的分銷網路。這一方面是為了削減成本；另一方面是金融機構已認識到，隨著金融服務自動化程度的提高和市場需求的不斷變化，綜合化的分銷策略可以為金融機構國際化的發展奠定基礎。

③選擇分銷策略的基本原則。

第一，經濟性原則。

企業以追求利潤最大化為經營目標，因此金融機構應以最小的投入取得最大的產出，以最有效率的方式和最低的行銷費用銷售產品，這是選擇分銷渠道的一個重要原則。

金融機構在制定分銷策略時，一般可建立兩種或兩種以上的銷售方案，再將備選方案中的每一種分銷渠道所能引起的銷售收入增長同實施這一渠道方案所需要的費用做比較，以評價該種分銷渠道效益的高低，然後擇優採用。這種比較可從以下兩個角度進行：

靜態效益的比較，即在同一時點對各種不同的渠道方案可能產生的經濟效益進行比較；

動態效益的比較，即對各種不同的渠道方案實施過程中所引起的成本和收益的變化進行對比。

通過比較，金融機構認為直接分銷獲利大於間接分銷時，則選擇直接分銷；若直接分銷系統的投資報酬率低於間接分銷的投資報酬率，則選擇後者。

當然，在利用中間商推銷產品時，金融機構也要對中間商進行挑選，應選擇處於有利地理位置（如交通樞紐、運輸便利區、繁華街道及主要商業區）、有較強經濟實力和經營管理水準、信譽好並能提供較好服務的中間商。

第二，適度控制原則。

控制是指金融機構對分銷渠道施加影響的程度。從長遠來看，金融機構對分銷渠道的選擇除了考慮其經濟性外，還必須考慮能否對其進行有效的控制。在各種分銷策略中，金融機構對於本企業設立的分支機構的控制最容易，但其成本相對較高，市場覆蓋面較窄；特約經銷商或建立代理關係的中間商較容易控制，但金融機構對特約中間商的依賴過強；利用多家中間商在同一市場進行銷售會降低風險，但對中間商的控制能力會相應削弱。分銷渠道越長、越寬，金融機構與中間商之間的關係越鬆散，就越難以對中間商施加影響。

並非所有產品都必須要求金融機構對其分銷渠道實行完全的控制。例如，市場覆蓋面

較廣、購買頻率較高的大眾化產品就無需過分強調對於分銷渠道的控制；在金融產品供不應求時，也不必太強調對分銷渠道的控制。

第三，易於溝通原則。

溝通包括金融機構與各類中間商之間的溝通，也包括各中間商之間的溝通，它是一種信息的雙向傳遞與反饋。金融機構與客戶、金融機構與中間商、各中間商之間都需要經過溝通相互瞭解。因此，溝通對分銷渠道的正常、有效運轉至關重要，金融機構在選擇分銷渠道時必須考慮溝通問題。金融機構制定的分銷策略必須在最大程度上有利於各方之間的信息交流，以加強合作。

第四，靈活性原則。

除了金融機構的分支機構外，很多分銷渠道都是金融機構不能完全控制的，所以金融機構在制定分銷策略時應講究靈活性，以適應環境的變化。金融機構應根據不同地區、不同經濟發展水準、不同購買習慣、不同時間、不同文化背景等因素選擇不同的分銷策略，並保持適當的彈性，隨時根據市場及其環境的變化適當調整分銷渠道。

第五，連續性原則。

連續性是指金融機構要找好中間商，以便實現對其產品的持續銷售。對金融機構來說，分銷渠道的設計是行銷組合中的一種長期性決策，某條渠道的建立需付出一定的代價，維持它也需要進行大量投入。因此，要盡量維持產品分銷渠道的持續經營，避免出現中間商在產品銷路好、利潤高時蜂擁而至，在銷路不好時投向他家的現象。

（五）金融行銷策劃

[案例]　　如何把一個蘋果賣到 100 萬

在一次行銷課上，老師拿出一個蘋果，說：「這個蘋果是早上我在家門口的市場上買來的，大約 0.5 元，如果不考慮客觀條件，給大家 5 分鐘的時間，依靠自己的智慧，來為它增值，賣到一百萬元。你們有什麼辦法？」

「一個蘋果，賣到一百萬，您想錢想瘋了吧？」老師的話音剛落，坐在最後一排的胖子扯出一嗓子，全班哄堂大笑。「要是一個蘋果賣到一百萬，傻子還來上課啊！」「那好吧，我想把它賣到 5 元，你們有沒有辦法？」

「這個好辦，加一個漂亮的包裝，蘋果上印上金豬賀歲，應該能賣出去！」坐在第一排的一個女生站了起來。全班一下子安靜下來，「那我們有沒有什麼辦法把這個蘋果賣到 10 元或者 20 元？」老師舉著蘋果。

「呵呵，這個可以做到。把它拿到一家高檔的大酒店，榨成蘋果汁，別說 20 元，30 元也可以賣得到。」「那我們把他賣到一百元呢？」班裡一下子陷入了沉默，大家瞪著眼看著老師，老師舉著蘋果在同學們面前晃來晃去。

「有了，找李宇春在蘋果上簽個名字，別說 100 塊，1,000 塊都有人買。」李宇春的鐵

杆粉絲說。

「這個同學的主意怎麼樣，會不會有人買？」很多同學都在點頭。

「在大飯店裡做成水果沙拉或者拼盤，也可以賣到 100 元。」又有人喊道。

「那我想把他賣到一萬元，該怎麼辦？」老師得寸進尺。

「放到神六上，上天走一圈，保您能整到一萬元！」胖子憋不住了。

「不錯，這同學的主意不錯，只是神六已經下來了，如果把我的蘋果能放到神七上，你們說，一萬元，我賣不賣？」

「看來一萬元已經不成問題了。我想把它賣到 6.6 萬元。有沒有辦法？」老師放下蘋果，「這次不用你們想了，我來給大家讀則新聞。」

據法制晚報 2006 年 10 月 24 日報導，北京奧運推薦果品評選蘋果專場首次舉行，昌平崔村鎮真順果園張國福的宮藤紅富士摘得「奧運蘋果」果王桂冠。該「奧運蘋果」果王以 6.6 萬元天價拍出。

「看看，如果我的蘋果能獲得這個稱號，並且拿去拍賣，是不是可以賣到 6.6 萬元？同學們，不怕做不到，就怕想不到。繼續想，我想把它賣到十萬元，有沒有辦法？」老師又舉了舉蘋果。

「我們老家有一種植物叫紅豆杉，據說它的果實含有治療癌症成分，用紅豆杉的木頭雕刻的水杯可以賣到四五百元一個。我是說，如果這個蘋果有這個功能，比如說吃一個蘋果，癌症就可以治好，那肯定 10 萬元都有人買。」中間有一個女生說話了，她家是雲南的。「那當然，別說 10 萬元，100 萬元、1,000 萬元都有人買！」同桌跟著附和。

老師朝這個女生伸了伸蘋果：「很好！挖掘蘋果的功能。」

「哈哈，我這個蘋果被忽悠到了 1,000 萬元！再想想，還有沒有辦法？」老師又舉了舉蘋果。

「梁山伯與祝英臺的定情物，剛剛在考古的墓穴裡發現！」

「砸在牛頓頭上的那棵蘋果樹死前最後結的一枚蘋果，肯定能夠賣到 10 萬元的。」

「溫總理到美國訪問，小布什在他的農莊裡親手摘給總理的蘋果，被拿到抗震救災晚會上拍賣，最好是中央電視臺一套直播，還是能賣到 1,000 萬元的。」

大家七嘴八舌在議論，課堂一下子活躍起來，似乎每個人都有很多這樣的點子。

老師瀟灑地揮了揮手，大家安靜下來。「一個蘋果能不能賣到 100 萬元？能！不僅能，而且還有可能賣到 1,000 萬元甚至更多。看來，這並不是件很難的事。這需要策劃。」

資料來源：http://wenku.baidu.com。

1. 金融行銷策劃認知

隨著市場經濟的深入發展，企業間的競爭已經由過去的質量、價格競爭轉變為質量、信譽、企業形象和服務水準等綜合素質的競爭。成功企業最終經營的並非「產品」，而是「行銷策劃」。目前，中國品牌還沒有很強的國際競爭力，因此，實施品牌戰略，做好行銷

策劃，才是走向國際的關鍵。

（1）行銷策劃的含義、內容與要素。

①行銷策劃的定義。行銷策劃是企業對將要發生的行銷行為進行超前規劃和設計，以提供一套系統的、有關企業行銷的未來方案。這套方案是圍繞企業實現某一行銷目標或解決行銷活動的具體行動措施。行銷策劃是為實現行銷目標而對行銷策略進行實際運用的活動，是行銷管理全過程的重要組成部分。這種策劃以對市場環境的分析和充分佔有市場競爭的信息為基礎，綜合考慮外界的機會與威脅、自身的資源條件及優勢劣勢、競爭對手的謀略和市場變化趨勢等因素，編製出規範化、程序化的行動方案，包括構思、分析、歸納、判斷，直到擬定策略，方案實施、跟蹤、調整和評估等。

②行銷策劃的內容。行銷策劃的主要從以下幾個內容展開：行銷戰略規劃、產品規劃、市場定位、促銷方案、渠道建設、樣板市場打造、分銷體系建立等。

③行銷策劃的三個要素。

第一，必須有明確的主題目標。策劃如果沒有主題目標，就成了一些無目的的構思的隨意拼湊，根本不能解決問題，更談不上成功。

第二，必須有嶄新的創意。策劃的內容及手段必須新穎、奇特、扣人心弦。使人觀後印象深刻，打動對方的心。

第三，必須具有實操性。不能操作的方案，無論創意多麼巧妙傑出，目標多麼具體、富有鼓動性，也沒有任何實際價值。這種所謂的策劃只能是浪費資源。

（2）行銷策劃的步驟。行銷策劃的核心是組合策劃的各要素，最大化提升品牌資產，因此，要通過行銷策劃高效創建強勢大品牌，關鍵要做好以下工作：

①瞭解現狀。

信息是策劃的基礎，沒有信息就不能策劃，所以收集信息非常重要，收集更多高質量、有價值的信息，這對行銷策劃非常重要。

第一，瞭解市場形勢。要對不同地區的銷售狀況、購買動態以及可能達到的市場空間進行瞭解。

第二，瞭解產品情況。要對原來產品資料進行瞭解，找出其不足和有待加強、改進的地方。

第三，瞭解競爭形勢。要對競爭者的情況要有一個全方位的瞭解，包括其產品的市場佔有率、採取的行銷戰略等方面。

第四，瞭解分銷情況。要對各地經銷商的情況及變化趨勢要進行適時調查，瞭解他們。

第五，瞭解宏觀環境。要對整個社會大環境有所瞭解和把握，從中找出對自己有利的切入點。

②分析情況。一個好的行銷策劃必須對市場、競爭對手、行業動態有一個較為可觀的

分析,主要包括以下三方面內容:

第一,機會和風險分析。分析市場上該產品可能受到的衝擊,尋找市場上的機會和「空檔」。

第二,優勢與弱勢分析。分清本企業的弱項和強項,同時盡可能充分發揮其優勢,改正或弱化其不足。

第三,結果總結。通過對整個市場綜合情況的全盤考慮和各種分析,為制定合理的行銷目標、行銷戰略和措施等打好基礎。

③制定目標。行銷策劃是為了實現行銷目標的計劃,因此其目的性是非常強的,必須要明確行銷目標和方向,並且按照這個目標去設計出具體明確的行動方案。

企業要將自己的產品或品牌打出去,必須有自己得力的措施,制定切實可行的計劃和目標。目標包括兩個方面,即企業整體目標和行銷目標。所謂行銷目標,是指通過行銷策劃的實施,希望達到的銷售收入及預期的利潤率和產品在市場上的佔有率等。

④制定行銷戰略。

第一,目標市場戰略,是指採用什麼樣的方法、手段去進入和占領自己選定的目標市場,也就是說企業將採用何種方式去接近消費者以確定行銷領域。

第二,行銷組合策略,是指對企業產品進行準確的定位,找出其賣點,並確定產品的價格、分銷和促銷的政策。

第三,行銷預算,是指執行各種市場行銷戰略、政策所需的最適量的預算以及在各個市場行銷環節、各種市楊行銷手段之間的預算分配。制定行銷戰略要特別注意產品的市場定位和資金投入預算分配。

⑤制定行動方案。行銷活動的開展需要制定一個統籌兼顧的方案,要求選擇合適的產品上市時間,同時要有各種促銷活動的協調和照應。在這個過程中需重視策劃方案的創新性,加大創新力度。

⑥預測效益。要編製一個類似損益報告的輔助預算,在預算書的收入欄中列出預計的銷售數量以及平均淨價,在支出欄中列出劃分成細目的生產成本、儲運成本及市場行銷費用。收入與支出的差額就是預計的盈利。

⑦設計控制和應急措施。這一階段,行銷策劃人員的任務是為經過效益預測感到滿意的戰略和行動方案構思有關的控制和應急措施。設計控制措施的目的是便於操作時對計劃的執行過程、進度進行管理。典型的做法是把目標、任務和預算按月或季度分開,使企業及有關部門能夠及時瞭解各個時期的銷售實績,找出未完成任務的部門、環節,並限期做出解釋和提出改進意見。設計應急措施的目的是事先充分考慮到可能出現的各種困難,防患於未然。

⑧撰寫市場行銷策劃書。將行銷策劃的最終成果整理成書面材料,即行銷策劃書,也叫企劃案。其主體部分包括現狀及背景介紹、分析、目標、戰略、戰術或行動方案、效益

預測、控制和應急措施,各部分內容可因具體要求不同而詳略程度不一。

⑨推出策劃方案。策劃方案編寫完成後,要提交給上級主管或委託客戶,由其審議通過。這一階段,主要任務是向上級或委託人講解、演示、推介策劃的方案。再好的策劃方案如果不能被實施方理解採納也是無用的,因此推出策劃方案也是策劃的一個重要環節。

(3) 行銷策劃的原則。

①全局性。行銷策劃要具備全局意識,從企業長遠發展出發,明確重點,統籌兼顧,處理好局部利益與整體利益的關係,酌情制訂出科學合理的行銷策劃方案。

②戰略性。行銷策劃一般要從戰略高度,對企業行銷目標、行銷手段進行合理的規劃與設計。而市場行銷策劃方案一旦確認完成,就將成為企業未來發展方向的行銷指南針。也可以這樣認為,企業未來的整個行銷工作必須以「市場行銷方案」為核心。對此,企業在進行行銷策劃時,必須遵循戰略性原則,以企業行銷戰略為核心去審核它,務求精益求精、周密完善。

③信息性。企業在進行行銷策劃時必須掌握大量有效的市場信息,才能進行準確的規劃。若沒有這種信息,將會導致企業行銷策劃出現盲目性和誤導性。同時,企業行銷人員在執行過程中,將會出現行銷策劃方案內容與現實情況不吻合的狀況,對此,企業在設計行銷策劃方案時,必須以充分的調研信息為前提。擁有海量、準確的市場信息,才能確保企業市場行銷策劃方案的成功實施。

④可行性。無法在實際中操作執行的行銷策劃方案是沒有任何價值的。首先,行銷策劃要滿足經濟性,即執行行銷方案得到的收益大於方案本身所要求的成本;其次,行銷策劃方案必須與企業的實力相適應,即企業能夠正確地執行行銷方案,使其具有實現的可能性。

2. 金融行銷策劃書製作

(1) 行銷策劃書的構成。策劃書,又稱為策劃報告,是對創意後形成的概要方案加以充實、編輯,用文字和圖表等形式形成的系統的、科學的書面策劃文件。策劃書是目標規劃的文字展現,是實現目標的指路燈。撰寫策劃書就是用現代方法展開想像力,利用現實可以得到的資源以最可能、最快的方式達到目標。

策劃書的構成要素包括以下方面:

What (什麼):行銷策劃的目的和內容;

Who (誰):行銷策劃相關人員;

Where (何處):行銷策劃的實施場所;

When (何時):行銷策劃的時間;

Why (為什麼):行銷策劃的假設和前景;

How (怎樣):行銷策劃的方法和整體系統運轉情況;

How much (費用多少):行銷策劃的總體預算;

Evaluation（評估）：行銷策劃的效益評估。

（2）行銷策劃書的基本結構。行銷策劃書沒有一成不變的格式，依據產品或行銷活動的不同，在策劃的內容與編製格式上也有要變化。一般情況下，行銷策劃書的結構與行銷策劃的構成要素應保持一致。行銷策劃書基本結構如下：

××公司×××策劃書

（一）封面

（1）標出策劃委託方，如果是受委託進行行銷策劃，那麼在策劃書封面上要把委託方的名稱列出來，如《××公司×××策劃書》。

（2）取一個簡明扼要的標題。題目既要準確，又不可累贅，要使人一目了然。有時為了突出策劃的主題或者表現策劃目的，可以加一個副標題或小標題。

（3）標註日期。一般日期以正式提交日為準。因為行銷策劃具有一定的時間性，在不同的時間段，市場的狀況不同，行銷執行的效果也不一樣。

（4）標明策劃者。一般在封面的最下部要標出策劃者，若策劃者是公司的話，則應列出企業全稱。

封面格式如圖1-10所示：

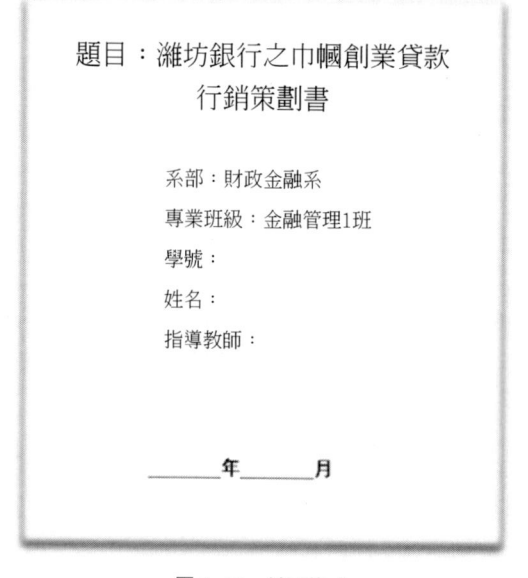

題目：濰坊銀行之巾幗創業貸款
行銷策劃書

系部：財政金融系
專業班級：金融管理1班
學號：
姓名：
指導教師：

　　　　年　　　　月

圖1-10　封面格式

（二）前言

（1）如果策劃小組是接受其他公司委託的情況，如××公司接受×××公司的委託，就某年度的行銷宣傳計劃進行具體策劃，在前言中需加以說明。如果是為本公司自己產品進行

策劃，則無需進行委託說明。

（2）一般還需註明策劃的概況，即策劃要達到的目的以及策劃的主要過程。

（三）目錄

目錄中所標頁碼與實際頁碼必須一致。

（四）摘要

摘要雖然是在行銷策劃書的最前面，但它一般是在整個行銷策劃做完以後才可以寫出來的。摘要的撰寫要求簡明扼要，篇幅不能過長。

（五）正文

1. 環境分析

（1）對當前市場狀況及市場前景進行分析。

①產品的市場性、現實市場及潛在市場狀況。

②市場狀況。產品目前處於生命週期的哪個階段，對於處在不同階段的產品，公司行銷有何側重點，相應行銷策略效果怎樣。需求變化對產品市場有什麼樣的影響。

③消費者的接受情況。這一內容需要策劃者憑藉自己已掌握的資料分析產品的市場發展前景。

（2）對產品市場的影響因素進行分析。這主要是對影響產品的不可控因素進行分析，如宏觀環境、政治環境、居民經濟條件、消費者收入水準、消費結構的變化、消費心理等。對一些受科技發展影響較大的產品，如計算機、家用電器等產品的行銷策劃，還需要考慮科技發展趨勢的影響。

2. SWOT 分析

SWOT 分析即分別評估企業內部的優勢（Strengths）、劣勢（Weaknesses）、外部環境的機會（Opportunities）、威脅（Threats）。

3. 市場選擇與定位

（1）細分市場。確定細分變量：地理、人文、心理、社會因素。分析細分有效性：可衡量性、足量性、可接近性、差異性、行動可能性。

（2）目標市場選擇。確定目標市場模式：密集單一市場、有選擇的專門化、產品專門化、市場專門化、完全覆蓋市場。分析目標市場結構的吸引力。

（3）市場定位。選擇定位依據：產品特性或種類、產品用途及使用場合、使用者類型、競爭狀況。明確定位戰略：迎頭戰略、避強戰略、反定位、高級俱樂部。選擇差異化工具：產品、服務、人員、形象、渠道。

4. 行銷戰略與目標

（1）行銷戰略的選擇。①競爭戰略：成本領先戰略、差異化戰略、密集化戰略。②市場地位戰略：市場領導者戰略、市場挑戰者戰略、市場追隨者戰略、市場補缺者戰略。③產品生命週期戰略：導入階段戰略、成長階段戰略、成熟階段戰略、衰退階段戰略。

④營銷發展戰略：密集型成長戰略、一體化成長戰略、多角化成長戰略。

（2）戰略目標的確定。①選擇戰略目標：生存、最大當期利潤、市場份額最大化、最大市場撇脂、產品質量領袖。②確定具體目標：銷售額、利潤額、市場佔有率、毛利率、回款率、戰略週期、戰略階段等。

5. 行銷策略

（1）產品策略。

豐富產品層次：核心利益、形式產品、附加產品、期望產品、潛在產品。

優化產品組合：產品組合的深度、高度、長度、密度。

實行品牌行銷：品牌化決策、品牌使用者決策、品牌名稱決策、品牌戰略決策、品牌定位決策。

實行服務行銷：服務行銷的特殊3P——以人為本、實物證明、過程管理。

（2）價格策略。

定價方法：成本加成定價法、認知價值定價法、價值定價法、通行價格定價法、拍賣定價法。

進行價格調整：產品組合定價、價格折扣和折讓、促銷定價、地理定價。

發動價格變更及其反應：發動降價、發動提價、對競爭者價格變化的反應。

（3）促銷策略。

明確促銷目標：提升產品的知名度或是擴大產品的銷售等。選擇促銷工具：選擇廣告、銷售促進、公共關係、人員推銷、直復行銷中的一種或者幾種，並為每種方式制訂具體的實施計劃。

（4）渠道策略。

選擇渠道方式：自營渠道、通過中間商的渠道（一級、二級、三級）。

渠道設計決策：分析服務產出水準、建立渠道目標和結構、識別主要渠道選擇方案、進行方案評估。

渠道管理決策：選擇、培訓、激勵、評價渠道成員。

建立渠道系統：垂直渠道系統、水準渠道系統、多渠道系統。

6. 組織與實施計劃

（1）組織銷售隊伍。確定銷售隊伍的規模與組織結構，招聘、培訓、監督、激勵、評估銷售人員。

（2）制定實施時間表。制定一份工作日程進度表，表明各項任務的主要負責人及不同的時間段應完成的任務指標。

7. 費用預算

按照行銷策略中安排的各種費用項目，對行銷策劃方案的費用進行科學合理的預算。

8. 控制應變措施

由於環境的不確定性，任何計劃在實施過程中難免會遇到一些不可預期的風險，如市場風險、競爭風險、外匯風險、政策風險等。因此需要在策劃方案中考慮相應的應變措施。

(六) 結束語

結束語一般是對整個策劃案的要點進行歸納總結，一方面突出策劃要點，另一方面與前言相呼應。

備註：以上六項內容，是行銷策劃書的一般結構。當然，並不是所有的行銷策劃書都應如此千篇一律、一應俱全。由於企業所處的市場環境、經營內容、行銷戰略等存在差異，不同的策劃書在結構上也可以有所變化，對此，策劃者應該在書寫過程中靈活運用。

[案例]　中銀淘寶校園卡行銷策劃書

一、產品簡介

(一) 產品說明

中銀淘寶校園卡是中國銀行股份有限公司聯手阿里巴巴集團旗下淘寶網、支付寶，針對高校在校學生共同推出的聯名銀行卡產品。產品具有存款有息、省（直轄市）內存取款免手續費、電子帳單、網路購物等特色功能服務，您可登錄淘寶網站激活卡通的支付功能，並免費領取支付寶金帳戶。中銀淘寶校園卡，陪伴您精彩校園生活！

(二) 產品功能

中銀淘寶校園卡是一張符合國際標準的銀聯人民幣卡，不具備透支功能。淘寶校園卡具備中國銀行銀行卡核心功能與服務，包括全球銀聯網路商戶消費、ATM 存取款及轉帳查詢、網銀服務、可選憑密消費、交易短信通知、掛失零風險、大額交易確認、優惠商戶等。

(三) 特色功能

(1) 我的地盤，非常優惠：持卡人可將國內任意省或直轄市設置為「我的地盤」。在「我的地盤」內，通過中國銀行櫃檯及 ATM 存款、取款、轉帳，不需支付任何手續費！

(2) 存款計息，坐享其成：卡內存款將按照同期活期存款利率計算存款利息。

(3) 電子帳單，環保時尚：環保是當代社會的潮流時尚，作為大學生的您更是潮流先鋒！淘寶校園卡全面採用電子化帳單服務，減少紙質帳單，節約資源。

(4) 網路購物，淘你喜歡：淘寶校園卡具備中銀淘寶信用卡的網路購物功能，包括卡通支付、鑽石VIP、特色積分等。中銀淘寶校園卡自動綁定支付寶帳號，並實現卡通支付功能，客戶無需開通網上銀行即可體驗快捷、便利、安全的支付寶網上支付。客戶成功申領中行淘寶校園卡後，即可尊享淘寶鑽石卡 VIP 待遇，可在淘寶網數萬精品商家、千萬商品中享受特別折扣優惠。客戶的中行積分可兌換為支付寶積分，進而換取支付寶購物

券、數碼家電、虛擬點卡、戶外運動等禮品。

（5）年費：20元/卡，成功申請即可直接免除首年年費，一年內只需在實體商戶刷卡五次不限金額，即可輕鬆免除本卡次年年費，讓您天天刷，年年免。（註：網上支付不計入免年費交易統計）

二、金融產品行銷環境分析

中銀淘寶校園卡SWOT分析

（一）優勢

1. 企業優勢

中國銀行的競爭優勢在於具有海外網路優勢、品牌戰略優勢和人才優勢，中國銀行的外幣業務在國內具有領先地位。中國銀行的中間業務發展迅速，其收入占總收入比重位居四大行之首（2004年為12.72%）。隨著銀行混業經營的趨勢，中間業務所能帶來的收入將迅速發展，並且由於中國銀行的先行者優勢，中間業務對利潤的貢獻也將進一步提升。

2. 員工優勢

員工專業程度高。員工普遍具備大專及以上學歷，具備基本的理論知識，有良好的外形，能給顧客留下良好的印象。

3. 產品優勢

（1）中銀淘寶校園卡是中國銀行股份有限公司聯手阿里巴巴集團旗下淘寶網、支付寶，針對高校在校學生共同推出的聯名銀行卡產品。

（2）中銀淘寶校園卡是一張符合國際標準的銀聯人民幣卡，不具備透支功能。淘寶校園卡具備中國銀行銀行卡核心功能與服務，包括全球銀聯網路商戶消費、ATM存取款及轉帳查詢、網銀服務、可選憑密消費、交易短信通知、掛失零風險、大額交易確認、優惠商戶等。

（二）劣勢

1. 企業劣勢

（1）中國銀行的劣勢，同時也是各個國有銀行的相對於股份制銀行的劣勢：收費偏高，很多股份制銀行免費的業務像回單箱、查詢等業務在中國銀行辦理比較昂貴。

（2）公司部門太多且架構不清晰，致使部門協調性差，重複工作高，營運成本高（缺乏高效的管理制度，人員重複率高，工作效率低，致使營運成本居高不下）。

2. 產品劣勢

（1）適用對象：僅為18（含）週歲以上、具有完全民事行為能力的高校在校學生，限制了人群的使用範圍，一定程度上增加了使用人群的局限性！

（2）還有其他與之存在市場競爭的大學生銀行卡產品，其中中國工商銀行的牡丹學生卡、中國農業銀行的大學生優卡是其中較有代表性的產品。這兩款大學生銀行卡的性質是信用卡，可以透支消費、具有免息還款期，辦卡門檻同樣不高，手續簡便。牡丹學生卡

甚至是取現免費的信用卡，消費可以分期付款，使用價值頗高。而中銀淘寶校園卡本身並非信用卡，因而與信用卡提供的基本服務無緣，單從這點上便存在較為顯著的銀行卡服務劣勢。

（3）其他一些有各自獨立、提供定向特色服務的銀行卡也使中銀淘寶校園卡的服務流於單調。

（三）威脅

（1）中銀淘寶校園卡所面臨的競爭對手幾乎都擁有網上銀行及淘寶信用卡等相關的業務。目前而言，各大商業銀行都開展了網上銀行和與淘寶相關的業務，所以，主要競爭企業還是工商銀行、農業銀行、建設銀行、交通銀行、招商銀行、中信銀行等其他同類銀行。

（2）中信銀行推出了淘寶銀行卡。在與中國銀行的內容大體一致的情況下更增加了保險、白金首發等其他業務內容，而且沒有限制人群的使用範圍，完善了中國銀行淘寶卡的部分不足。

（四）機會

1. 市場環境

作為四大國有銀行之一的中國銀行在面臨威脅的同時，也會有很大的機會來發展壯大自身：更多的金融服務需求、利好政策為國有商業銀行上市提供條件，外資銀行的先進經驗給國有銀行帶來契機。

2. 產品

儘管中信銀行與郵政儲蓄銀行等金融機構已陸續開通淘寶卡，但是目前針對高校大學生的淘寶卡還沒有推出，這就意味著中銀淘寶校園卡有更多的時間和機會占領市場。中銀淘寶校園卡的主打服務特色是「淘寶」，但除此之外，從該卡的優勢中可以明顯看出該卡在儲蓄卡等基本服務方面存在的便捷，「我的地盤」這一服務備受異地大學生的青睞。

三、金融產品購買者行為分析

（一）產品本身分析

1. 產品

中銀淘寶校園卡是中國銀行股份有限公司聯手阿里巴巴集團旗下淘寶網、支付寶，針對高校在校學生共同推出的聯名銀行卡產品。該卡相對於其他銀行的淘寶卡而言能帶給消費者更多的便利、優惠。

2. 價格

年費：20元/卡，成功申請即可直接免除首年年費，一年內只需在實體商戶刷卡五次不限金額，即可輕鬆免除本卡次年年費，讓您天天刷，年年免。

3. 地點

中銀校園淘寶卡的促銷地點是全國各大學校園以及中國銀行全國各地分行。

4. 促銷

中銀為推廣中銀淘寶卡，在大學生中挑選了一批優秀的推銷人員，針對大學生的需求以及產品本身的優勢深入大學生周圍，對中銀淘寶卡進行一系列的推銷。

(二) 外部環境分析

1. 宏觀環境分析

伴隨著經濟的快速發展，中國的金融業也得到了很大的發展，各種金融產品也是不勝枚舉，銀行卡便是其中極為搶眼的一種。借助互聯網和物聯網的發展，網上購物作為人們生活中的一種方便快捷的消費方式，已被越來越多的人認可和接受。中國銀行和淘寶網在各自領域內有著明顯的優勢，此次兩大企業聯手合力打造出了中銀淘寶校園卡。

2. 技術

隨著中國科技的發展，網路對於人們的作用越來越大。網路購物就是現代科技發展的一個產物，也讓大學生更多地接觸到網路購物，因此中銀推出中銀校園淘寶卡有著極大的優勢。

3. 文化

中國的文化相對於其他國家來說有著鮮明特色，購買者在中國文化的影響和熏陶之下，對選擇中銀校園淘寶卡也會做出不同的判斷。

(三) 購買者本身分析

購買者在是否選擇中銀校園淘寶卡這一產品時，會考慮到自身的文化、個人及心理等方面的因素：

1. 消費者需求

通過市場調研得知，當代大學生並沒有獨自承擔自己生活的經濟能力，而是由父母為子女提供每個月固定的生活費，所以相對於已工作的人來說消費水準相對偏低。受現在社會的影響，越來越多的大學生在購買自己喜歡的商品時會選擇網購。因為網購產品價格較低，樣式又非常齊全，如今的大學生人手一臺電腦，網購對於他們來說也會非常方便。中銀校園淘寶卡正是迎合當代大學生的消費水準及市場的需求而推出的一款產品。

2. 文化

根據消費者本身的文化與修養，他們會有自己的一個消費模式及購買思維，而消費者的文化程度、所在的環境往往也會影響消費者的購買行為。中國銀行針對大學生群體推出的這款產品，考慮到大多數目標顧客人群思想比較超前，對網購比較熱衷，擁有較大的優勢。

3. 心理

大學生群體當中，每個人的心理都是不同的。因為男女的心理差異，女生網路購物和男生網路購物的需求會有很大的不同，所以中國銀行在推廣該產品的時候，也需要針對男、女大學生做出不同的推廣方式。

四、市場調研分析

（一）調研方案

對於本款金融產品，我們採取以下市場調研方法瞭解顧客需求，瞭解市場需求。

1. 走訪中國銀行、校園

走訪中國銀行可以使我們更加深入地瞭解中國銀行，瞭解其推出中銀校園淘寶卡的原因以及產品特有的優勢，更有利於我們去宣傳該產品。走訪校園可以讓我們更好地瞭解當代大學生的需求，以及淘寶卡在校園裡的一個需求程度。

2. 訪問忠實的老顧客

可以瞭解老顧客對該產品的一些使用信息及使用過後反饋的一些優點與缺點，中國銀行針對該產品的缺點進行改進，再將新產品進行推廣，更有利於產品的宣傳。

3. 目標客戶群採取的典型調查

瞭解顧客需求，瞭解市場需求。

（二）市場調研實施

1. 確立調研目標

（1）中銀校園淘寶卡接下來幾年的走勢預期。

（2）辦理中銀校園淘寶卡人群的消費心理。

（3）產生購買行為的要素。

2. 具體調研步驟

（1）走訪中銀、校園，採取問卷調查方式。

（2）訪問中銀校園淘寶卡老顧客，瞭解當初的購買動機。

（3）整理信息，撰寫調研報告。

3. 經費預算

預定調研時間為兩天，每天公車往返調研地點；

提供午餐，以正常上班時間計算。屆時以領隊上報金額為準。

4. 目標市場選擇

在本次的市場調研中，我們對於目標市場的細分採取以下幾點：

（1）目標顧客人群：大學生群體。

中銀校園淘寶卡是針對大學生推出的一款產品，大學生群體就是我們的目標人群。在市場調研的過程中首先需要調查的是大學生對網購的認識程度以及對不同銀行淘寶卡使用的信息，從而針對性地向大學生推出中銀校園淘寶卡。

（2）目標市場：全國各大學校園。

將全國各大高校作為目標市場，我們可選擇的目標客戶人群也會縮小，僅僅針對大學校園進行推廣宣傳會更加簡單、專業。大學生對銀行卡的接受程度相對於其他的一些產品也會更好一些。

(3) 目標客戶：高校 18 週歲以上無固定收入來源的在校學生。

中國銀行就針對高校 18 週歲以上無固定收入來源的在校學生這一特點來推廣這一產品。考慮到大學生的經濟能力，科技的發展也讓大學生對網購的認識也越來越多，選擇網購的大學生也將會越來越多，這就增加了中銀校園淘寶卡的推廣前景。

五、金融產品網路行銷

(一) 在中國銀行官網和知名網站大力宣傳中銀校園淘寶卡

通過在中國銀行官方網站的宣傳、推廣，可以讓一些新老顧客在最短的時間內瞭解到中銀推出的該款新產品。而在其他各大知名網站推廣、宣傳中銀校園淘寶卡是為了提高該產品的知名度，讓更多的大學生瞭解該產品，並且去使用該款產品，增加中銀校園淘寶卡的銷售額。

(二) 與網路游戲公司合作，加深大學生對中銀校園淘寶卡的印象

大學生在大學校園學習期間，會有很多自主安排時間，而很多的大學生也會選擇網路游戲來消磨這段時間。在進入一些游戲界面的時候，會有一些廣告跳出，就如可口可樂與魔獸合作一樣，可以在很大的程度上加深大學生對這款產品的瞭解。中國銀行就可以利用這一點對中銀校園淘寶卡進行宣傳。

(三) 與淘寶網合作，搞一些促銷活動

如今一些銀行都會選擇與電影院或是餐飲企業合作，舉辦一些促銷的活動，來增加知名度與銷售額度，也可以吸引更多的消費者來辦理該產品。中國銀行也可以利用同樣的方式，在淘寶網上與一些知名品牌進行合作，來推廣中銀校園淘寶卡。

(四) 在各主要高校網站進行廣告宣傳

在一些高校網站上進行宣傳，會更加快速、便捷地為中銀校園淘寶卡做宣傳。大學生勢必會去其學校的網站瀏覽一些學校的新動態、新信息，在瀏覽的過程中，也會注意其他的一些東西。中銀校園淘寶卡在高校網站做宣傳會更加引起大學生的注意，引發大學生的好奇心。

六、金融產品行銷策略及行銷計劃

(一) 4P 分析

1. 產品

中銀淘寶校園卡是一張符合國際標準的銀聯人民幣卡，不具備透支功能。淘寶校園卡具備中國銀行銀行卡核心功能與服務，包括全球銀聯網路商戶消費、ATM 存取款及轉帳查詢、網銀服務、可選憑密消費、交易短信通知、掛失零風險、大額交易確認、優惠商戶等。

2. 價格

20 元/卡，成功申請即可直接免除首年年費，一年內只需在實體商戶刷卡五次不限金額，即可輕鬆免除本卡次年年費。

3. 分銷

（1）借贊助大學校園組織的各種活動進行宣傳行銷；

（2）借贊助或與大學學生社團合作進行宣傳行銷；

（3）招聘在校大學生進行宣傳行銷；

（4）在全國各大高校以主辦方的身分組織策劃一系列活動，借此進行宣傳行銷；

（5）以橫幅、廣播、海報、網路等傳媒手段在大學校園進行宣傳行銷；

（6）其他切實可行的宣傳行銷手段。

4. 促銷

與一些企業合作，由企業來舉辦一些促銷的活動，在使用中銀校園淘寶卡的前提下，可以享受一些其他消費者不能享受的優惠。

（二）行銷計劃

1. 聯合淘寶網，在浙江省杭州市舉辦一屆高校淘寶交流大會，同時宣傳中銀淘寶校園卡在網上購物中的優勢。

2. 舉辦中銀淘寶校園卡口號有獎徵集校園大賽。

3. 舉辦中銀淘寶校園卡校園天使大賽。

4. 計劃於2012年9月10日至2012年10月10日在浙江省杭州市各主要高校招聘30名中銀淘寶校園卡代理，並於2012年9月10日對代理人員進行培訓。2012年9月10日至2012年10月10日各代理人員開始在校園進行推廣宣傳，進行促銷。

5. 對各大高校的行銷策劃大賽、電子商務大賽、高校運動會等10項活動進行贊助。

備註：

本次策劃方案的適用日期為2012年9月10日至2012年10月10日，合理利用學生在校時間進行中銀淘寶校園卡推廣。通過本次策劃，擴大市場佔有份額，發展潛在客戶，提高本支行的經營業績。

（三）金融行銷活動策劃

[案例]　「安靜的小狗」鬧市場

20世紀50年代末60年代初，美國沃爾弗林公司成功地為其產品進行了促銷。一時間，美國的人行道都變得分外柔軟了……

「安靜的小狗」是一個鬆軟豬皮便鞋的牌子，由美國沃爾弗林環球股份公司生產。1957年，當「安靜的小狗」問世時，該公司為了瞭解消費者的心理，採取了一種獨特的試銷方法：把100雙便鞋無償地送給100個顧客試穿8周。8周後，公司登門通知顧客收回鞋子，若想留下，每雙付5美元。

其實，公司老板並非真想收回鞋子，而是想知道5美元一雙的豬皮便鞋是否有人願意

購買。結果，絕大多數試穿者把鞋都留下來了。

得到這個消息，沃爾弗林公司便大張旗鼓地開始生產、推銷，並以每雙 7.5 美元的價格，銷售了幾萬雙「安靜的小狗」。

資料來源：載於《銷售與市場》1994 年第十二期，2000-08-18，作者：陸文銘。

(1) 行銷活動策劃。

①行銷活動策劃的含義。行銷活動策劃是指通過事件或活動，引發全民關注或參與，從而解決企業在行銷活動中遇到的問題，並最終促進銷售或取得企業知名度、美譽度的提升。所有的企業都曾發起過行銷活動，但是，並非所有的行銷活動都能取得成功，行銷活動策劃要能得到消費者的關注和社會的好評。好的活動策劃能夠四兩撥千斤，不花費或者花費少量成本就可以擴大企業知名度；而有的活動策劃看似巧妙，實則華而不實。

②行銷活動策劃並非行銷策劃。行銷活動策劃，並非行銷策劃。行銷策劃一般是長期性的、整體性的策劃，而活動策劃是短期的、具有直接目的的策劃。但在國內市場，往往會將活動策劃包含於行銷策劃之內。

行銷策劃包括很多內容，如行銷戰略、市場定位、渠道策略、促銷策略、網路行銷策略、品牌策略等。

活動策劃是促銷策略和品牌策略的一項關鍵內容。很多國際大品牌無不是靠活動策劃一炮打響的，如可口可樂、百事可樂、柯達膠卷等。

(2) 行銷活動策劃的目的。

行銷活動是企業經營中至關重要的一項工作。沒有行銷活動，企業的行銷就顯得死氣沉沉、缺乏活力；而行銷活動如果目的不明確，就會使企業資源調配混亂，企業員工無所適從，導致行銷活動效果不理想。因此，在企業發動一場耗資巨大的行銷活動之前，應該明確本次行銷活動的目的是什麼。一般來講，行銷活動的目的有以下三類：

①新產品成功推廣。新產品推廣是行銷活動最重要的目的之一。避免紅海血戰，開闢藍海市場，靠的是創新產品。企業經過大量的投入和精心研發，新產品終於得以問世，此時企業的首要任務是讓新產品盡快占據市場。一方面，企業需要盡快達到規模效益，以便在生產成本上與競爭對手拉開距離；另一方面，企業需要盡快形成產品的忠實客戶群，實現口碑效應，以降低後續的行銷成本，盡快實現盈利。

新產品成功推廣的核心，在於讓更多的客戶在較短的時間內，獲得新產品體驗。面對不同產品，企業應根據行業的不同和消費者偏好等選擇不同的活動方式，通常有產品體驗活動、新品發布會、行業展會等形式。例如支付寶剛剛推出螞蟻花唄時，根據客戶在淘寶網的消費積分，向部分消費者推廣螞蟻花唄產品，使其改變了即時支付形式，享受到了「先消費，後還款」的網購服務。

②樹立品牌形象。良好的品牌形象是企業成功之本，提到「建立品牌」，很多人的第

一印象就是做廣告,而且是狂打廣告。實際上,品牌的建立不僅要靠廣告的投放,更要有具體的內容去充實、去支持它的外在形象。因此,組織一系列與品牌主體相關的市場活動,豐富和充實品牌性格,是企業建立品牌的重要內容之一。

③爭奪市場。當企業短期內缺乏重量級新產品時候,改變競爭態勢、提升企業利潤水準的主要方法,就是擴大現有產品的市場佔有率。因此,企業常常會推出一些促銷活動以促進消費者購買或爭奪競爭對手的市場份額。

企業常用的促銷方法就是降價,降價的目的是提高產品性價比,以達到促進消費者購買的目的。由於絕大多數企業促銷時都會首選降價手段,因此這種行銷活動對於消費者的影響力越來越弱,以至於常常出現企業市場份額上升而利潤反而下降的局面。

行銷活動是一場耗資巨大的行動——廣告、人力投入、經銷渠道的動員、一線銷售員的培訓,而且行銷活動一旦啟動,就很難停止,如果前期策劃不慎,會導致企業巨大的損失。因此,企業高層在決定組織大型行銷活動時,一定要對活動的目的進行認真思考,進而根據企業自身資源,策劃出有企業獨特風格的行銷活動。只有這樣,行銷活動才具有成功的基礎。

[案例]　　中行賀新春·好禮滾滾來

為落實省行《關於2013年個金板塊「開門紅」主題行銷宣傳活動相關事項的通知》,推動××支行個金板塊「開門紅」期間業務發展,特製定××支行「開門紅」主題行銷方案。

一、活動主題

中行賀新春·好禮滾滾來

二、活動時間

2013年1月1日—3月31日

三、活動範圍

××支行轄內各網點

四、活動介紹

好禮一,進門有禮:活動期間到轄內網點辦理業務,即可獲得紅包、對聯、福字、利是封等新年禮品,數量有限,先到先得!

好禮二,存款有禮:活動期間凡在××支行各網點辦理定期存款的客戶,即可獲得精美禮品。

好禮三,理財有禮:

1. 參與對象

A類顧客:新增定期存款2萬元以上的客戶;

B類顧客:購買理財產品、基金、保險、紙黃金、紙白銀、雙向寶、券商集合計劃等

產品達到5萬元（含）或購買中銀保險卡滿600元（含）的客戶；

C類客戶：通過自助銀行、網上銀行、手機銀行、電話銀行向他人匯款人民幣5,000元（含）或在櫃臺匯款達1萬元（含）的客戶；

D類客戶：信用卡當月累計消費達2,013元或辦理分期還款的客戶；

E類客戶：購買貴金屬累計達2萬元的客戶。

2. 參與方式

A類客戶：A類客戶現場領取禮品、事後由理財經理統一錄入抽獎系統以便參加省行的三類抽獎。理財經理在贈送新增存款2萬元以上的客戶相關禮品時，將客戶信息錄入《開門紅主題行銷活動禮品領取名單》，客戶簽字。理財經理每週將此信息錄入省行抽獎系統（省行網站個金板塊「開門紅」專欄上）。

B、C、D、E類客戶通過短信報名參與或在銀行大堂報名：編輯短信內容「我要抽獎+姓名+業務名稱+身分證號碼」（例如客戶張明購買貴金屬達2萬元可編輯短信「我要抽獎張明貴金屬身分證號碼」即可參加活動），移動用戶發送至「106573095566」，聯通用戶發送至「10655795566」，電信用戶發送至「106596095566」。或客戶自行到大堂經理處報名，大堂經理在系統內錄入客戶信息，但並不派發禮品。

3. 禮品內容

（1）萬事如意獎：每週每網點從參與「合家歡樂獎」的客戶中抽取1名客戶，贈送聯嘉雲購物卡100元。

（2）福星高照獎：5克蛇年金錢（活動期間全省由抽獎系統抽取，全省500份）。

（3）五福同慶獎：IPHONE5手機（活動期間全省由抽獎系統抽取，全省50份）。

備註：

網點抽獎操作流程：

經省行測試，抽獎程序已經安裝在省行個金板塊網站「開門紅」專欄上（見附件一），現將測試用戶名743，密碼11111111發送至各行。由於需統計客戶抽獎情況，各網點需按照對應的用戶名和密碼進行活動抽獎。由於涉及保密工作，用戶及密碼表連同通知分別發至各行。

（1）網點嚴格按照對應的用戶名和密碼登錄抽獎頁面，抽獎程序僅能使用內網登錄，建議各網點使用大堂引導臺的內網電腦。如無大堂引導臺內網電腦，可固定使用廳堂開放區的內網電腦（活動期間內網點不得隨意更換電腦）。

（2）網點大堂經理可在客戶領取排隊叫號憑條時提醒客戶辦理指定業務可參加現場送禮和系統集中抽獎活動，做好向客戶現場解說的工作。

（3）網點大堂經理檢查客戶業務憑條後，在符合抽獎條件的客戶業務回單上加簽「已送禮」字樣，在電腦上填寫客戶姓名、身分證號碼、手機號碼、業務流水號後，進行電腦抽獎。

（4）每個身分證號當天僅能參加一次抽獎，大堂經理將符合條件的客戶信息錄入抽獎系統抽取萬事如意獎（合家歡樂獎的中獎客戶不配發禮品，只做信息錄入，進入省行抽獎信息庫）。

省行統一抽獎：

參加網點電腦現場抽獎的客戶自動獲得省行系統抽獎資格，將有機會抽取 IPHONE 5（16G 行貨）、蛇年 5 克金錢等大獎。省行將對獲獎客戶資格進行審核，審核無誤後在省行個金在線網站上公布。蛇年 5 克金錢、IPHONE5 手機（16G 行貨）兩項獎品由省行統一準備，並通過省行辦公電話（84207888）通知中獎客戶至省行領獎。客戶領獎時須攜帶本人身分證等有效證件前往省行指定地點領取獎品，並在獎品登記表上簽字確認。

各行在活動過程中，如遇問題及時可與個人金融部聯繫。

活動聯繫人：劉延杰　×××××××
　　　　　　劉　芳　×××××××

個人金融部
2012 年 12 月 31 日

［案例］　濰坊銀行「金秋行銷」活動策劃

一、活動主題：「金秋行銷」

本次活動以「金秋行銷」為主題，旨在向高、中端客戶和大眾客戶表達銀行與之分享耕耘碩果、共創美好未來的真誠願望，傳播銀行個人業務以客戶為中心、致力於實現銀客「雙贏」的經營理念。各行可在此基礎上，根據本行的活動特色，提煉活動主要「賣點」作為副主題。

二、活動時間：2016 年 9 月 26 日至 10 月 31 日

三、活動地點：濰坊市高新經濟開發區

四、活動目的

以中秋佳節、國慶節為引爆點，以個人高中端客戶和持卡人為重點目標群體，以鞏固和發展客戶、促進儲蓄卡使用、提高速匯通手續費等中間業務收入為主攻目標，重點拓展購物、旅遊、餐飲、娛樂市場及其相關市場，同時擴大產品覆蓋人群，促進客戶多頻次、多品種使用，帶動個人銀行業務全面發展；同時通過「金秋行銷」宣傳活動的開展，確立我行品牌社會形象，增強客戶對我行個人金融三級服務（VIP 服務、社區服務、自助服務）的認知和感受，提高電子渠道的分銷效率，切實提升經營業績。

五、活動內容

活動主要包括以下內容：

（一）「金秋行銷產品歡樂送」優惠促銷贈禮活動

為鼓勵持卡人刷卡消費和無紙化支付，促進銀行卡和自助設備各項業務量的迅速增

長，同時保持和提升速匯通業務競爭優勢，促進匯款業務持續快速發展，特開展以下優惠促銷贈禮活動：

1. 「金秋行銷・自助服務送好禮」

（1）活動期間持我行儲蓄卡在全省範圍內的自助設備上繳納2次費用的客戶，可持繳費憑證及存取款憑證，到所在地的營業網點兌換價值200元的禮品一份。先到先得，送完為止。憑證必須是同一儲蓄卡的繳費憑證，禮品兌換後，我行將收回繳費憑證。

（2）凡在活動期間辦理簽署代繳費協議的客戶，可獲得價值200元的禮品一份。簽約即送，一戶一份，先到先得，送完為止。

活動禮品由各行自行購置。

2. 「金秋行銷・卡慶雙節」

（1）活動期間辦卡免收當年年費。

（2）刷卡消費達到一定標準，可憑消費交易POS單據和銀行卡到當地建行指定地點領取相應標準的禮品，領完為止。

刷卡消費達1,000元（含）以上，贈送價值100元禮品；刷卡消費達5,000元（含）以上，贈送價值150元禮品；刷卡消費達10,000元（含）以上，贈送價值200元禮品；刷卡消費達20,000元（含）以上，贈送價值300元禮品。

禮品應充分迎合客戶節日期間消遣購物的心理，刷卡消費5,000元以下的建議為動物園門票、公園門票、商場周邊麥當勞等用餐環境較好的快餐機構套餐票等，具體由各行自行確定。

各行應根據當地實際情況，積極篩選3~4個大型商場、高檔賓館、高檔飯店等消費交易量大的特約商戶，對當天消費達到標準的客戶採取現場贈禮的方式，提升活動的轟動效應。

由於活動時間持續一個多月，各行應合理安排禮品投放節奏，確定每天各檔次禮品投放數量，當天禮品送完即止；同時各行應積極做好異地卡客戶消費贈禮工作。

3. 「金秋行銷・速匯通優惠大放送」

活動期間，速匯通匯款手續費優惠20%。

（二）「金秋行銷・產品歡樂送」網點個人產品展示及優質服務活動

以營業網點為單位開展「金秋行銷・產品歡樂送」優質服務及個銀產品的展示活動。活動主要內容有：

（1）營業網點統一懸掛宣傳橫幅，張貼和擺放省分行下發的行銷活動海報以及活動宣傳折頁（近期下發），以新穎、豐富的視覺感染力，吸引客戶關注。

（2）網點櫃員統一佩帶工作胸牌，增加員工親和力，突出我行員工熱情、親切的服務形象。

（3）活動期間，網點需設專門的宣傳諮詢臺並配備導儲員，加強動態推介，引導客戶

使用我行提供的自助渠道辦理普通存取款和繳費業務，積極做好相關兌獎工作。

（4）積極開展網點優質服務工作，提高速匯通等業務的櫃臺服務質量，加強櫃臺人員與客戶的交流，切實提升網點服務形象。

（5）切實做好客戶的綠色通道服務，嚴格按照有關要求向客戶提供優先優惠服務，為客戶營造良好的節日服務環境。

（三）「金秋行銷·產品歡樂送」社區活動

（1）擴大社區行銷滲透面，密切社區關係，按計劃穩步推進社區行銷工作。

抓住中秋節和國慶節的有利時機開展「金秋行銷·產品歡樂送」社區行銷活動，穩步推進第二階段社區行銷工作。通過社區金融服務網點優質服務、戶外展示、社區金融課堂、行銷小分隊社區宣傳等各個方面的密切結合，全方位樹立我行的社區服務形象，加強社區金融服務網點與目標社區的各項聯繫，拉近網點與社區客戶的感情，穩步推進社區行銷工作。

（2）結合活動促銷內容，確定社區目標客戶，積極拓展相關業務量，切實提升社區行銷經營業績。

①積極拓展速匯通業務。9月、10月為學生入學或新生報到高峰期，各行可以開展憑學生證或錄取通知書享受匯款優惠的行銷活動，吸引學生客戶群體，拓展教育社區市場業務；對城市中匯款頻率較高的人群，如商業社區經商人員、外出務工群體等，積極開展社區行銷活動，提高行銷活動的有效性；對潛在的匯款大戶及有異地代發工資需求的全國性、跨區域企業，各行可以通過公私聯動進行一對一行銷，爭取異地代發工資等批量匯款業務。

②切實促進個人儲蓄存款業務。9月、10月個人存款的目標社區應確定為校園社區和批發市場等商業社區，切實抓住學生學費繳納以及商業交流頻繁的季節特點，大力吸收儲蓄存款。比如，抓住國慶節期間股市休市的商機，重點行銷「個人通知存款」；抓住新生入學的時機，重點行銷「教育儲蓄存款」。行銷宣傳中要注意突出我行通知存款助理財、教育儲蓄可只分兩次存入的創新優勢。國慶節期間，各行要做好安排，活動期間，各行要安排專人值班，妥善處理客戶投訴或滿足客戶的特殊需求。

③有效發展個人汽車貸款業務以及各項個人消費信貸業務。活動期間，各行應在汽車經銷市場、家電批發市場、住房裝修市場等商業社區加強對汽車消費信貸以及我行各項個人消費信貸業務的宣傳和行銷。加強對高中端客戶的行銷力度，推進集團客戶購車服務合作；同時加強與人保財險公司以及汽車經銷商的溝通合作，加大對集團客戶資源的拓展力度，促進個人汽車貸款業務穩步增長。

在活動期間，各行要加快業務受理的效率和審批速度，在規範操作的基礎上力求為客戶提供便捷高效的服務。

（四）「金秋行銷‧產品歡樂送」活動

以本次活動為切入點，通過建立客戶回訪制度、瞭解客戶節日需求，充分利用合作單位的服務功能向客戶提供全方位貴賓增值服務；同時抓住高端客戶「十一」期間有閒暇考慮個人或家庭的財務規劃問題的有利時機，向高端客戶推介個人理財業務，進一步提高「樂當家」理財服務的吸引力。主要內容有：

（1）活動期間，各行採用信函方式或人工送達方式向客戶發送省分行統一製作的一張節日賀卡，並同時準備一定金額的禮品。禮品袋由省分行統一製作下發，禮品由各行自備。

（2）聯合本地餐飲、娛樂等行業的高檔合作機構在活動期間向持有我行卡的客戶提供打折優惠；聯合機場、車站等交通部門向我行客戶提供貴賓服務。

（3）國慶節期間，客戶外出較多，各行要確保理財中心、理財專櫃和客戶專窗正常營業；同時組織營業網點、個貸中心等經營機構切實落實客戶綠色通道服務和各項優先優惠服務，為客戶營造良好的節日服務環境；另外要密切協作，嚴格執行「漫遊服務」標準，確保總行 VIP 客戶在全國範圍內能夠得到專門服務，兌現「樂當家」的品牌承諾。

六、活動目標

通過本次系列活動，全行個人銀行業務力爭在 10 月份實現以下目標：

（1）客戶新增超過歷史同期最好水準，並使客戶結構得到改善，質量得到進一步提高；

（2）卡的社會知名度和使用率得到進一步提高，當月刷卡消費交易額比去年同期和今年 9 月份都有較大幅度增長，同業占比在 9 月份基礎上有所上升；

（3）速匯通競爭優勢得到鞏固和提高，促進業務持續快速發展，手續費收入新增創歷史同期最好水準；

（4）自助設備存取款及其他代理業務交易量比 9 月份增長 10%。

（5）圓滿完成各項業務指標。

濰坊銀行高新支行

2015 年 7 月 15 日

任務二　金融產品行銷理念及範式

學習目標

知識目標：
1. 熟悉金融產品行銷的理念和範式。
2. 掌握金融產品行銷的八大範式。

能力目標：
能夠結合具體場景熟練運用八大行銷範式促成銷售。

素養目標：
1. 養成以客戶為中心，主動開口行銷的習慣。
2. 提升以客戶為中心熟練運用八大範式促成銷售的能力。

引導案例

銀行理財產品多樣化

　　2019年8月8日，中國農業銀行全資設立的農銀理財有限責任公司在北京開張。在開張當天，農銀理財發布了「4+2」產品體系，其中「4」指「現金管理+固收+混合+權益」四大常規系列產品，「2」則指非常具有農行特色的惠農和綠色金融（ESG）兩個系列產品。據瞭解，四大常規系列產品是農銀理財對標監管要求、推進理財產品淨值化轉型的載體，旨在進一步提升服務實體經濟能力、滿足客戶多樣化理財需求。至此，除郵儲銀行外，5家國有大行的理財子公司悉數亮相。與此同時，銀行理財「新產品」也漸次登場。
　　資料來源：https://licai.cngold.org/c/2019-08-12/c6515242.html。

傳統行銷理論中，我們常常聽到的是：「你正好需要，而我正好有。」金融產品行銷發展到現在，已有多種理念及範式。金融產品在開發設計時，是有明確的目標客戶群體的，因此產品的優勢賣點也是相對固定的。對金融產品行銷人員來說，金融產品行銷理念就是不斷為客戶創造需求，並將行銷側重點放在對客戶需求的識別和深挖以及客戶異議處理和銷售促成上。依據這些年的實踐經驗，可以將常用範式總結為：識別行銷與客戶順勢深挖範式、疊加行銷與產品核心一句範式、差異行銷與主權在握範式、互換行銷與促成結案範式八大類行銷範式。

一、識別行銷與客戶順勢深挖範式

識別行銷就是從客戶識別開始做起。以金融網點的客戶識別為例，開口時機就是開口識別客戶行銷需求的好機會，這種時機包括：接收客戶的財物後、業務辦理前；業務辦理完畢待客戶簽名或請客戶輸入密碼時；業務結束交清財物前、請客戶服務評價前；等候業務授權時，等等。

[案例]　開口時機

某銀行櫃員在為客戶補打存摺時候，發現客戶有一筆定期存款當日到期，客戶表示會續存不用管它。然後櫃員運用「開口時機」向客戶推介「寶多多」產品，詳細介紹該產品的特徵。在客戶猶豫的時候，立刻拿起計算機為客戶計算收益，讓客戶一目了然。客戶見到收益後，同意購買，最後成功辦理。

善於發現，利用適當的「開口時機」主動進行行銷，抓住客戶心理，堅持到底。

在開口交流中，得知客戶辦理業務種類時，就可以用順勢深挖範式。順勢深挖，就是沿著客戶提出的需求點，進行深入瞭解及分析，從而提出建議，為客戶找到更合適的需求點。順勢深挖包括：

（1）順應客戶的話題深挖客戶辦理業務的背後故事。
（2）以更方便、更快捷、更省時省錢、更增利為前提探索客戶需求。
（3）按客戶話題關注其近期思慮，進行要點追問。

[案例]　順勢深挖

某客戶在銀行刷卡取號時，大堂經理「順勢深挖」發現客戶有他行存摺，於是向他推介本行上浮利率的獨特優惠，客戶聽後非常感興趣，特意從他行取出剛存的資金帶到本行開立新定期帳戶，並存入資金10萬。

留意客戶，從小事小問題開始，「順勢深挖」客戶信息，會有不一樣的發現。

二、疊加行銷與產品核心一句範式

有一條著名的行銷經驗，是說如果客人在你的店裡買了一套 8,000 元的西裝，他一定不會吝嗇一件 800 元的襯衣，所以你要向他繼續銷售 800 元的搭配襯衣而不是一個 50 元的領帶夾。這條行銷經驗真實地告訴我們疊加銷售的重要性。疊加銷售，可以是時機疊加，也可以是產品疊加，還可以是跨界疊加。

（1）時機疊加：讓客戶在大堂崗、櫃臺崗、理財崗都聽到同一銷售主題推薦。
（2）產品疊加：對同一客戶進行同系產品的組合疊加推薦。
（3）公私疊加：對公客戶主動疊加對私業務介紹。
（4）跨界疊加：金融產品之間的組合創新包括銀證、銀保、銀證保以及金融產品與非金融產品之間的組合。

[案例] 產品疊加

保險公司毛經理在為客戶的小孩辦理「全佑一生」保險業務時，同時又向小孩媽媽介紹了一份全家三口的保險計劃，小孩媽媽對小毛的工作很認可，對這份計劃也很認同，又加購了家庭保險訂單。

在業務辦理過程中，順帶用「疊加行銷」技術向客戶推薦適合的產品，能很好地得到客戶認同，增加訂單的機會也順道變大了。

只會開口，只知道請客戶加買產品，只是行銷的入門。那為什麼有的人開口講成功了，有的人開口講不成功。這裡，如何讓客戶現場感受體驗，並願意購買，就需要一種介紹產品的技術，而不只是給客戶一張宣傳單。我們將這個技術稱之為「核心一句」，它能幫助業務人員迅速找出產品打動客戶的賣點，適用於各種產品行銷。「核心一句」主要抓住核心點，在向客戶推薦時，依據產品的特性、收益、風險等核心，選最適合客戶的一項核心來導入，引發客戶共鳴。還有一點非常重要，就是每次講解產品時，若使用「核心一句」技術，一定要同時講出產品名稱。

[案例] 核心一句

某客戶來銀行網點，要求辦理定期結清取現業務。櫃員翻開客戶定期本，發現他是定期儲蓄愛好者，於是詢問客戶為什麼不續存。客戶表示降息後利息太少，櫃員立即利用「核心一句」技術介紹本行代銷的「吉利 B 款」保險。客戶表示有興趣購買，但由於沒帶身分證只好約定第二天來辦理！第二天，客戶從隔壁銀行取了兩萬現金，湊夠五萬買了「吉利 B 款」保險。

櫃臺在辦理業務時，一定要積極使用「核心一句」向客戶介紹本行的產品信息，並根

據客戶情況進行產品匹配。只有通過信息傳達，才能發現客戶需求，滿足客戶需要，提升本行在同業中的競爭力。

三、差異行銷與主權在握範式

金融產品行銷過程中，我們會發現說辭相似或雷同，不一定能得到客戶的認同。在眾多產品中，如何進行差別化的行銷，使客戶認同，就需要引入差異行銷，而採用「產品速配」是一種好的範式。產品速配，指為不同客戶類型提供不同的產品組合，以為客戶提供最合適的產品或渠道為匹配邏輯。其要點有：

（1）針對客戶提出的業務需求，迅速組合產品。
（2）提供速配產品應有兩款同類產品供選擇為有效。

[案例]　　產品速配

客戶廖小姐持現金到銀行櫃臺辦理現金匯款業務，櫃員諮詢客戶有無該行帳戶，表示如有本行帳戶，轉帳可有效節省時間，客戶表示有該行帳戶但較少使用，主要使用其他銀行帳戶。櫃員在辦理業務過程中與客戶交談得知，因客戶在其他銀行持有貴賓卡所以等待時間較短，便介紹了該行貴賓卡服務。在更深入瞭解後，櫃員得知客戶為皮具城檔主，在其他行有一百多萬元理財產品，並在「餘額寶」中有三十多萬元資金，隨即運用「產品速配」技術向客戶推薦該行理財產品、刷卡機，並提醒客戶互聯網理財的風險。客戶對櫃員的服務感到十分滿意，與櫃員交換了聯繫方式，並表示下月將有50萬元理財產品到期，屆時會再來該行網點購買理財產品和簽訂刷卡機協議。

其實，客戶有時也不那麼清楚自己最合適什麼產品，因此抓住機遇，向客戶推薦合適的產品，一方面訓練了自己的職業敏感度，另一方面，又訓練了自己的產品專業度。只要是好的產品，就一定會得到客戶認同。

得到客戶認同後，想要購買的人中有一些會開始思考和提出異議。如何迅速地消除異議，促成銷售，除了真誠外，還需要掌握「主權在握」這一範式。主權在握，顧名思義，客戶提出異議後，先認可客戶的意見，然後提出客戶忽略的另一層面的觀點，最後得到客戶認同。其要點有：

（1）預見客戶問題，在客戶沒有提出前就告知客戶。
（2）轉被動回答客戶問題為主動說明，而非一問一答。
（3）當客戶跑題時，中斷偷換概念，重新回到自己的話題。

知名演員劉德華在一次採訪中，他的一位女粉絲向他提問，想知道他有什麼缺點。他接過話題後，沒有馬上回答，而是問粉絲，她指的缺點是什麼，舉下例子看他有沒有。女

粉絲說自己忘事。於是華仔說，自己也有這個缺點，就是連結婚都不記得告訴大家，使全場開心大笑。這就是一種「主權在握」範式的應用典範。

[案例] 主權在握

大堂經理巡視廳堂時遇到一個外國客戶要掛失銀行卡，經過溝通，瞭解到他的銀行卡雖然遺失了，但帳戶裡有餘額116萬元，如果掛失要等7天才能解掛和動用資金，但他只能在國內逗留2天時間，然後要半年後才回廣州。大堂經理安撫了客戶情緒，通過交流知道其有網銀，就立即幫他開立一張粵商白金卡，並將網銀進行自助關聯，將餘額轉移到新卡並開通理財功能，並向其成功銷售了100萬元半年期理財產品。客戶非常感謝大堂經理幫他解了燃眉之急，表示以後會繼續支持該銀行。

在大堂服務過程中，急客戶所急，盡心盡力為客戶解決問題，就一定會有收穫。

四、互換行銷與促成結案範式

空乘人員的訓練中，有提到這麼一種觀點，就是當客戶想要一個靠枕時，如果發完了，就可以給客戶提供一條毛毯。如果沒有咖啡了，就給客戶一杯熱茶。這種服務理念，就是行銷中的互換行銷範式。互換行銷的關鍵是要明白客戶想解決什麼問題，然後再從他的需求角度提供另一補充解決方案。其要點有：

（1）不與客戶爭辯價格或收益，而是接話後轉換成與價值相對的說明。
（2）在答復完問題後主動提出新話題，引導客戶關注新的價值核心。

[案例]

一位客戶持一本定期存折，要求結清一筆25萬的定期存款，櫃員通過快捷查詢得知該客戶在本行不僅有51萬存款，還購買了國債和基金。但細心的櫃員發現該客戶只有一張普通磁條卡，通過與客戶交流得知該客戶是本行的老客戶，一直在省行營業部理財，理財經理的名片都有數十張，但是由於年歲漸長，行動不便，想把資產轉移至家附近的銀行。櫃員得知情況後馬上通知理財經理，通過理財經理和櫃員的努力，採用「互換行銷」範式，從銀行服務、新產品組合、專業性等角度出發，推薦客戶將即將結清的定期存款，並與另一筆剛剛存入的定期一起，做了一共51萬的利率上浮。同時，又為客戶更換了商貿通卡，該客戶表示日後會將他行資產轉移至該行，並繼續支持該銀行。

在服務過程中，不同角色、不同業務之間是互相聯繫、影響的，一定能通過互換，共同完成行銷工作。

每一次行銷，我們都希望促成銷售，所以在瞭解需求、推薦合適產品、消除異議後，就是如何促成銷售的問題。在我們的範式中，就有一個結案促成的範式。在這個範式中，

最為人熟悉的故事就是早餐店老板在賣布拉腸粉時問你加一個蛋還是加兩個蛋，大部分人會在問題中選一個答案回復，加一個或兩個，其實也可以一個也不加。這就屬於促成結案的範式。結案促成，需要在業務談話中應用不同技術，達到快速結案的目的。快速結案包括及時有效地轉介或直接同意一訂單，以過程提出銷售結案目標為有效應用。關鍵注意點有：

（1）在業務談話過程中利用「主權在握」技術，適時直接推入訂單服務供客戶選擇，而且從高數量開始問起，再調至合適。

（2）借助「時機時限」或「二選一法」等促成方法推入結案。

[案例]　促成結案

櫃員在客戶辦理轉帳業務時，發現客戶磁條卡帳戶內資產有 100 多萬元，且較長時間存放活期，便建議客戶更換芯片卡並立刻告知主管及負責人進行「崗位聯動」，共同維護客戶。通過與客戶交談得知，客戶在其他行仍有閒餘資金，便用「核心一句」介紹粵商卡的取款優惠政策吸引客戶，然後運用「疊加行銷」技術建議客戶搭配網銀、手機銀行以享受跨行轉帳免費且快捷的服務。在大家的共同努力下，成功為客戶開立卡套餐，並以活期資金享定期利息吸引客戶開立「活利寶」，客戶還答應會逐步將他行資金歸集到該行。同時，成功為客戶簽約「vip 維護表」，使其成為該行跟進的客戶。「促成結案」借力其他範式促成多個銷售任務。

第一，善用系統的查詢功能，從中尋找潛力客戶。第二，行銷中要善用「崗位聯動」工具進行聯動合作，更能取得成功。第三，善用網銀激活時間，「疊加行銷」產品，跟客戶進行深入交流，瞭解客戶需求，促成後續的行銷。第四，用心服務，必能獲得客戶的肯定。

任務三　資產配置的實施技巧及行銷話術

學習目標

知識目標：
1. 瞭解客戶理財信息的類型。
2. 掌握理財目標的主要分類。
3. 理解風險測量基本工具。
4. 熟悉資產配置策略的基本類型。
5. 熟悉銷售理財產品基本流程。

能力目標：
1. 能採集和整理客戶信息。
2. 能分析客戶的理財目標。
3. 能對客戶的風險進行識別與分析。
4. 能採用財務比率法對客戶財務狀況進行分析和診斷。
5. 能採用目標時間配置法對客戶資產進行配置和再平衡。
6. 能制訂與客戶聯繫的計劃。
7. 能通過話術識別客戶的需求。

素養目標：
1. 培養資產配置的思維方式。
2. 養成管理風險的習慣。
3. 提高接待客戶的素養。

引導案例

客戶信息——不能說的秘密

在當前中國各行業都快速發展、面臨轉型的情況下,掌握更多的信息無異於抓住了更多的機會。於是,出現了很多利用他人信息謀取利益的現象。報刊亭中、網路上熱賣「企業老板名錄」「金融界高管名錄」;一旦你簽約買房,各種「建材資訊」「裝修設計資訊」也會源源不斷通過各種方式傳遞給你;或者你剛剛在網上參加了一個英語能力測試,下一秒就有英語培訓機構直接與你聯繫⋯⋯人們處於這個社會中,仿佛不再有秘密,任何需求只要通過某種方式傳播出去,就會有相關的「幫助」找上門來。

金融機構接觸客戶個人信息的機會更多,信息的準確度也更高,如客戶的姓名、地址、電話、身分證號、職業、銀行帳號等一些基本信息;對金融理財師來說,由於他要在充分瞭解客戶資金運轉情況的基礎上才能提出理財規劃,因此,接觸的客戶個人信息更為私密,如客戶的信用等級、資產狀況、家庭成員的信息等。因此,保護個人信息及隱私,是金融理財師必須具備的職業道德。

從法律的角度來說,客戶的個人信息及隱私是需要被保護的。一方面,金融理財師要保護客戶的商業秘密。很多人認為金融理財師一般不接觸客戶所從事職業的技術信息,因而不存在侵害客戶商業秘密的可能。事實上,在理財過程中,金融理財師不可避免地會接觸到客戶的一些經營信息,如經營計劃、財務狀況等,如果不能做到三緘其口,一旦洩露,給客戶造成損失,不僅會失去客戶的信任,也可能被起訴要求承擔法律責任。另一方面,金融理財師要保護客戶的個人隱私。在為客戶提供服務、推薦產品的過程中,金融理財師肯定會瞭解到客戶的一些信息,但必須把握好基本信息和隱私的區別。把瞭解的信息嚴格限制在業務需要的範圍內,對客戶不願透露的私人信息不追問;瞭解客戶信息的時候要注意場合,避免在大庭廣眾之下將客戶的信息暴露給他人;對客戶的經濟信息及家庭信息應當注意保密,不得將類似信息當作談資。

從職業道德來說,客戶的信息作為金融理財業務中最為重要的信息資產,是需要絕對保密與尊重的。金融理財師工作成敗的基礎就是能否與客戶建立起真正的信賴關係,而這種關係建立的前提就是要保護好客戶所提供的信息。金融理財師要站在客戶的立場上,平衡好機構和客戶的相互關係,朝有利於提高客戶利益的方向努力,正確利用和保護客戶的個人信息。即便沒有法律法規的制約,怎樣對待客戶的個人信息也是衡量一個金融理財師是否具有職業道德素養的重要標準,特別是在一些細節上要更加注意,比如,客戶的資料要入庫上鎖;給客戶投送理財資料時,最好不要採用傳真方式,以免本人接收不到造成信息洩露;對客戶的信息原則上不得複印,金融理財師在講課、投稿等活動中不得公開顧客

的個人信息，不可將客戶的信息變相出賣給證券、保險及其他商品仲介機構。以上行為若無法避免，在使用個人信息之前必須徵得客戶本人同意。

隨著公民法律意識的不斷增強，公民對個人信息的保護意識也逐漸加強。只有懂得相關的法律法規以及行業規範，金融理財師這一職業才能更加專業化與規範化，才能更多地獲得客戶的信任。

資料來源：www.stockstar.com。

資產配置的標準工作流程分為四步：收集客戶信息、分析客戶財務狀況、制定資產配置方案、資產配置再平衡。

一、收集客戶家庭信息

(一) 客戶信息的分類

客戶信息可以分為定量信息和定性信息，如表3-1所示。

表3-1 客戶信息分類表

定量信息	定性分析
姓名、身分證號、性別、出生年月、年齡、婚姻狀況、學歷、就業情況、配偶情況等	目標陳述
	健康狀況
	興趣愛好
資產與負債	就業預期
收入與支出	風險特徵
投保狀況	投資偏好
養老金規劃	理財決策模式
投資情況	理財知識水準
子女教育情況	價值觀
	家庭關係
	現有的經濟情況

客戶的信息還可以分為財務信息和非財務信息。

財務信息是指客戶當前的收支狀況、財務安排以及這些情況的未來發展趨勢等。財務信息是理財規劃師制訂客戶個人財務規劃的基礎和根據，決定了客戶的目標和期望是否合理，以及完成個人財務規劃目標的可能性。

非財務信息是指其他相關的信息，比如客戶的社會地位、年齡、投資偏好和風險承受能力等。

（二）客戶財務信息

1. 收入與支出

收入支出表是用來說明在過去一段時期內個人的現金收入和支出情況的表單。收入支出表反應了個人在一段時間內的財務活動狀況，它幫助個人將實際發生的費用和支出與預算的數字進行對比，從而採取必要的調整措施以消除兩者之間的差異。

2. 資產與負債

資產是客戶擁有所有權的財富的總稱。它可以是現金，可以是購買獲得的財產，可以是客戶通過借貸資金購買的財產，也可以是客戶接受的禮物。但是，那些客戶只是擁有其使用權而非所有權的財物，如租賃的房子和汽車等，不能算是客戶的資產。負債是指由客戶過去的經濟活動而產生的現有責任。這種責任的結算將會引起客戶經濟資源的流出。資產負債反應了個人的財務資源狀況，能幫助個人對財務目標的實現進程進行追蹤，因而對於設定、監控和調整理財規劃是必不可少的。資產負債表是對某一時點個人財務狀況的總結。

3. 現金預算

現金預算是指對未來的現金收入和現金支出的預期。現金預算中對收入的估計與收入支出表中的收入不同，現金預算中的收入是拿到家庭裡的收入，而不是在進行扣減之前的總收入。另外，在估計現金支出時，弄清楚自己的花銷習慣很重要。

4. 其他財務信息

除了以上幾項財務信息之外，有時候理財規劃師還需要瞭解各類資產的分配比例、投資性資產的回報率和金融資產的現值等財務信息。

（三）客戶非財務信息

1. 姓名和性別

客戶的姓名、性別等資料可以幫助理財規劃師根據其基本情況判斷其社會保障和收入狀況等，以匹配其適用的人壽保險種類。另外我們發現，客戶的風險態度和風險承受能力與性別密切相關。

2. 職稱、工作單位性質和工作穩定程度

職稱信息可以使個人理財規劃師瞭解客戶的社會地位。在國家機關、學校、醫院工作的客戶，其工作穩定性相對較高，收入較穩定，福利待遇也較好。同時，客戶的社會地位也從側面反應了客戶的收入狀況。在中國的文化氛圍中，個人理財規劃師用職稱來稱呼客戶，會使雙方更加容易溝通。個人理財規劃師瞭解到這些信息以後，才能為客戶的長期甚至是終身的財務管理進行合理而周密的策劃。

3. 出生日期和地點

客戶（尤其是女士）在大多數情況下都不願意直接透露自己的年齡。但在個人理財規劃中，這些信息都是十分重要的。因為客戶年齡對其理財目標、社會保障、保險投資種類、未來收入的變化以及風險承受能力等情況有著直接的影響。顯然，一個25歲的客戶和一個60歲的客戶，兩者的財務規劃有著很大的不同。前者也許更重視如何通過投資實現房地產購置計劃或是教育計劃，而後者則會更多地關注怎麼能夠通過養老金投資來保證退休後的生活質量。

4. 健康狀況

健康狀況方面的信息包括客戶本人和家族的健康狀況兩部分。這方面的信息對客戶人壽保險計劃的選擇和制訂有著重要的影響。

5. 子女信息

子女的數量、年齡、健康狀況、婚姻狀況和職業等都對客戶的各種財務規劃有直接的影響。一般而言，子女的數量越多，年齡越小，健康狀況越差，客戶財務負擔就越重，這時保險計劃和教育計劃對客戶而言就非常重要。當然，如果客戶的子女已成年並且有一份穩定的職業，客戶在子女的投資上就只需花費少數資金。對於離異客戶，子女的監護權歸屬也將影響其財務安排。

6. 客戶的風險偏好程度

客戶的風險偏好程度也對個人理財規劃師的投資規劃有著重要影響。如果客戶是風險偏好型的投資者，而且有著極強的風險承受能力，個人理財規劃師就可以根據其需要幫助他制訂激進的投資計劃，爭取更多的盈利。但如果客戶是保守型的投資者，要求投資風險越低越好，那麼就應該幫助他制訂穩健的投資計劃。

（四）客戶理財目標

1. 客戶理財目標的內容

（1）實現收入和財富的最大化。財富指的是個人擁有的現金、投資和其他資產的總和。要累積個人財富，個人支出就必須小於其收入，個人財富的最大化最終是通過增加收入和適當控制支出來實現的。增加收入的途徑可以是尋找更高薪的工作或進行投資等，具體的方式取決於個人的能力、興趣和價值觀念。控制支出的方法主要是把所有支出項目細分為可控性支出和不可控性支出，在力保不可控性支出不受影響的前提下，盡量降低不必要的可控性支出，比如過多的置裝費用和過多的旅遊費用。

（2）進行有效消費。個人收入通常有兩個用途：消費和儲蓄。由於消費開支通常占用了個人收入的大部分，所以對這部分資金的有效使用是十分重要的。學習一定的個人財務規劃技術，比如保存好個人的財務記錄、進行現金預算、合理使用信用額度、購買適當的保險和選擇合理的投資工具等，有助於控制個人的日常開支，實現有效消費。

(3) 滿足對生活的期望。人一生中，在保證生存的前提下，還有各種各樣的人生目標要實現。例如，足夠的儲蓄、自己的房產和汽車、達到財務自由、有一份高薪的工作等，這些都可以成為人的生活目標。但這些目標往往難以同時實現，這意味著個人必須在這些目標中進行選擇和規劃。對於個人來說，這種規劃必須有一個終生的視角。也就是說，人們應該分清在家庭生命週期的不同階段，什麼是最重要的、必須實現的目標，而什麼目標對當前而言較為次要。

(4) 確保個人財務安全。財務安全是指個人對其現有的財務狀況感到滿意，認為其擁有的財務資源可以滿足其所有的必要開支和大部分期望目標的實現。這時，個人對其財務方面的事務有較強的信心，不會因為資金的短缺而感到憂慮和恐懼。一般來說，實現個人財務安全的途徑有：

①有穩定而充足的收入；
②一份有發展潛力的工作；
③有退休保障；
④有充足的緊急備用金以備不時之需；
⑤有一定的房產（如果是分期付款，則要有足夠的資金來源）；
⑥購買了合適和充足的保險；
⑦有實物資產方面的投資；
⑧有合理的金融投資組合；
⑨制訂了有效的投資規劃、稅收規劃和遺產管理規劃。

(5) 為退休和遺產累積財富。對於許多人來說，為退休後的生活提供保障是他們進行儲蓄的最終目的。由於退休後收入會減少，而個人往往已經習慣了原有的生活狀態，所以為了不降低生活水準，個人需要在退休前將一部分收入作為退休基金留作他日之用。此外，在一些較為傳統的國家，為子女留下一份相當數額的財產也是個人的重要目標之一。

2. 客戶理財目標的分類

(1) 短期目標。短期目標是指在短時間內（一般在1年左右）就可以實現的目標。短期目標一般需要客戶每年或者每兩年制定或修改一次，比如裝修房屋、休閒旅遊等。對於短期目標，理財規劃師一般應建議採用現金與其等價物類的投資工具，如活期存款、貨幣市場基金、短期債券等。

(2) 中期目標。中期目標是指一般需要1~10年才能實現的願望。比如購房經費的籌集、子女教育經費的籌集等。對於中期目標，理財規劃師要從兼顧成長性和收益率的角度來考慮投資策略。

(3) 長期目標。長期目標是指一般需要10年以上的時間才能實現的願望。比如30歲客戶設定的退休保障目標。

事實上，短期目標和長期目標是相對而言的。不同的客戶對同樣的財務目標會有不同

的判斷。如果客戶只需要個人財務規劃師為其未來的 5 年時間進行個人財務規劃，那麼對該客戶而言，5 年以後才能實現的目標就屬於長期目標。例如，一般情況下，與退休計劃相關的目標都屬於長期目標，但對已經接近退休年齡的客戶而言，該目標就應該算是中期目標甚至是短期目標。此外，隨著時間的推移，同一個客戶的目標性質也會改變。比如，一個 25 歲的客戶，其子女的高等教育規劃一般需要 15~20 年的時間，那麼幫助子女完成學業對該客戶來講就是一個長期目標。15 年之後，該客戶 40 歲，其子女已經上大學或即將上大學，這時實現子女教育目標就轉化成了中期目標或短期目標。

在表 3-2 中我們將不同年齡段人們的各種目標進行了比較。

表 3-2 不同年齡段人們的理財目標

客戶類型	短期目標	長期目標
大學高年級學生	租賃房屋 獲得銀行的信用額度 滿足日常支出	償還教育貸款 開始投資計劃 購買房屋
20 多歲的單身客戶	儲蓄 購買汽車 進行本人教育投資 建立備用基金 將日常開支削減 10% 實現環球旅行	進行投資組合 建立退休基金
30 多歲的已婚客戶	將舊的交通工具更新 子女的教育開支 增加收入 購買保險	增加子女教育基金的投資 購買更大的房屋 將投資工具分散化
50 歲左右的已婚客戶 （子女已成年）	購買新家具 提高投資收益的穩定性 退休生活保障投資	出售原有房產 制定遺囑 退休後的旅遊計劃 養老金計劃的調整

二、客戶家庭理財問題的診斷

（一）理財目標分析

1. 客戶必須實現的目標和期望實現的目標

首先，個人理財規劃師要區分什麼目標是客戶必須實現的，什麼目標是客戶期望實現的。

客戶必須實現的目標是指在正常的生活水準下，客戶必須要完成的計劃或者要滿足的支出；客戶期望實現的目標是指在正常生活水準下，客戶期望可以完成的計劃或者要滿足的支出。

一般而言，客戶必須實現的目標有保證日常飲食消費、購買或租賃自用住宅、支付交通費用和稅費等。客戶必須實現的目標在進行個人理財規劃時應該優先考慮，個人理財規劃師可以在調查表的支出項目中獲得這一類開支的數額。

客戶期望實現的目標有很多，比如旅行和換購豪華的別墅，送子女到國外留學，投資開店等。所有的個人理財規劃都要在滿足客戶必須實現目標所需的開支後，再將收入用於客戶期望實現的目標。如果客戶沒有足夠的資金滿足前者，那麼後者就需要進行調整。個人理財規劃師的一個重要職責就是幫助客戶瞭解哪些目標更為實際，哪些目標的實現能夠給客戶帶來較大的利益，哪些目標可以推遲實現。

2. 制定理財目標的原則

制定目標時必須瞭解以下幾個基本原則：

（1）投資目標要具體明確。如果投資目標不具體、不明確，理財規劃師在制定投資規劃方案時就會無所適從。投資目標越明確，越具有可操作性。例如，投資目標可以是「兩年後購買奔馳牌汽車」而不應該是籠統的「儲蓄 40 萬元」。如果將來奔馳牌轎車漲價，客戶可以調整自己的投資組合。

（2）將預留緊急備用金作為必須實現的財務目標來完成。在客戶的日常生活中，必然會出現一些無法預計的開支，這些意外開支同樣會影響客戶個人財務計劃的完成。所以有必要將預留一定數額的應急資金作為個人理財規劃必須實現的目標之一。

（3）作為制訂個人理財計劃的基礎，客戶的目標必須具有合理性和可實現性，而且不同的計劃之間應該沒有矛盾。例如，客戶的儲蓄計劃目標是每年將收入的 25% 進行儲蓄，然後再將剩餘的資金用於投資計劃，但實際上如果客戶的收入中有 85% 必須用於償還住房抵押貸款，實現其 25% 的儲蓄計劃則無法實現。此外，一個經常發生的情況是，客戶對其目標有過高的期望，他們對自己的財務狀況較為樂觀，並且認為在個人理財規劃師的幫助下能夠實現任何目標。比如，一個年總收入為 10 萬元的客戶把他的短期目標設定為四年內提前償還他購買房屋所欠的抵押貸款 40 萬元。顯然，這是難以實現的，因為該客戶忽略了其生活的日常開支以及其他需要支出的突發性情況，並且在投資計劃中必須承擔較大的風險，所以個人理財規劃師應用適當的方式勸說客戶修改其目標。

（4）投資目標的實現要有一定的時間彈性和金額彈性。由於投資規劃本身就具有一定的預測性質，投資規劃目標的實現取決於一些具有時間彈性和金額彈性的影響因素。所以，在制定投資目標的時候，理財規劃師要注意所制定的投資目標要有一定的時間彈性和金額彈性，這有助於增強投資規劃的靈活性。

（5）投資規劃目標要兼顧不同期限和先後順序。任何客戶的投資目標都不止一個，而

且這些目標也不可能同時實現。所以理財規劃師在區分客戶的短期、中期、長期投資目標的基礎上，應該再結合具體情況對客戶具體的投資目標按照重要程度和緊迫程度進行重新排列，從而在投資規劃中確定實現投資目標的步驟。

3. 理財目標體系應具有的特點

綜上所述，一個合理的理財目標體系應該具有以下幾個特點：

（1）靈活性。一個合理的理財目標體系可以根據時間和外在條件的變化做適當的調整。

（2）可實現性。一個合理的理財目標體系在客戶現有的收入和生活狀態下是可以實現的。

（3）明確性和可量化性。客戶對目標的實現狀態、風險、成本和實現的時間都有清晰的認識，並且可以用數字描述出來。

（4）不同的目標有不同的優先級別，同級別的目標之間沒有矛盾。

（5）該目標可以通過制定和執行一定的行動方案來實現。

（6）實現這些目標的方法應該是最省成本的。

（二）客戶風險承受能力的分析

1. 客戶風險承受能力的類型

（1）保守型投資者。這類客戶的首要目標是保護本金不受損失和保持資產的流動性。他們對投資的態度是希望投資收益極度穩定，不願用高風險來換取高收益，不太在意資金是否有較大增值。在個性上，他們本能地抗拒冒險，不抱碰運氣的僥幸心理，通常不願意承受投資波動的心理煎熬，追求穩定。

（2）中庸型投資者。這類客戶渴望有較高的投資收益，但又不願意承受較大的風險。他們可以承受一定的投資波動，但是希望自己的投資風險小於市場的整體風險，因此希望投資收益長期、穩定地增長。在個性上，他們有較高的追求目標，而且對風險有清醒的認識，但通常不會採取激進的辦法去達到目標，而總是在事情的兩極之間找到相對妥協、均衡的辦法，通常能緩慢但穩定地實現目標。

（3）進取型投資者。這類客戶高度追求資金的增值，願意接受可能年年出現的大幅波動，以換取資金高成長的可能性。為了最大限度地獲得資金增值，他們常常將大部分資金投入風險較高的品種。在個性上，他們非常自信，追求極度的成功，常常不留後路以激勵自己向前，不惜冒失敗的風險。

2. 影響客戶風險承受能力的主要因素

（1）財富。

富人是否因為錢多而願意承擔更多的風險呢？在回答該問題之前，我們首先來區別絕對風險承受能力和相對風險承受能力這兩個概念。絕對風險承受能力由一個人投入風險資

產的財富金額來衡量，而相對風險承受能力由一個人投入風險資產的財富比例來衡量。一般來說，絕對風險承受能力隨著財富的增加而增強，因為富人將有更多的財富投資到每項資產上，而相對風險承受能力未必隨著財富的增加而增強。此外，財富的獲得方式也是影響人們風險承受偏好的一個因素。財產繼承人和財富創造者相比，後者的風險承受能力高於前者，而前者比後者更樂於聽取個人理財規劃師的建議。

（2）教育程度。一般來說，客戶的風險承受能力隨著教育程度的增加而增加。顯然學歷與風險承受能力存在明顯的正相關性，但這種正相關性還沒法完全清楚解釋，可能是教育程度與收入、財富的相關性導致高學歷者具有較高的風險承受能力，而非學歷本身，也可能是高學歷者比較熟悉可供選擇的各種投資渠道等。

（3）年齡。客戶的風險承受能力通常與年齡呈負相關關係。一般來說，年齡越大，客戶的風險承受能力越低。某項研究的調查對象是共同基金的投資者，問他們是否同意以下觀點：年齡越大，越不願意承擔投資風險（要求用0、1、…、10做出回答，其中0代表完全不同意，10代表完全同意）。結果發現，總體平均分數為7.6，說明被調查者基本上同意該觀點。將被調查者按風險承受能力高低分為低、中、高三類群體（平均年齡分別為42、51和60歲），分別考察他們對該觀點所持的態度，結果發現差別很大，低風險承受者最同意該觀點，高風險承受者的同意程度最低，中等風險承受者居中。

（4）性別。以前幾乎所有人認為在生活各方面男性的風險承受能力高於女性。近期研究結果卻有所不同：年老的已婚婦女確實比丈夫更不願意承擔財務風險，但年輕男性和女性之間對財務風險偏好的差異卻很小或幾乎沒有。

（5）出生順序。出生順序對風險承受能力也有一定影響，長子通常比其弟/妹更不願意承擔風險。一個合理的解釋是，父母對長子小時候的生活控制較多，並教育他們必須為人可靠和承擔責任。對孩子來說，這意味著盡量不去承擔不必要的風險。

（6）婚姻狀況。未婚者的風險承受能力可能高於已婚者，也可能低於已婚者，關鍵在於是否考慮了已婚者雙方的就業情況以及經濟上的依賴程度。如果一個人覺得自己的行為將對能否繼續依賴對方造成負面的影響，就會更加謹慎行事。在雙職工家庭中，夫妻雙方的風險承受能力將高於未婚者，因為雙方都有相當的經濟獨立能力，雙份收入可以提高風險承受水準。

（7）就業情況。個人的就業狀況也會影響風險承受能力。風險承受能力的一個重要方面體現在對工作的安全性需要上。失業的可能性越大，職業風險越大。安全保障程度高的職業，即使工資報酬較低，對風險厭惡者也可能很有吸引力。一般來說，公共管理部門能夠提供較高的安全保障。經驗數據表明，將公共管理部門的職員與私營企業職員相比，前者的風險厭惡程度較高。專業人員在投資決策上的風險偏好高於非專業人員。通常，風險承受能力隨著知識和工作熟練程度的增加而增強。

實踐表明，一個人在同一職位待的時間越長，晉升機會越小。出於對經濟安全的需

要，很多風險厭惡者一直待在同一單位的同一職位上，幾乎沒有任何提升機會；而風險追求者則經常改變工作，不斷尋找條件更好的、符合個人發展的就業機會。風險厭惡者比較容易被那些提供固定收入的職位和公司所吸引，而風險追求者傾向於選擇根據個人工作績效提供浮動報酬的公司，願意承擔較大的風險。

3. 個人風險態度和風險承受能力的評估

（1）評估目的。風險承受能力是個人風險管理和個人理財規劃的重要因素，個人理財規劃師通常必須在相對較短的時間內評估客戶的風險承受能力。以下將介紹一些快速評估客戶風險承受能力的方法，這些方法要求理財規劃師敏銳地捕捉客戶的重要信息，並將其整合為對客戶的總體印象。

（2）常見的評估方法。準確評估客戶的風險承受能力是一項非常複雜的工作，它需要個人理財規劃師投入大量的時間和精力。在評估過程中，常見的問題是使用不同的評估方法可能得出不同的甚至相對立的評估結果。所以對客戶風險承受能力進行準確、可靠的評估需要使用兩種或兩種以上的方法。

①定性方法與定量方法。評估方法是可以定性的，也是可以定量的。定性評估方法主要通過面對面的交談來收集客戶的必要信息，但沒有對所收集的信息給予量化。這類信息的收集方式是不固定的，對這些信息的評估基於直覺或印象，個人理財規劃師的經驗和技巧起著至關重要的作用。定量評估方法是通過採用組織的形式來收集信息，進而可以將觀察結果轉化為某種形式的數值，用以判斷客戶的風險承受能力。在實務中，多數個人理財規劃師會根據實際需要，將定性方法和定量方法結合起來，發揮各自優勢；其差別不在於完全依賴某一種定性方法或定量方法，而是側重點有所不同。

②客戶投資目標。個人理財規劃師首先必須幫助客戶明確自己的投資目標。例如，可以詢問客戶對資金流動性、本金安全性、增值、避免通貨膨脹、當前收益率和避稅等方面的重視程度。客戶所做的回答隱含著其風險承受能力。比如客戶最關心本金的安全性或流動性，則該客戶很可能是風險厭惡者；如果客戶的主要目標是避免通貨膨脹或者避稅，則該客戶很可能是風險追求者。當然，我們不能僅僅根據投資目標去判斷客戶的風險承受能力。許多期望避稅的人實際上是風險厭惡者。

③對投資產品的偏好。衡量客戶風險承受能力最直接的方法是讓客戶回答自己所偏好的投資產品。實施該方法的步驟可以因人而異，最簡單的一種形式是向客戶展示各種可供選擇的投資產品，然後詢問他希望如何將可投資資金分配到不同的投資產品中去。理財規劃師也可以讓客戶將可供投資的產品從最喜歡到最不喜歡排序，或者給每一產品進行評級，不同級別代表客戶的不同偏好程度。

④實際生活中的風險選擇。實際生活中的風險選擇的理論基礎是通過收集客戶生活中的實際信息來評估其風險承受能力。以下一些信息可以用來評估特定客戶對待經濟風險的態度。

對於客戶當前的投資組合構成，可以著重瞭解和分析該投資組合的風險有多大。總資產中儲蓄、國債、保險、共同基金、股票等各占多少比例；如果購買年金，是固定年金還是變額年金；客戶對當前投資組合滿意度如何；如果該組合進行調整，是朝更穩健的方面還是更冒險的方向調整。

客戶的負債與總資產比率也是衡量風險承受能力的一項指標。如果負債比率較高，則該客戶具有追求風險的傾向；如果負債比率較低，則客戶為風險厭惡者。至於高、低界限，取決於特定的客戶群體，要根據具體情況而定。

從人壽保險金額與年薪的對比情況來看，兩者之比越大，客戶對風險的厭惡程度越高。

從工作任期和變動頻率來看，自主跳槽的意願是判斷風險承受能力的一個指標。因此，可以詢問客戶在過去10年或15年中變更過幾次工作。如果超過三次，則客戶很可能是風險追求型的。

從收入變化情況來看，風險追求者的年薪可能波動很大，並且不一定呈上升趨勢。個人理財規劃師還需要瞭解客戶是否曾經下崗或失業，失業持續時間多長。在失業期間，該客戶是接受了第一個工作機會，還是一直等到自己滿意的工作為止；重新就業後該客戶的薪水是多少。如果薪水低於原有水準，則可以認為該客戶是風險厭惡者。

從住房抵押貸款類型看，願意承擔浮動利率抵押貸款而不是固定利率抵押貸款可能是追求風險的一種傾向。如果客戶選擇了固定利率抵押，該項抵押貸款是否在清償之前鎖定在保證利率水準。如果是，則表明是一種厭惡風險的傾向。

⑤概率與收益的權衡。權衡概率與收益的方法有以下三種。

方法一：確定/不確定性偏好法。賭博游戲是現實生活的一種抽象。一個最普通的方法是向客戶展示兩項選擇，其一是確定的收益，其二是可能的收益。比如，讓客戶二選一：（A）1,000元的確定收益，（B）50%的概率獲得2,000元。風險厭惡者一般選擇A，風險追求者一般選擇B。

方法二：最低成功概率法。這種方法通常設計一個二項選擇題，一個選項是無風險收益（如1,000元），另一個選項是有風險的，但潛在收益較高（如2,000元）；同時列出五個成功概率，即10%、30%、50%、70%與90%，問被調查者在多大的成功概率下，認為兩個選項是無差異的。被調查者所選的成功概率越高，說明其風險厭惡程度越高。

方法三：最低收益法。有些問題要求客戶就可能的收益而不是收益概率做出選擇。比如，某項投資機會，結果是有50%的可能損失個人的1/3淨資產，有50%的可能獲得一筆收益。你願意承擔此項風險的最低要求收益是多少？注意，評估這類回答時必須考慮客戶的淨資產水準。

（三）客戶財務問題分析

1. 針對客戶的個人資產負債表的分析

資產負債表如表 3-3 所示。

表 3-3　資產負債表

姓名：		日期：	
資產		負債	
金融資產		短期負債	
現金		公共事業費用	
活期存款		租金支出	
定期存款		醫藥費用	
貨幣市場基金		銀行信用卡支出	
		旅遊和娛樂支出	
		汽車和其他支出	
股票		其他消費支出	
債券		稅務支出	
儲蓄產品（>1 年）		保險費	
基金		其他短期負債	
房地產		短期負債合計：	
貴金屬		長期負債	
其他			
金融資產合計：		主要住房貸款	
		第二處住房貸款	
實物資產		房地產投資貸款	
主要住房		汽車貸款	
第二處住房		家具/用具貸款	
其他		房屋裝修貸款	
汽車		教育貸款	
珠寶和收藏品		長期貸款合計：	
房屋內設施擺設		負債合計：	
運動器材			
衣物			
其他			
實物資產合計：			
資產合計：			

（1）資產項目分析。我們可以把客戶的資產分為金融資產和實物資產。實物可以是客戶完全擁有的，也可以是尚需分期付款的。這些資產在交易時一般需要支付一定的稅額，所以客戶需要填寫的不僅僅是資產的價值，還要填寫與其有關的負債金額和稅率規定。另外，由於實物資產的價值會隨著時間而降低，我們還要對實物資產進行現值或市值記帳。

①金融資產。對於現金及其等價物，如銀行存款，需羅列出客戶在各開戶銀行的存款數額、利率、註明存款種類。如果為定期需註明到期期限，並且需分別匯總人民幣與外幣存款的數額。對於其他金融資產，如股票、基金等，就需列明股票或基金名稱、買入價、持有數量、現行市價、已持有期限等。對於債券，則應列明名稱、發行日期、利率、到期日等。

②實物資產。分別列示客戶所擁有的實物資產，如房、車、首飾、收藏品等。對客戶的住房，需列明現行市場總價格、面積、每平方米價格、地段等因素。對汽車，需說明車況以及現行市場價。對首飾和收藏品，也需寫明現行市價。

（2）負債項目分析。負債分為短期負債和長期負債，應包括客戶家庭全部負債情況，即房貸、車貸、消費貸款等的月供金額，剩餘還款期限及年利率，以及信用卡透支的額度、已透支金額、還款時限、免息期、利率等。除了短期的各種應付款項之外，個人負債中最大的項目就是個人信貸。個人信貸又可以分為信用卡貸款、房屋貸款、汽車貸款、個人消費貸款和教育貸款等。信用卡貸款無需抵押品，和個人貸款在本質上是一致的，但由於銀行承擔了較大的風險，所以利率一般較高，年利率在18%左右。房屋貸款通常需要有不動產作為抵押，利息率較低，並且用於購買房屋等房地產。它們的特點是要求貸款人在規定時間內分期償還本金和利息。汽車貸款用於汽車等交通工具的購置。個人消費貸款可以使用動產作為抵押品，也可以使用客戶擁有的各種權利憑證做質押。對它的用途並沒有特別的規定，客戶可以用做消費、旅遊及其他各種開支。一般而言，個人消費貸款的利率要高於房屋貸款。教育貸款主要用於客戶本人或子女的教育投資，貸款機構可以是政府、教育機構或金融企業。這類貸款往往也不需要抵押品，並且鑒於其只能用於教育投資，其貸款利率都很優惠。

（3）淨資產分析。淨資產＝總資產-總負債。一般來說，客戶應該保證其淨資產為正，並且不低於一定的數額。當然，淨資產的數值並不是越大越好。如果該數值很大，常常意味著客戶的部分資產沒有得到充足的利用。相反，如果客戶能夠在適當的時候利用資金進行投資，就能夠獲得資本增值，實現淨資產的增長。

需要指出的是，客戶償還債務或用現金購買資產時，只是改變了資產負債表的結構，而並未改變其資產的數額。由於每個客戶的情況不同，客戶持有的淨資產的理想數值到底應該是多少不能一概而論。這裡只是給出一些常見的看法。假如某客戶的收入處於該地區的中上等水準並且已經工作多年，則可以分以下幾種情況進行分析：

①客戶的淨資產為負，則說明其目前的財務狀況不容樂觀，有必要將近期的債務盡快

償還，同時盡快增加收入。

②客戶的淨資產低於其年收入的一半，則說明其有必要控制開支，需要更多地進行儲蓄或投資，同時努力工作使收入增加。

③客戶的淨資產數額在某年收入的一半和三年的收入之間，如果客戶尚年輕，則其財務狀況良好；但如果客戶已經接近退休年齡，則仍有必要採取措施增加其淨資產。

④如果客戶的淨資產數額大於其三年收入的總和，則該客戶目前的財務狀況良好。

2. 收入支出表分析

如表3-4所示，如果客戶最重要的收入來源分別是工資、薪金、有價證券紅利，然後是獎金和津貼，那麼個人理財規劃師就可以判斷客戶比較重視金融投資。由於有價證券收益受經濟環境的影響較大，個人理財規劃師有必要提醒該客戶：繁榮時期，客戶的收入會隨投資收益的增加而增加；但在經濟蕭條時期，客戶的收入會大幅下降，甚至影響客戶的日常生活。

表3-4 現金流量表　　　　　　　　　　　　　　　　　　單位：元

客戶：　　　　　　　　　　　　　　　　　　　日期 2019/01/01—2019/12/31

收入項目	金額	支出項目	金額
常規收入：		固定開支：	
工資		餐飲費用	
獎金和津貼		交通費用	
租金收入		子女教育費用	
有價證券的紅利		所得稅	
銀行存款利息		醫療費	
債券利息		人壽和其他保險	
信託基金紅利		房屋保險	
其他固定利息收入		房屋貸款償還	
常規收入小計：		個人貸款償還	
臨時性收入：		固定支出小計：	
捐贈收入		臨時支出	
遺產繼承		衣服購置費用	
臨時性收入小計：		子女津貼	
收入總計：		電器維修費用	
		捐贈支出	
收入總計（+）		旅遊費用	
支出總計（-）		臨時支出小計：	
盈餘		支出總計：	

如果表中客戶最主要的開支是子女教育費用、餐飲費用、房屋貸款償還及人壽和其他保險的話，該客戶的支出結構還算合理，所以教育開支再多也得支出。其房屋貸款償還金額及人壽和其他保險等開支都是每年固定的，所以很難有下降的空間。如果今後預計收入會有所下降，以至於不能滿足這些固定支出，就必須在現在就花力氣減少其他可以控制的支出了。

無論何種類型的客戶，都應該努力使其現金流量表上的單元是盈餘而不是赤字。盈餘表明客戶在管理其財務資源方面是較成功的，並且不需要動用原有資產或借入資金來維持生活。一般而言，客戶可使用盈餘部分用做其他消費，或是進行新的儲蓄或投資以實現淨資產的增加。

3. 現金預算分析

分析了客戶現在的現金流量狀況後，理財規劃師還應對客戶未來的現金流量表進行一定的預測和分析。

（1）預測客戶的未來收入。考慮到影響收入的各種因素的不確定性，理財規劃師應從兩方面做出預測：一是估計客戶的收入最低時的情況，這能幫助客戶瞭解在境況最糟時如何選擇有關保障措施；二是根據宏觀經濟情況和以往數據對收入進行合理的預測。

在預測客戶收入時，可將收入分為常規性收入和臨時性收入兩類。常規性收入一般在上一年收入的基礎上預測其變化率即可，如工資、獎金、股票和債券投資收益、銀行存款利息等。工資和獎金等收入可以根據當地的平均工資水準增長幅度進行預測。有些諸如股票收益等收入隨市場波動較大，可能會需要進行重新估計，不能以上年數值為參考。臨時性收入如捐贈收入、遺產繼承等需要重新估計。

（2）預測客戶的未來支出。理財規劃師需要瞭解兩種不同狀態下的客戶支出：一是滿足客戶基本生活的支出，二是客戶期望實現的支出水準。前一種支出是在保證客戶原有生活水準的情況下，考慮了通貨膨脹後的支出數額；後一種支出是客戶期望中的提高生活質量後的支出。

4. 財務比例分析

（1）流動比例。資產的流動性是指資產在未發生價值損失的條件下迅速變現的能力。因此，能迅速變現而不會帶來損失的資產，流動性就強；相反，不能迅速變現或在變現過程中易遭受損失的資產，流動性就弱。實際上，我們常把現金活期存款、短期債券及其他短期市場貨幣工具等視為流動性資產，流動比例就是反應這一類資產與客戶每月固定支出的比例，其公式如下：

$$流動比例 = 流動性資產 / 每月固定支出$$

一般而言，如果客戶流動資產可以滿足其三個月的開支，我們可以認為其資產結構流動性較好。但是由於流動資產的收益不高，對於一些收入有保障或工作十分穩定的客戶，其資產流動係數可以較低，如果將其更多資金用於資本市場投資，收益可能更高。

（2）收入負債比例。收入負債比例又稱為收入債務償還比例，它是個人理財規劃師衡量客戶財務狀況是否良好的重要指標。該比例是客戶某一時期到期債務本息之和與收入的比值。由於債務償還是在繳納所得稅前進行的，所以這裡採用的是客戶每期稅前收入。其公式如下：

$$收入負債比例 = 負債 / 稅前收入$$

對於收入和債務支出都相對穩定的客戶，可以用年做計算週期。如果客戶收入和債務數額變化較大，則應該以月為週期來計算，這樣才能更準確地反應客戶的收入滿足債務支出的狀況，避免了某些月份客戶的收入不足或到期的債務較多而產生的問題。

一般認為，個人的收入負債比例數值在 0.4 以下時，其財務狀況屬於良好狀態。如果客戶的收入負債比例高於 0.4，則在進行借貸融資時會出現一定困難。

（3）投資與淨資產比例。投資與淨資產比例為將客戶的投資資產除以淨資產得出兩者的比。這一比例反應了客戶通過投資以實現其財務目標的能力。其公式如下：

$$投資與淨投資比例 = 投資資產 / 淨資產$$

一般認為，客戶將其投資與淨資產比例保持在 0.5 以上，才能保證其淨資產有較為合適的增長率。然而，較年輕的客戶由於財富累積年限尚短，投資在資產中的比率不高，他們的投資與淨資產比例也會較低，一般在 0.2 左右。

（4）淨資產償付比例。淨資產償付比例是客戶淨資產與總資產的比值，它反應了客戶綜合還債能力的高低，並幫助個人理財規劃師判斷客戶面臨破產的可能性。其公式如下：

$$淨資產償付比例 = 淨資產 / 總資產$$

（5）資產負債率。資產負債率反應客戶的綜合償債能力，通常控制在 50% 以下。其公式如下：

$$資產負債比率 = 負債總額 / 總資產$$

（6）儲蓄比率。儲蓄比率反應客戶收入中的多少可以用來儲蓄和投資。其公式如下：

$$儲蓄比率 = 盈餘 / 收入$$

（7）即付比率。即付比率又稱現金比率，是指企業現金類資產與流動負債之間的比例關係。其公式如下：

$$即付比率 = (現金 + 現金等價物) / (流動負債 - 預收款 - 預提費用 - 6 個月以上的短期借款)$$

（8）結餘比率。結餘比率主要反應客戶提高其淨資產水準的能力，參考值為 30%，如果超過這一數值越高，說明客戶儲蓄和投資意識越強。其公式如下：

$$結餘比率 = 年結餘 / 年稅後收入$$

三、客戶家庭資產配置

(一) 資產配置的概念及種類

1. 資產配置的概念

資產配置是資金在各類資產之間的合理分配。可供分配的資產類別不僅包括大類資產，如貨幣資產、債券、股票、商品、非上市股權和其他金融衍生產品等，而且包括大類資產的細分類別，不僅包括境內資產，而且包括國際市場上各種可交易的資產類別。

資產配置意味著將你的錢劃分為一籃子投資，目的是達到特定的投資組合或者實現整體投資回報率。當你把金錢劃分為不同資產類型時，你應該盡量使投資組合及回報率變得平穩。資產配置基於一個理論，就是不同類型資產在不同的時點會有不同的表現。換句話說，當一類資產增值時，另一種資產可能會貶值，這被稱為相關性。資產配置的目的就是幫你避免股市崩盤或長期熊市所帶來的破壞性影響。世界上沒有一種絕對最優的單一資產，即一種收益很高同時風險又較小的資產供投資者選擇，單一資產的收益和風險總是沿著同一方向變化，預期收益較高的資產風險也較大，而風險較小的資產預期收益也較低。但是，當投資者把不同類別的資產組合在一起時，投資組合的收益和風險特徵會得到改善，不同資產之間的弱相關性和負相關性會抵消掉一部分風險，從而使風險較小而收益較高成為可能。假設一位投資者將他所有的錢都投資於股市，則投資回報將百分之百地取決於股票的表現。如果股市一直是牛市，他的投資回報將會很豐厚；另一方面，如果股市崩盤或者經歷長期的熊市，股票市值降低了60%，則這位投資者將會損失投資價值的60%。資產配置的目的就是幫你選取最優的投資結構，使你的投資組合的長期價值和回報變得平穩，同時最大限度地降低投資貶值的風險。

2. 資產配置的種類

在資產配置的理論和實踐中，一般按照資產配置決策在投資過程中的功能和特點，將資產配置決策劃分為若干類型，主要的資產配置類型包括戰略資產配置、戰術資產配置。

（1）戰略資產配置（Strategic Asset Allocation）是投資者著眼於長期投資目標制訂的資產配置計劃，又稱為政策性資產配置。戰略資產配置關心的是長期投資期限下的資產配置問題，投資期限通常達到5~10年。投資者在確定了可投資的資產類別後，基於長期投資目標制訂戰略資產配置計劃。投資者通過相關手段預測資產的預期長期收益、長期風險和相關關係，利用最優化技術構建長期的最優組合，最後形成戰略資產配置計劃。戰略資產配置一旦確定後，一般情況下在整個投資期內都比較穩定。戰略資產配置的主要作用是從總體上控制與資本市場相聯繫的風險。

（2）戰術資產配置（Tactic Asset Allocation）是投資者著眼於短期投資目標制訂的資

產配置計劃。戰術資產配置屬於短期資產配置，投資期限通常在 1 年以內。戰術資產配置體現投資者對資本市場短期趨勢的判斷，投資者通過相關手段預測短期內資產的期望收益率、風險和相關關係等參數，然後利用最優化技術進行決策。戰術資產配置的主要目的是利用市場機會獲取超額收益。

戰略資產配置是長期資產配置，投資期限是 5~10 年。戰術資產配置是短期資產配置，投資期限通常在 1 年以內。正是由於戰略資產配置和戰術資產配置的投資期限不同，戰略資產配置的功能不同於戰術資產配置：戰略資產配置的主要功能是總體上控制投資風險，而戰術資產配置的主要功能是利用市場機會獲取超額收益。戰略資產配置和戰術資產配置的根本區別在於，戰略資產配置是正常市場條件下的最優配置比例，而戰術資產配置是針對短期內主觀情景狀態的最優配置比例。如果投資者有較好的預測分析能力，那麼戰術資產配置就能夠有效地彌補戰略資產配置的不足，利用短期內資產對均衡狀態的偏離來獲取超額收益。

（二）資產配置決策方法

資產配置的目的在於改善投資組合的綜合收益和風險特徵，這個目的是建立在各類資產的收益和風險特徵的基礎之上的。為了實現這一目的，個人理財規劃師首先要研究投資者的目標與資產的收益和風險特徵，瞭解投資者家庭財務狀況以及投資約束，最後根據投資者的風險承受能力，確定出最優配置比例。

資產配置是投資規劃中非常重要的一步，它決定了客戶最終的投資收益與風險，以及是否能實現既定的理財目標。現將個人核心資產配置的方法歸納如下。

1. 風險屬性評分法

首先，要根據評分表分別測評客戶客觀的風險承受能力及主觀上的風險承受態度，並得出相應的分值。其次，根據測評出的風險承受能力和風險承受態度的分值，比照風險矩陣，選出最合適的資產配置。

風險屬性分析測試主要包含兩個方面，一是測評其風險承受能力（如表 3-5 所示），這是一個客觀的因素。二是測評其風險承受態度，這是從主觀上來測評，即個人或家庭心理上能承受多大的風險或損失（如表 3-6 所示）。風險屬性的分析需同時結合以上兩個方面（如表 3-7 所示）。如果家庭有能力承受風險，但心理承受能力不夠，則可能給家庭或個人造成心理上的傷害，這對投資理財是極為有害的。一個保守型的百萬富翁，對他而言，投資失利就算只損失 3% 的資產，也會令他鬱鬱寡歡，給生活造成不利影響。如果個人對風險有較強的心理承受能力，但家庭無此實力承擔此種風險，也會給家庭造成負擔，同樣有悖投資理財的宗旨。

表 3-5　風險承受能力評分表

年齡	10分	8分	6分	4分	2分	客戶得分
歲	總分50分，25歲以下者50分，每多一歲少1分，75歲以上者0分					
就業狀況	公職人員	上班族	佣金收入者	自營事業者	失業	
家庭負擔	未婚	雙薪無子女	雙薪有子女	單薪有子女	單薪養三代	
置產狀況	投資不動產	自宅無房貸	房貸<50%	房貸>50%	無自宅	
投資經驗	10年以上	6~10年	2~5年	1年以內	無	
投資知識	有專業證照	財經專業畢業	自修有心得	懂一些	一片空白	
總分						

表 3-6　風險承受態度評分表

	10分	8分	6分	4分	2分	客戶得分
忍受虧損%	不能容忍任何損失0分，每增加1%加2分，可容忍>25%得50分					
投資目標	賺短期差價	長期利得	年現金收益	抗通貨膨脹保值	保本保息	
獲利動機	25%以上	20%~25%	15%~20%	10%~15%	5%~10%	
認賠程度	默認停損點	事後停損	部分認賠	持有待回升	加碼攤平	
賠錢心理	學習經驗	照常過日子	影響情緒小	影響情緒大	難以成眠	
最重要特性	獲利性	收益兼成長	收益性	流動性	安全性	
避免工具	無	期貨	股票	外匯	不動產	
總分						

表 3-7　風險矩陣下的資產配置　　　　　　　　　　　　　　　單位：%

風險矩陣	風險能力	低能力	中低能力	中能力	中高能力	高能力
風險態度	工具	0~19分	20~39分	40~59分	60~79分	80~100分
低態度 0~19分	貨幣	70	50	40	20	0
	債券	20	40	40	50	50
	股票	10	10	20	30	50
	預期報酬率	3.40	4.00	4.80	5.90	7.50
	標準差	4.20	5.50	8.20	11.70	17.50

表3-7(續)

風險矩陣	風險能力	低能力	中低能力	中能力	中高能力	高能力
中低態度 20~39分	貨幣	50	40	20	0	0
	債券	40	40	50	50	40
	股票	10	20	30	50	60
	預期報酬率	4.00	4.80	5.90	7.50	8.00
	標準差	5.50	8.20	11.70	17.50	20.00
中態度 40~59分	貨幣	40	20	0	0	0
	債券	40	50	50	40	30
	股票	20	30	50	60	70
	預期報酬率	4.80	5.90	7.50	8.00	8.50
	標準差	8.20	11.70	17.50	20.00	22.40
中高態度 60~79分	貨幣	20	0	0	0	0
	債券	30	50	40	30	20
	股票	50	50	60	70	80
	預期報酬率	5.90	7.50	8.00	8.5	9.00
	標準差	11.70	17.50	20.00	22.40	24.90
高態度 80~100分	貨幣	0	0	0	0	0
	債券	50	40	30	20	10
	股票	50	60	70	80	90
	預期報酬率	7.50	8.00	8.50	9.00	9.50
	標準差	17.50	20.00	22.40	24.90	27.50

2. 理財目標時間配置法

理財目標指的是家庭在未來某時間需達到的資金數。簡單來說，就是客戶想在將來某時間賺或存多少錢的指標或目標。尋求個人財務規劃服務的客戶有著各種各樣的理財目標，短期的目標如控制日常生活開支、進行儲蓄和購買消費品等，中期的目標可能是為養育子女和子女教育籌集經費或購買住房，長期的目標則可能是實現投資收益最大化、過上安逸的退休生活和死後為繼承人留下較多的遺產以支持他們的生活等。

理財目標時間配置法是指根據理財目標作資產配置，短期目標配置貨幣，中期目標配置債券，長期目標配置股票。具體而言，可按表3-8中不同的目標類型進行資產的配置。

表 3-8　理財目標配置法

目標類型	期限	配置資產
緊急預備金（三個月的支出額）	現在	活期存款
短期目標	兩年內	定期存款
中期目標	五年內	短期債券
中長期目標	6～20 年	平衡基金
長期目標	20 年以上	股票
購房目標	—	不動產證券化工具
子女教育目標	—	教育年金
退休目標	—	退休年金

四、資產配置再平衡

根據情況的變化對資產配置進行調整。資產配置計劃需要根據客觀形勢的變化及個人情況適時進行調整。通常情況下，戰略資產配置比較穩定，但是出現以下幾種情況時，重新調整戰略資產配置是必要的：一種情況是經濟和資本市場的基本面發生了重大變化，投資者對大類資產的長期收益和風險特徵形成新的看法；另一種情況是投資目標和風險政策發生了變化；第三種情況是投資者拓展投資渠道，引入了新的資產類別。戰術資產配置調整頻率較高，投資者需要及時判斷未來的情景狀態，根據預期情景狀態的變化，及時調整戰術資產配置。

五、售後服務的技巧

（一）銷售流程簡介

銷售話術是指終端銷售人員的銷售說辭，是對產品賣點、技術點的翻譯與轉化，用最通俗、簡潔、有效的語言達成銷售。本話術的編寫原則是：在貫穿專業銷售流程的基礎上，盡量實用、簡潔、明了，使銷售人員易掌握、易使用、有效果。

××××的銷售流程包括 5 個方面，如圖 3-1 所示。後續的章節將會按照××××的銷售流程進行詳細描述。

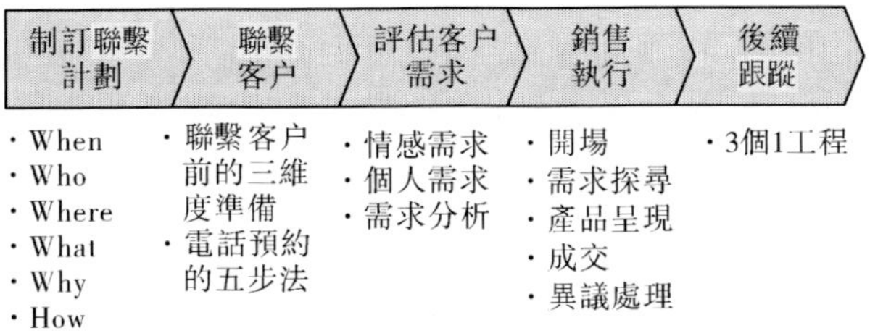

任務三　資產配置的實施技巧及行銷話術

```
制訂聯繫    聯繫    評估客戶   銷售    後續
 計劃      客戶     需求     執行    跟蹤

·When    ·聯繫客戶  ·情感需求  ·開場    ·3個1工程
·Who     前的三維  ·個人需求  ·需求探尋
·Where   度準備    ·需求分析  ·產品呈現
·What    ·電話預約          ·成交
·Why     的五步法           ·異議處理
·How
```

圖 3-1　××××的銷售流程

（二）制訂聯繫計劃

在進行產品銷售之前，銷售人員必須制訂一份聯繫計劃，掌握聯繫客戶的關鍵要點。

根據 5W1H 的方法，設計聯繫計劃表，如表 3-9 所示。在每次聯繫客戶之前都要按照表 3-9，明確這六個方面的內容。

表 3-9　客戶聯繫計劃表

項目	內容
When（何時）	
Who（何人）	
Where（何地）	
What（何事）	
Why（為什麼）	
HOW（如何進行）	

（三）聯繫客戶

按照聯繫計劃，客戶經理準備相關資料，通過電話預約客戶。

1. 準備的資料

在聯繫客戶之前，客戶經理需要準備相關的資料，以保證與客戶交流順利。客戶經理需要準備的資料包括三個方面：企業資料、產品資料和個人資料，具體內容如表 3-10 所示。

表 3-10 聯繫客戶前的準備資料

項目	內容
關於企業	企業介紹的幾種版本 重點客戶名單 客戶名單 有影響力的方案範例 媒體對本企業的宣傳資料 公關禮品 競標工具（PPT、文件、標書）
關於產品	產品或服務介紹的幾個版本 績優證明資料 行業推廣材料 大客戶的信件（對產品或服務的肯定） 服務××或其他服務方式通訊錄 促銷品 產品演示或廣告樣片
關於個人	身分證、介紹信、工作證 特別仲介人的推薦信 曾獲獎項及榮譽/社會職務證件 個人成功案例 文具類、手機、白紙、筆、筆記本、計算器、文件夾等）

2. 電話預約

將相關資料準備完畢，客戶經理需要邀約客戶至××，一般情況下可以通過電話預約的方式達成這一目標。

(1) 電話預約的目的。電話預約最主要的目的是邀請客戶至××進行面對面的交流，當然還有一些次要目標，如讓客戶瞭解本企業的產品，與客戶保持聯繫等。

第一，邀約客戶至××進行面談。

第二，讓客戶瞭解本企業的服務或產品（為與客戶保持聯繫創造契機，為約見客戶創造條件）。

第三，與客戶保持聯繫（告訴客戶你的聯繫方式及免費諮詢電話等）。

第四，宣傳銀行形象和產品（增強客戶的信任感和認可度）。

第五，瞭解客戶需求、狀況以及相關信息也是電話預約的一項重要的「次要目的」。

（2）電話「預熱」。在進行電話預約之前，最好進行電話前的「預熱」，減少客戶的陌生感。電話「預熱」的方式有：

第一，第三人。

第二，電子郵件。

第三，短信。

第四，書信。

（3）電話預約的流程和話術。

第一，確認對方身分。

「請問是李××，李總嗎？」（陌生客戶）

「請問是李××，李哥嗎？」（陌生客戶）

「請問是李總（哥）嗎？」（很熟悉的客戶）

第二，詢問是否方便。

「請問您現在講話方便嗎？」

當客戶有異議，「我馬上要開會」或「我馬上有事兒」，回答可以是：「我只占用您1分鐘（或者只問兩個問題），可以嗎？」（該話術用來確認客戶是否真的開會）

客戶：「我真的馬上要開會了。」

客戶經理：「我兩個小時後再打過來，可以嗎？」（要把主動權牢牢抓在自己的手上）

「那好，等下次再說。」

「您的會什麼時候開完？」

客戶經理不應有的回答：「那就不打擾您了。」

第三，介紹自己及推薦人的資料。

客戶經理在介紹自己及推薦人的資料時，可參考下面的模板：

模式1（簡單版）：我是××××××支行客戶經理王××。

模式2（溫情版）：我是××××××支行您的專職客戶經理王××，您叫我小王就好了，以後將由我為您提供一對一的服務。

模式3（借助推薦人）：我是××××××支行客戶經理×××，是您的好朋友林××介紹我認識您的。

第四，道明見面目的（如表3-11、表3-12所示）。

表 3-11

硬性理由		
1. 定期到期	33. 信用卡積分換禮	62. 利率調整、轉存
2. 辦 VIP 卡	34. 特殊權益	63. ××搬遷
3. VIP 卡升級	35. 資產調查	64. 人員變動
4. 通知客戶對帳	36. 資產配置	65. 黃金價格
5. 投資調整	37. 減免費用	66. 基金行情
6. 辦理 VIP 客戶沙龍	38. 送網銀盾	67. 基金定投對帳查詢
7. 理財講座	39. 入會財富中心	68. 保險分紅查詢
8. 贈送保險	40. 金價下跌	69. 請客戶辦信用卡
9. 理財產品到期	41. 基金到倉	70. 零錢偏好客戶來取零錢
10. 信用卡到期	42. 介紹電子銀行使用	71. 限量增值產品
11. 產品配置調整	43. 基金投資關注	72. 活轉一手通
12. 保單解釋	44. 中獎通知	73. 合併卡
13. 理財產品發生	45. 睡眠戶清理	74. 通知還貸
14. 請客戶完成任務	46. 家庭保險調查	75. 年底客戶對帳單
15. 提供客戶需要的信息	47. 子女出國計劃	76. 保單賠付
16. 理財沙龍等主題活動（基金、黃金、保險）	48. 汽車分期	77. 通知客戶續保
	49. 家裝分期	78. 保單解釋
17. 已購買產品情況	50. 發行國債	79. 理財活動諮詢
18. 辦理理財卡	51. 基金掙錢，及時贖回	80. 組合調整
19. 產品（如基金）已達到預期收益	52. 客戶一直關注的產品在合適的價位，可以買	81. 黃金新品
		82. 保險優惠
20. 國債發行	53. 財富中心舉行活動	83. 獲利瞭解
21. 中獎類禮品	54. 新產品發行面對客戶上次諮詢的問題進行詳細的闡述	84. 理財疑問
22. 金融信息		85. 給客戶的理財規劃
23. 養老		86. 查產品收益情況
24. 遺產規劃	55. 給客戶介紹對其有幫助的客戶	87. 分享客戶的成功方案
25. 信用卡分期規劃		88. 解決日常金融問題
26. 保險規劃	56. 炒股信息交流	89. 投資取向分析
27. 現金規劃	57. 免費贈送意外險活動	90. 依賴性投資方式
28. 風險規劃	58. 個人貸款介紹	91. 盈利落袋
29. 消費規劃	59. 理財計劃書	92. 錯帳調整
30. 新業務體驗	60. 免費開通手機銀行、短信銀行等	93. 信用卡首刷禮
31. 資產組合調整		94. 送購房按揭資料
32. 實物金展示	61. 汽車分期	

任務三　資產配置的實施技巧及行銷話術

表 3-12

軟性理由		
1. 生日送禮物	21. 外出旅遊，給客戶帶回的禮品，請其來拿	38. 客戶家庭成員的生日
2. 辦理 VIP 客戶卡	22. 炒股信息交流	39. 嘮家常
3. 針對女客戶的美容沙龍	23. 自我介紹	40. 分享喜悅
4. 針對客戶的養生講座	24. 美食介紹	41. 情感交流
5. 春天桃花節踏春	25. 電影票贈送	42. 新房源
6. 子女教育沙龍	26. 好聽歌曲下載	43. 私人感悟
7. 汽車秀	27. 推薦書	44. 約客戶逛街、看電影
8. 高檔商品展示會	28. 理財計劃書	45. 上門聯絡感情
9. 精品樓盤現場觀光會	29. 喜歡的收藏物	46. 約客戶閒聊
10. 子女才藝展示	30. 請客戶吃飯	47. 答謝會、聯誼會、農家樂、自駕遊
11. 古玩鑒賞	31. 聯誼活動	48. 中獎類禮品
12. 新茶品茶會	32. 領取 VIP 雜誌	49. 免費醫療體檢
13. 高爾夫球會	33. 組織客戶春遊、爬山、打麻將比賽	50. 提供一些生意上的信息
14. 明星網球會	34. 團拜會	51. 同行業的差別比較分析
15. 寵物秀	35. 領各項活動門票	52. 討論生活，品茶
16. 大片首映	36. 年夜飯	53. 分享客戶的成功方案
17. 音樂會	37. 客戶聯誼會	54. 分享收藏類知識
18. 遊覽活動		55. 介紹男/女朋友
19. 品酒會		
20. 節日		

［案例］

● 客戶經理：「是這樣的，我們銀行考慮到現在許多投資者在如今震盪的行情中普遍賺錢困難，所以我們正準備提供給投資者一些投資方面的諮詢和服務，幫您在 10 年不穩定的行情中獲取穩定的收益。」

註：用利益吸引客戶

● 客戶經理：「魯部長，我們本周六將邀請中國××××總行理財專家來成都舉辦基金投資專題講座，非常有效和實用，對投資者日後的投資操作有很大幫助。上一場在北京舉辦後，反響熱烈，非常受歡迎。您的社會地位比較高，我可以幫您特別申請兩張免費的貴賓票，同時現場還會贈送 2010 年的紀念幣。

註：
・用案例來證明講座的價值
・用貴賓票的稀缺性和來之不易來彰顯客戶的身分
・用紀念幣來為投資講座增值

當客戶提出異議時，客戶經理可做如下處理：

情況一：

客戶：「又是理財講座啊！我以前聽得多了，都沒什麼用的！」

客戶經理：「這次講座和您以前所看到的股評或是其他的講座是不一樣的，有許多投資者，包括分析師，聽了××老師的課，都覺得受益匪淺！因為這套投資技巧，能做到在行情不好的時候將風險控制在10%以內，而在行情好的時候獲利往往有可能超過30%，××老師今年只能來一次！如果您不來真是太可惜了！」

「到時現場不僅會贈送紀念幣，還會有學員交流活動，可以認識很多和您一樣成功的企業家，真的是機會難得，如果您錯過了，就太可惜了！」

情況二：

客戶：「國家又在搞宏觀調控，接下來行情不會好，我最近不想做投資。」

客戶經理：「越是調控越要考慮投資問題。您也知道，國家搞宏觀調控是因為目前有發生嚴重通貨膨脹的風險，一旦通貨膨脹，錢只是存在銀行甚至會變成負利率，像2007年通貨膨脹達到7%，利率才5%不到，相當於白白損失掉了2%，我們這次講座就是希望能夠幫助大家解決這些問題。」

情況三：

客戶：「我不感興趣。」

客戶經理：「哦。那沒關係。魯部長，順便和您提一下，我們中國××××××分行為幫助廣大客戶更好地把握市場機會，更方便辦理銀行業務，目前正推出『×××』和『×××』服務，我周三到您的辦公樓附近辦事，順便把資料帶給您。」

註：我們的主要目的是與客戶見面，所以打電話預約客戶時要準備兩到三個理由，當一個理由約見不成功時，馬上換另外一個理由。

第五，敲定面談時間。

「請問您是周二有空還是周三有空？」

要善於使用二擇其一的方法，牢牢把握住主動權。

（四）評估客戶需求

1. 需求的種類

客戶的需求一般分成兩種：獲取利益和避免損失，如圖3-2所示。在評估客戶需求時，應該判斷客戶屬於哪一種。

```
       獲取利益                       避免損失
  ┌─────────────────────┐       ┌─────────────────────┐
  │ 1.賺錢      8.變得時尚 │       │ 15.省錢              │
  │ 2.舒服      9.趕上別人 │       │ 16.省時              │
  │ 3.整潔     10.利用機會 │       │ 17.省力              │
  │ 4.健康     11.變得獨特 │       │ 18.保護所擁有的       │
  │ 5.變得受歡迎 12.獲得讚美 │       │ 19.減輕痛苦           │
  │ 6.吸引異性  13.增加樂趣 │       │ 20.保護家人           │
  │ 7.擁有美麗  14.滿足好奇心│       │ 21.避免批評           │
  │   的東西             │       │ 22.避免麻煩           │
  │                     │       │ 23.保護名譽           │
  │                     │       │ 24.獲得安全感         │
  └─────────────────────┘       └─────────────────────┘
```

圖 3-2　客戶需求的類型

2. 需求對比分析

當確定了客戶需求類型後，分析客戶的需求，如圖 3-3 所示。

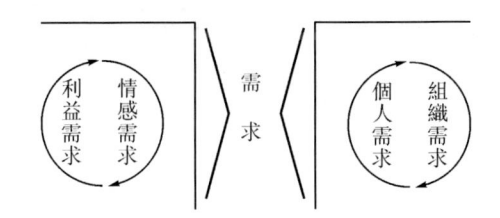

圖 3-3　需求對比分析

3. 滿足需求的要素

（1）滿足利益需求。

- 更低的費用
- 更高的收益
- 更好的質量
- 更多的贈品
- 更多的功能
- ……

（2）滿足情感需求。

- 溫情的話語
- 熱情的態度
- 專業的形象
- 響亮的品牌
- 合適的外形
- ……

4. 個人客戶的典型需求

個人客戶的典型需求主要有，現金及個人信貸管理、投資規劃、居住與抵押融資規劃、教育投資規劃、風險管理與保險規劃、個人稅務規劃、退休規劃、遺產規劃等需求。

(五) 銷售執行

客戶經理在執行銷售時，分成四個步驟，如圖3-4所示。在這四個步驟中，還貫穿了客戶異議處理。

STEP1 開場　STEP2 需求探詢　STEP3 產品推薦　STEP4 成交

客戶異議處理

圖3-4　銷售執行四步驟

1. 開場

(1) 開場目標。銷售執行的開場主要有以下幾個目標：

第一，拉近與客戶的關係。

第二，營造良好氛圍。

第三，給客戶減壓。

(2) 開場的環節。開場的環節包括以下幾步：

第一，自我介紹。

示例：我叫王運，希望能夠給你帶來好運！

自我介紹要有特色，力爭給客戶留下深刻的印象。

見面時握手會比較好，通過肢體上的接近拉近心理距離。

第二，感謝貴方接見。

示例：非常感謝您今天過來。

第三，寒暄/讚美/尋找話題。

示例：

寒暄——最近變天了，好多人感冒，要注意身體啊。

讚美——您的衣服看起來很有檔次，又修身，在哪裡買的？我也去看看。

尋找話題——最近北京、上海等幾個城市正在推行購房限制政策，據說咱們市也要有類似的政策，您有沒有留意到？

第四，道明來意/減壓。

示例：今天約您過來主要是我們銀行正在搞活動，我特別給您申請了兩張電影票……

根據最近的股市行情，我們行剛剛推出一款有針對性的理財計劃，好多像您這樣的老板都選了，順便給您介紹一下，當然買不買都不重要，順便瞭解一下⋯⋯

第五，時間預約。

示例：可能會耽誤您十多分鐘的時間。

2. 需求探尋

在探尋客戶需求時，不能盲目，需要技巧讓客戶表達心聲：

（1）提問的技巧——讓客戶講出心裡話。詢問是引導客戶、瞭解客戶真實需求的環節。在傾聽客戶需求的過程中，對於需要確認的內容以提問的方式來進行。詢問的過程中有以下要點需注意：

第一，不能以質問的口氣詢問客戶，要注意自己的聲音語調。

第二，多用「請問」。

第三，詢問的過程中要面向客戶，進行眼神交流，不得始終看著手中單據或電腦屏幕向客戶發問。

第四，對於喋喋不休或者無理取鬧的客戶，可在客戶語言停頓中加入詢問的方式來引導客戶，如「請問您要說的問題是×××嗎？」

（2）傾聽的技巧——刺激客戶的表達慾望。傾聽是與客戶溝通的第一步，也是非常關鍵的一步。傾聽是收集信息的過程，對理解客戶至關重要。傾聽能夠創造一種安全友好的氣氛，使客戶能夠更加開放自己的內心，更加坦率地表達真實的想法。傾聽的過程中有以下要點需注意：

第一，傾聽時，目光轉向客戶；面帶微笑，並伴隨適度點頭。

第二，在客戶陳述時，要有回應，可用「我明白了」「我清楚了」「嗯」「是的」「好」等語言進行回應。

第三，傾聽的過程中，因為環境嘈雜、擴音器不穩定等原因沒有聽清客戶的話，應當禮貌地請客戶重複，如：「不好意思，我沒聽清，您能重複一遍嗎？」

第四，如有必要，隨時進行記錄。

第五，在客戶結束陳述時，簡單對客戶提出的訴求進行重複，並與客戶進行確認。

（3）觀察的技巧——客戶的行為會說話。重點觀察客戶的表情、手和體態，如表3-13所示。

表 3-13

形體信號	可能的含義
腦後交叉雙手，雙肘上翻	精神鬆弛，不想繼續會談
戴上眼鏡，抬起頭部	對擬談的內容感興趣

表3-13(續)

形體信號	可能的含義
瞳孔突然放大或目光接觸頻繁	對擬談的內容很感興趣
摘下眼鏡	對所談話語持否定意見
揉鼻子	消極反應
彈指頭	不耐煩，不安
漫不經心地在紙上亂塗	不感興趣，話題與其需求不太相關
眼睛迅速向下掃視一下	開始對話題感興趣，或發現了要發言的人
合上記事本或移動資料	對會談已經不耐煩，想早點結束會談
雙掌合併成塔尖狀	高傲、專橫，但有時也意味著在注意傾聽
兩腿交叉，伸向對方	積極接近
兩腿收回來交叉	有點不對勁，或許想改變想法
把座椅向後拉	消極退避
把座椅向前拉	感興趣、投入、態度積極
身體前傾	身心投入，對話題感興趣
身體後靠或目光旁移	若無其事和輕慢；退避，出現了頭痛的事情
盯著對方眼睛	注意力集中
胸前緊抱胳膊	警覺、消極、恐懼、反對
不時用手撫摩領口、衣服	可能別有他事，希望盡早離開
雙臂下垂	心緒不好、疲倦、失望、冷漠
雙臂平直，頸部和背部保持直線狀態	自尊心很強，或對生活充滿信心
肌肉緊張，雙手握拳	異常興奮，情緒高昂
緊閉嘴唇，並避免接觸別人目光	心中藏有秘密
開放式姿勢	意味著接受
用筆輕敲桌子或嗓門突然變大	表示強調
緊閉嘴唇，嘴角向下傾斜	輕視、鄙夷、瞧不起
雙眉上揚，雙目大張	驚奇、驚訝
客戶自己找位子坐	坦誠、合作，但有時也意味著隨意、搪塞、不積極

(4) 銷售關鍵點。銷售的關鍵點如下：

一是梳理客戶的需求規律。

二是旁敲側擊，善於引導客戶。

三是不要給自己挖坑。

四是不要一條道走到黑。

五是要有需求總結，並獲得客戶的確認。

3. 產品推薦

在推薦產品時，應從四個角度著手：需求、產品、利益和費用。根據客戶的需求，匹配相應的產品，講解客戶能夠獲得的利益以及將要付出的費用。

產品呈現中的技巧有：

第一，先瞭解客戶的買點，再推薦產品的賣點。

第二，熟悉產品。首先，熟悉產品細節；其次，把產品的賣點進行多元化分解；最後，要掌握產品適合的核心客戶群。

第三，與客戶的利益掛勾。

第四，三段式的產品介紹。

第五，多使用具體的數字與案例。

第六，講解產品時借助銷售工具。

4. 銷售話術

銷售話術多種多樣，根據不同的產品進行不同的選擇，如表 3-14 所示。

表 3-14　銷售話術

產品	語言類別	話術示範
基金定投	環境	兒子 12 歲，要為小孩準備教育基金，而孩子的教育費用支出很高
	不足	經濟壓力大，小孩教育保障不足
	危害	如果孩子將來有能力深造，而家裡的經濟收入出現了一些波動，會直接影響到孩子將來的前途
	證明	據統計，小孩從幼兒園至大學（不含出國）需 80 萬元
	承上啓下	目前有一款子女教育規劃的產品是專門為解決這些問題而設計的
	特質	專家理財，每月投入低
	優點	投資專家經驗豐富，風險小，積少成多，支取靈活
	客戶利益	能夠保障小孩各階段的教育費用
	證明	客戶張先生從 2006 年開始定投，1,000 元/月，至今合計 7 萬元，累計收益約 40%

任務四　廳堂行銷實施技巧及行銷話術

學習目標

知識目標：
1. 瞭解廳堂行銷六步法。
2. 掌握客戶開拓技巧和話術。
3. 掌握客戶約訪、接觸、銷售面談技巧和話術。
4. 掌握客戶促成、異議處理及售後服務技巧和話術。

能力目標：
1. 能夠運用廳堂行銷六步法進行金融產品行銷。
2. 能夠使用客戶行銷技巧及話術進行金融產品行銷。

素養目標：
1. 提升行銷實戰技能及口才。
2. 培養人際溝通、信任建立、專業展示金融產品及異議處理的能力。

引導案例

廳堂行銷

今天上午，一位中老年客戶來網點辦理定期業務，櫃員小陳發現客戶一直以來都習慣做定期，因此向客戶推薦我行目前有三年5.1%的保險理財產品——利率比較高，而且額度非常有限，限時搶購。客戶表示自己從來不理財，因為擔心理財有風險，因此不做考慮。

客戶經理美秀在後面聽到了櫃員和客戶的談話，就上前服務，發現該客戶是自己以前的老客戶，遂向客戶解釋該款理財產品是財險，是絕對不會虧本的，而且目前國內的市場利率較低，如果資金足夠的話可以湊多點做大額存單，利率比較高。

客戶表示沒有 20 萬那麼多的資金，只有三萬，美秀隨後建議客戶就買××三年財險，一方面能長期鎖定較高的收益，另一方面如果萬一缺錢可以辦理我行的消費貸業務，在負利率時代借錢用比花自己的錢更加劃算，因為貸款利率比較低。

客戶聽後比較認同美秀的建議，再次詢問有沒有虧損的風險，美秀強調只要三年當中不取出，絕對不會虧損，於是客戶同意購買三萬三年期××財險。在辦理業務過程中客戶出現遺忘手機銀行密碼的問題，美秀細心周到地全程為其服務並教授客戶如何購買，直至將客戶所有的問題解決。客戶對我行的服務非常滿意，答應以後若還有資金都要到我行進行辦理。

案例分析

這個案例為我們呈現了一個非常好的廳堂聯動行銷模式！

1. 櫃員的積極開口能夠引起客戶的興趣，通過和客戶的溝通我們能夠瞭解到他的投資偏好和投資風格，這樣能幫助我們做相關業務的匹配推薦。同時引起客戶經理的注意，因為客戶經理理財位置離櫃臺非常近，能夠迅速地掌握櫃臺的各種動向，這樣客戶經理能及時來到櫃臺做輔助行銷，廳堂聯動，大大提高行銷的成功率。

2. 客戶的投資偏好為保守型客戶，因此我們的推薦產品應以存款類和保險類為主，大額存單的利率較高，但有金額的要求，當客戶表示沒有足夠金額後，立即順勢推出我行的保險理財業務，非常自然。我們在辦理任何業務首先應當以行外吸金辦理存款為主，當出現問題後再轉變為中收產品，最後才推薦理財產品。

3. 針對客戶提出的異議，我們要及時做好回復。流動性是保險理財的劣勢，但我們可以通過消費來彌補，客戶經理的反應非常敏捷，通過結合負利率時代的特點，建議客戶做負債投資更加劃算。我們平時要累積客戶會提出的所有異議問題處理方案，體現我們的專業度。

4. 客戶經理在整體行銷流程中以真誠全面的服務打動客戶，獲得了客戶絕對的信賴和認可。廳堂行銷的切入點就是服務，始終要站在客戶的角度、為客戶著想才能使之業務長期保留在我行。因此要求我們在為客戶辦理業務的過程中，要做有心人，能為客戶服務到位的方面一定做到盡心盡責。

資料來源：http://www.sohu.com/a/203346414_199160。

管理學大師彼得·德魯克說過：「企業的首要任務就是要創造客戶。客戶是企業的生命源泉，給了他們所需要的，你才能從他們那裡得到你想要的。」

對商業銀行來說，受互聯網金融及銀行自助渠道分流的影響，如今到銀行網點辦理業務的客戶逐步減少。從行銷的角度看，這部分主動上門的客戶尤為重要，因此網點廳堂行銷始終是各家銀行非常重視的方面。

一、廳堂行銷六步法及其實施技巧

從行銷的角度來看，主動上門的客戶是尤為重要的，因此「大堂制勝」是提高銀行基層零售網點經營能力的一大法寶。針對大堂場景行銷。廳堂行銷六步法包括：發現客戶、建立信任、激發需求、展示產品、處理異議和促成銷售。

（一）發現客戶

發現客戶或者說尋找客戶是客戶開發和管理工作的第一個環節，也是最具基礎性和關鍵性的一步。如何在茫茫人海中找到最理想的銷售機會，選擇最有成交希望的客戶，是廳堂行銷實施工作的一個難點。

廳堂行銷和其他行銷方式相比，具有簡單、快速、以轉介為主的特點。因此，在發現客戶這個環節，可從以下幾個角度切入：

1. 觀察客戶的外表

行銷人員需要瞭解當地各個層次的客戶在穿著及用品上的習慣，可以從客戶的穿著、皮具、飾品及汽車等代步工具來識別客戶的購買能力和購買習慣，判斷客戶的理財偏好。值得注意的一點是，部分高淨值客戶個性低調，穿著較為隨意，因此也不可輕慢穿著及用品簡樸的客戶。

2. 留意客戶的無聲信息

行銷人員在客戶取證件或填寫單據時，可能無意間看到客戶的存折/卡等無聲信息，或瞭解到客戶為他行的高端客戶，可借機巧妙地向客戶推薦本行貴賓服務，或者是本行較為獨特的產品和服務。

3. 從客戶的言談中發現銷售機會

與客戶交談時，要迅速地思考他們說的每一句話，過濾出有效信息，包括客戶本次需求之外的一些信息，如家庭情況、職業狀況以及金融需求等。

4. 與櫃員互動發現客戶

大堂經理與櫃員之間的密切配合能夠提升大堂銷售的效率。櫃員可以更直接地看到客戶信息或發現特殊客戶，但是櫃員由於受到工作環境和性質的局限，不能進行深入的跟進；因此在發現重要客戶後，櫃員應與大堂經理互動並由低櫃理財專員進行後續跟進。大堂經理也需要經常關注櫃面客戶的情況，關注櫃員的提示信號。大堂經理和低櫃理財專員可以把自己的名片給櫃員，在櫃員發現潛在需求客戶時可在遞交客戶回單時附上大堂經理或理財經理的名片。

5. 客戶轉介紹

在理財產品的行銷中，客戶轉介紹也是銀行獲得新客戶的重要途徑和來源。如果獲得

客戶轉介紹，就能夠不斷地擴大客戶群。客戶轉介紹的新客戶具有穩定、積極、認同理財等優勢。通過客戶的轉介紹，新客戶具備了一定的理財知識、理財意識和一定的認同感，因此在銷售理財產品時較為容易交流溝通，能夠及時促成銷售，最終使其成為自己的客戶。

發現客戶之客戶標準——MAD 法則，即有經濟能力、閒散資金（Money），有決策權（Authority），有金融需求（Desire）。

（二）建立信任

建立信任的基礎主要表現為以下幾個方面。

1. 專業知識

客戶希望用最少的資源做最多的事情，因此渴望專業知識。無論是通過對他們自有業務、財務狀況、行業發展趨勢的即時洞察，還是有效地識別業務中出現的成本削減和收入機會，我們都應該努力幫助客戶達成這些目標。客戶希望得到的不僅僅是選擇，還有建議和解決方案。因此，銷售人員首先應提升自己的專業技能。

2. 可依賴性

銷售人員必須記得他們對客戶或是目標客戶所做出的承諾。一旦做出承諾，客戶就會期待承諾被兌現。

3. 客戶導向

客戶導向意味著客戶利益至上，銷售人員需努力滿足客戶的長期需求而非他們自己的短期利益。

4. 相容性（討人喜歡）

相容性能夠促進信任的建立，客戶並不一定會信任他們喜歡的每一個人，但是更難信任他們不喜歡的人，所以銷售人員給客戶留下的第一印象非常重要。

建立信任的主要途徑有：

①通過服務建立信任。

當客戶在填單時主動提供指導；

當客戶在使用自助設備時主動提供幫助；

當客戶在等待時主動幫助其檢查單據是否填寫完整和準確；

主動為客戶倒飲料。

②通過溝通建立信任。

做開場白和自我介紹；

寒暄和套近乎；

轉移話題，誘發興趣；

引導述說，認真傾聽；

營造良好的溝通氣氛。
③通過行動建立信任。
專業的職業形象；
規範的商務禮儀；
大方得體的舉止；
真誠的微笑。

(三) 激發需求

1. 需求的類型

客戶的需求並不都是顯性的，更多的是隱性需求和未知的需求，需要行銷人員利用專業分析細心觀察、認真揣摩，將客戶的真正需求挖掘出來。我們可將客戶的需求歸納為五大基本類型。

（1）工作需求。工作需求是指滿足客戶工作和生活發展需要的需求。如理財是否更有利於客戶家庭生活的長期穩定，是否能讓他們更加輕鬆地管理自己的投資。

（2）功能需求。功能需求是指客戶對產品特定功能和性能的需求。如理財產品的回報穩定性及回報率等。

（3）社會需求。社會需求是指對產品和合作夥伴被他人接受和被社會認同的需求。客戶普遍希望自己購買的產品或選擇的合作夥伴是被社會廣泛認可的，而不希望自己是少數可能的「試驗品」。如銷售的產品被什麼樣的人購買過，供應商是否獲得社會認可。

（4）心理需求。心理需求是指客戶對收益保障和降低風險的期望，還有對諸如成功、喜悅等刺激性的情緒及感覺的需求。如理財產品的收益保障性如何，供應商是如何降低風險的。

（5）知識需求。知識需求是指客戶在購買產品的過程中對產品和個人、家庭及工作發展方面的信息與知識的需求，以及希望通過獲得信息來提高對問題的思考能力的願望。如產品信息、理財知識、新產品介紹，以及提供產品現有信息和利益的培訓沙龍。

2. 激發需求的話術

激發需求常用話術方法有：

（1）直接推薦法。

大堂經理：「大叔，請問這筆到期的款項是轉存定期還是購買一款理財產品？」

客戶：「我要考慮考慮……」

大堂經理：「從理財的角度來說，我們建議您購買一款穩健型的理財產品比較好。」

（2）利益銷售法。

大堂經理：「大叔，您為什麼打算把這 5 萬元錢存三年定期呢？」

客戶：「可以賺點利息啊。」

大堂經理：「大叔，用這筆錢來購買國債或債券型基金能賺更多呢，你知道嗎?」
（3）恐懼銷售法。
大堂經理：「大叔，你為什麼打算把這5萬元錢存三年定期呢?」
客戶：「可以賺點利息啊。」
大堂經理：「但是大叔您知道嗎？隨著物價的上漲，存定期也會貶值的呢。」
客戶：「那怎麼辦呢?」
大堂經理：「您可以購買國債或債券型基金，這些更能夠保值……」
3. 激發需求的有效步驟

激發客戶需求應採取循序漸進的方式。在廳堂銷售中，由於客戶與大堂經理的溝通時間十分有限，而且客戶的注意力很容易受到外界因素的影響，所以我們往往把廳堂銷售中激發客戶的需求簡化成 AIDS 四個步驟，即 Attention——吸引注意；Interest——引發興趣（利益/恐懼）；Desire——激發購買慾望；Sale——進入銷售。

案例：
看到一位客戶背著電腦包在填單臺填單……
大堂經理：「（走上前去）您好，需要幫忙嗎?」
客戶：「謝謝。」
大堂經理：「看您像一位經常出差的經理，是嗎?」
客戶：「是啊!」
大堂經理：「是不是還要自己先墊錢，再報銷?（吸引注意）」
客戶：「是啊!」
大堂經理：「我們行的信用卡可以幫您解決這個問題，您有興趣瞭解一下嗎?」
客戶：「是嗎？是什麼產品?」
大堂經理：「信用卡，這個產品……（展開介紹），您看這個信用卡是不是可以讓你工作更加方便呢?
客戶：確實不錯!」
大堂經理遞上信用卡申請表開始銷售。

（四）展示產品

展示產品在行銷過程中非常重要。在激發起客戶的購買興趣後，應及時向客戶展示自己的產品和服務，進一步鞏固客戶意向，為實施銷售做鋪墊。

展示產品的前提是熟悉本行的產品，不僅要明白產品的內涵，還要懂得介紹的技巧，在必要時還應使用輔助的工具。

FABE 銷售法是銷售技巧中最常用也是最實用的技巧：

F（Feature）——產品特徵（屬性）；

A（Advantage）——產品特點（作用）；
　　B（Benefit）——產品優勢（益處）；
　　E（Example）——案例舉證（放心）。
　　從產品特徵到產品的優勢再到給客戶的利益及案例，循序漸進，逐步介紹，這就是FABE銷售方式。
　　在展示產品前應做好如下幾個方面的準備：
　　（1）產品資料和銷售工具的準備。準備產品宣傳單、收益表、部分產品實物、白紙、筆、電腦、計算器、小禮品、小意見卡等資料。
　　（2）情緒上的準備。在向客戶展示產品時應保持飽滿的情緒感染客戶。
　　產品展示的方式有如下很多種，應結合當時的具體情況靈活使用。
　　（1）語言展示。用簡單的語言向客戶表述產品的內容。該方式是展示產品的基本方法，在所有的場合都適用。語言展示的要求是：簡明扼要、表述清晰、從容淡定、語氣委婉。
　　（2）資料展示。結合產品的印刷資料或其他相關資料向客戶詳細介紹產品的內容並進行各種分析。適合於推薦理財類產品，通過詳細的測算堅定客戶的購買意向。
　　（3）多媒體展示。為了增強客戶對產品的注意力和敏感性，展示產品時可借助於圖像，如PPT播放、電視播放、大堂經理在紙上邊畫邊向客戶展示等。該方式適合在社區、群體客戶、與客戶面對面等場合。
　　（4）實操展示。在電腦、電話、ATM、POS機等自助設備上，向客戶實際操作演示產品。該方式適合在自助區、網銀體驗區等區域進行。
　　（5）實物展示。在向客戶展示產品時，需要向客戶展示該產品的實物。這種方式適合展示銀行卡、USB-KEY等有形化的產品。
　　展示產品時應簡明扼要，結合語言技巧和數字使用技巧重點介紹以下內容：產品功能（類別）、產品收益（舉例、風險）、產品特色（突出特色、我行優勢、操作）。
　　（1）語言使用技巧。將產品形象化，如介紹基金定投，可先迴避「基金」二字，介紹成「這是一款零存整取的升級版」，等客戶對產品產生興趣時再詳細介紹基金定投產品。
　　（2）數字使用技巧。面對大部分客戶，盡量不要用百分比，減少使用「率」的頻次，直接把收益的具體金額講給客戶會更有吸引力。如「××發」的產品介紹，可以直接用100,000元為例，計算出收益情況及與其他產品的比較，會更加直觀。
　　如果談到收益比定期存款增加120元，可以形象地使用「相當於您又多了一條菸」「相當於您又增加了一瓶眼霜」這樣的語言增強效果。

（五）處理異議

1. 客戶提出異議的原因

一直以來我們認為客戶提出異議不好，它會減慢或阻止銷售或服務的進程；如果遇到了客戶的異議，那麼肯定是我們沒有很好地解釋我們的產品和服務。其實不盡然，有異議就是一次很好的銷售機會，我們應該感謝異議，而且應該總是把它們當作問題來處理。客戶只是想獲得更多的信息。我們應該提供正確的信息幫助客戶瞭解自己關心的問題，我們應該知道異議是任何銷售談判中的一個正常而自然的部分。目標客戶如果不問價格、服務、風險、收益等問題，就意味著他可能對我們的產品及服務根本不感興趣。

雖然我們害怕來自客戶或目標客戶的異議，但這應該被看作銷售或服務過程中的正常部分。至少目標客戶參與進來了，這樣我們就可以開始確定客戶的興趣，把握客戶對問題的理解程度。最後如果異議得到了正確的處理，其結果就是客戶對我們產品和服務的接受。

通過一次次正確地對待並處理好客戶的各種異議，我們的服務質量會一步一步提升。我們要用長遠的眼光來看待客戶異議，要樹立「解決客戶異議就是創造效益」的思想。能夠提出異議的客戶往往是我們潛在的忠誠客戶，客戶異議將會是我們與客戶之間保持良好合作夥伴關係的最佳紐帶。

客戶提出異議的原因有很多，如服務問題、產品問題、對客戶的承諾沒有實現等，其中大堂經理經常在大堂服務銷售時碰到的異議主要有以下幾種：

（1）客戶工作繁忙沒有太多時間瞭解銀行產品及服務。
（2）大堂經理對目標客戶的識別判斷不準確。
（3）拒絕是一種習慣，客戶不是在第一次見面就購買產品，人們對第一次打交道的人有一種本能的拒絕心理。
（4）客戶拒絕改變，許多客戶對現在提供服務的銀行很滿意，害怕改變現狀。
（5）客戶沒有認識到自己的金融需求，不瞭解產品和服務。
（6）客戶缺乏信息。

最終，所有的銷售異議回到了這樣一個事實，即目標客戶缺乏做出決策所必需的信息。

2. 客戶提出異議及大堂經理的應對策略

（1）客戶沒有時間。策略：主動為客戶提供幫助，問詢單據的填寫情況及所辦理的業務。
（2）對客戶的識別判斷不準確。策略：注意觀察客戶的外部特徵，主動詢問相關信息。
（3）習慣性拒絕。策略：主動與客戶拉近距離，定期與客戶保持聯絡使客戶瞭解我們

正在認真地對待與他們之間的關係。

（4）拒絕改變。策略：大堂經理必須幫助客戶瞭解有比他們現在所使用的更好的新產品及服務。

（5）客戶沒有認識到金融需求。策略：大堂經理必須提供相關的產品資料及數據激發客戶的需求。

（6）客戶缺乏信息。策略：大堂經理必須經常提供有用的信息，為客戶的決策提供幫助。

3. 異議的類型

（1）拖延：客戶需要時間考慮，「我還要考慮一下」。

（2）服務費價格太高：客戶認為其他行收費更便宜，「你們行的收費有點高」。

（3）產品收益及風險異議：客戶擔心產品的投資風險性，「現在不想進入市場」「行情不太好」。

（4）銀行服務方面的異議：客戶對現在正提供服務的銀行極其忠誠，「××銀行的服務很好，暫時還不想換」。

（5）沒有需求：客戶可能最近已經購買了或沒有發現這類產品的需求，「我目前還不感興趣」。

4. 處理異議的技巧

（1）巧用語言。使用語言三段式：讚美（認同）……轉（迂迴）……提出願想。

例如：「嗯，您的理財思路非常好，不過，如果再加上這款保險理財產品，您的資產配置就更合理了。」

（2）善借標杆。盡量用與自己相關的人做例子：我姐姐就買了一款這個產品，現在已經有15%的回報了。不過借用標杆要注意兩個方面的問題：一是要注意客戶的隱私，不要直接說是哪個客戶，盡量用自己身邊或自己的親人舉例；二是要注意在宣傳收益的同時也要強調風險的存在。

（3）心理暗示。這一段時間金融風暴帶給人的影響太大了，您可能也是因為這個因素，在理財方面才有了更多的顧慮，其實完全沒有必要這麼緊張。

（六）促成銷售

經過產品展示並正確地處理異議後，最後臨門一腳是完成銷售。

1. 促成銷售的常用步驟

判斷是否購買→總結需求→促成銷售→鞏固銷售。

2. 識別客戶購買信號

當客戶已經在潛意識裡接受了我們的產品和服務時，會通過一些細節的表現反應出來，這就是「購買信號」。

捕捉這些信號並及時進行促成銷售,將提高銷售成功的概率。

(1) 語言的信號

①肯定大堂經理的解釋或介紹。如:「嗯,有道理。」

②關心業務辦理的具體事項。如:「辦理起來會不會很麻煩?」

③考慮購買後的使用。如:「但我不會用啊。」

④計劃自己的購買數量和購買力。如:「它最低需要投資多少錢?」

(2) 身體的信號。肢體語言也是我們發現客戶購買信號的重要方式。解讀客戶的肢體語言主要通過以下幾個方面:

①面部表情:表情多變提示想買,表情僵硬提示不想買。面部表情是人際溝通時注意力的中心,所以面部的不同表情在傳遞非口頭信息時起著重要的作用。皺眉、噘嘴、眯眼是常見的表示不確定、不同意甚至完全不相信的表現。懷疑和生氣則常常伴隨著下巴繃緊。微笑象徵著同意和感興趣,而咬緊嘴唇可能意味著不確定。揚起眉毛代表吃驚,並常見於考慮和評價時。

②眼神:與服務人員有良好的眼神交流提示想買,眼神躲閃或沒焦點提示不想買。避開眼神的接觸可能會引起負面信息,而且讓人聯想到欺騙和不誠實。而發送者增加眼神接觸則意味著誠實和自信,接收者增加眼神接觸標誌著興趣、注意力的提高。木然地看著或沒眼神接觸,表示不感興趣和厭煩。不斷地看表或門,意味著交談就要結束了。

③四肢動作:動作開放表示想買,動作封閉(如雙手交叉等)表示不想買。平穩且緩慢的運動意味著鎮靜和自信,打開雙臂和腿意味著坦率、自信與合作。雙臂交叉則是從心理上排斥對方,表示不同意和防衛。身體前傾或坐在椅子的邊緣是對所討論的東西越來越感興趣,同樣,身體靠遠則表示不感興趣、厭煩甚至是反感。往後靠,並把雙手放腦後象徵著沾沾自喜和優越感。

④人際距離:向銷售人員靠近表示想買,拉開距離表示不想買。人際距離是指個人願意保持與他人之間的私人距離,是非口頭溝通的重要因素。這種距離蘊含著豐富的內涵,並影響著銷售服務過程的效果。

二、行銷技巧與話術

(一) 客戶開拓技巧

沒有客戶,企業的一切經營活動將無從談起;沒有客戶,我們就失去了生存之根本。我們已經邁入了一個以客戶為中心的行銷時代。管理學大師彼得·德魯克說過:「企業的首要任務就是要創造客戶。」客戶是企業的生命源泉,給了他們所需要的,你才能從他們那裡得到你想要的。德魯克說:「每一位偉大的企業創始人都有一套關於本企業的明確理

念，從而指引他的行動和決策，而這套理念卻必須以客戶為中心。」但是要想創造更多的業績，企業必須擁有足夠多的客戶。怎麼才能擁有大量的客戶呢？這就需要不斷地開拓。然而，即使有一天你擁有了大量的客戶資源，你還需要不斷地去開拓，為什麼呢？因為新陳代謝是自然界的規律，開拓客戶的過程就是創造客戶的過程。一旦你停了下來，你的客戶就會減少，自然而然，你的業績就會下降。

銷售人員可以通過以下幾個方法尋找開拓客戶的線索：

（1）逐戶訪問。
（2）廣告搜尋。
（3）通過老客戶的介紹。
（4）查詢資料，如人名地址簿、登記錄以及專業名冊等；
（5）名人介紹。
（6）利用參加會議的機會搜尋。
（7）電話尋找。
（8）直接郵寄尋找。
（9）利用市場信息服務機構所提供的有償諮詢服務來尋找。
（10）觀察。
（11）利用代理人來尋找。
（12）從競爭對手手中搶客戶。

對潛在的客戶，我們可以通過郵件或電話估計他們的利益和財務能力。根據線索，潛在客戶可分類為熱線、溫線和冷線預期客戶。熱線預期客戶要派現場銷售人員去訪問，溫線預期客戶用電話追蹤。在一般情況下，一個預期客戶需要訪問至少 4 次才能完成業務交易。

銷售人員尋找到自己的客戶之後，取得了潛在客戶的名單，這時並不意味著馬上就要開始去和預期潛在客戶打交道了，他們還必須根據企業自身產品的特點、用途、價格及其他方面的特性，對預期客戶進行更深入的衡量和評價，主要包括對預期客戶需求度、需求量購買力、決策權、信譽度等方面的評估和審查。

（二）客戶約訪、接觸、銷售面談技巧

現實中成功的銷售員擅於製造借口，利用時機，準確地抓住客戶的心理，從而獲得與客戶交往的機會。其實要做到這一點並不難，只要我們有效利用心理學技巧，巧於攻心、誘導，就一定有辦法打開一個缺口，從而獲得與客戶約見的機會。

其實要想成功地預約客戶，與客戶作進一步溝通，我們必須學會給客戶「號脈」，也就是說要準確知道客戶的興趣點是什麼，什麼時候需要，具體需要什麼，有哪些痛點……只有真真正正、清清楚楚地知道客戶的需求，才能確定合適的時間或狀態與潛在客戶打交

道，然後開始推銷自己的產品。要做到主動把握約訪的時機和條件，我們就必須採取以下的關鍵行為：

1. 做好約訪的準備工作

公司客服部告訴銷售員李某，××廣告公司最近1個月已經打了四五次電話報修他們的噴繪機。李某就想，是不是××廣告公司的噴制量超過了機器定額，或者新職員操作有誤呢？正好他手裡有一款全新的全自動噴繪機，精度高、速度快，說不定適合客戶。於是李某給廣告公司製作部主任打電話，問他們噴繪機怎麼了。一問才知公司老總正在為此事發愁呢，原來自從新經濟區開發以來，公司業務量大大增加，不得不讓兩臺噴繪機24小時工作，連檢修的時間都沒有，因此故障頻發。李某給廣告公司總經理打電話說道：「孟總，聽製作部某主任說目前咱們公司的噴繪機出了一些故障，影響了很多單子的交付對吧？您看我們能見面聊聊，說不定我能幫你解決噴繪單子的問題哦。如果您方便，明天我來拜訪您，行吧？」於是孟總痛快地答應了。

心理學中有一個好心情效應，就是當一個人心情好的時候，他會比較爽快地答應他人提出的請求。我們在向客戶提出約訪時，也必須遵循這個原理，在聯繫客戶之前，做好充分的準備工作：

（1）瞭解客戶公司的經營現狀，如果暫時出現虧損，不具備購買能力，可以選擇推遲拜訪，或者用事實證明你的產品具有起死回生的功效，能夠幫助客戶改變現狀。

（2）熟悉客戶的個人情況，盡量用客戶能夠接受的方式與客戶交流。

（3）先通過前臺、接線員、關鍵崗位瞭解客戶當時的情緒狀況，最好不要在客戶大發雷霆的時候迎難而上。如果客戶事務纏身，暫時不能接待，可以另行約定時間，再行拜訪。

（4）充當客戶的知心朋友，引導客戶說出心裡話，認真聽客戶傾訴，盡力安慰，但不要盲目地幫客戶出主意。

2. 約定拜訪時間

約定拜訪時間的主要目的之一就是要節省銷售人員和客戶雙方的時間。拜訪時間妥當不妥當，有時甚至決定了整個業務訪問的成敗。在約定拜訪時間時，銷售人員應盡量替客戶著想，最好是由客戶主動安排約會時間。一般說來，除了遵守約見的基本規則之外，銷售人員在約定拜訪時間時還應該注意下列五個方面的問題：

（1）根據拜訪對方的特點選擇時間。考慮拜訪對象的作息時間和活動規律，盡可能避開對方工作忙碌或正在休息的時間；考慮拜訪對象的心境和情緒狀態，盡可能避免在對方心境不好或情緒不佳時登門造訪。

（2）根據拜訪的目的和要求選擇時間。盡量使拜訪時間有利於達到訪問目的，這是約定拜訪時間的一條基本準則。不同的拜訪對象應該約定不同的拜訪時間。即使是拜訪同一個對象，拜訪的目的不同，拜訪的時間也應該有所不可。如果拜訪的直接目的是正式業

務，就應該選擇有利於達成交易的時間進行約見。如果拜訪的直接目的是為用戶提供服務，就應該選擇用戶需要服務的時候進行約見，做到雪中送炭；如果拜訪的直接目的是簽訂正式合同，則應該把握成交的信號，及時約見客戶，不可拖延，以免錯過機會。

（3）根據地點和路線選擇拜訪時間。銷售人員在約見客戶時，應該使拜訪時間與拜訪地點和訪問路線保持一致。一般來說，如果約定在家裡見面，就要選擇對方工作以外的時間；如果約定在辦公室裡洽談，就要選擇對方上班工作的時間；如果約定在公園、電影院、游泳池、餐館、球場或其他有關場所碰頭，也要選擇相應的適當時間。在約定拜訪時，只有銷售人員充分考慮到拜訪地點、路線以及交通工具等因素的影響，才能保證拜見時間準確可靠、雙方滿意。

（4）講究信用，準時赴約。拜訪時間一經約定，銷售人員就要嚴格守約、準時赴會。出現意外情況，也要設法通知客戶，或者推遲約會，或者改日再會，或者另行約見。如果情況有變化，一時無法及時通知客戶，則應該在事後說明失約的原因，表示歉意。守約赴會是誠信行銷的一個方面，嚴格守約可以提高業信譽，給客戶一個良好的第一印象，順利地由接近轉入正式洽談，造成有利的銷售氣氛，促成交易。失約就會製造不良的洽談氣氛，不利於業務開展，甚至會受到客戶的冷遇或拒絕。

（5）合理利用拜訪時間，提高訪問效率。銷售人員應該把方便、把時間讓給客戶，把困難、把等待留給自己。當然，不管雙方約見的時間如何精確，總難免有個先來後到，發生令人焦急不安的等待。銷售人員一方面要盡量避免不必要的時間浪費，另一方面也要注意合理利用難以避免的等待時間。一旦遇到等待時刻，可以先打一個招呼，然後開始忙於自己的工作，如進行拜訪準備、處理內部事務、整理銷售記錄等。其實，只要銷售人員時刻做好等待的準備，就一定有辦法使等待變成工作。銷售人員還應該學一點運籌學和排隊論，科學地安排約見時間，盡量避免或減少不必要的等待時間。

約見拜訪的基本原則是方便客戶，有利於開展客戶開發工作。換句話說，約見拜訪的主要內容就是要明確拜訪何人（Who）、為何拜訪（What or Why）、何時拜訪（When）、何地拜訪（Where）和如何拜訪。掌握了「5W」，就可以成功地接近目標客戶，正式展開銷售洽談。

3. 電話約訪

用電話來約訪客戶相對於寫信或親自拜訪的優點是：比較專業，易給客戶留下良好印象，免除到處奔波的勞苦及花費，比較有效率。

一般來說，利用電話做初步交涉或者是取得預約的要領，和正式拜訪時在初步交涉這一階段要注意的事項相去不遠，其重點不外乎以下幾點：

（1）先取得對方信任。誠信本為立身處世之本，不論在哪一行業都是這樣，尤其是在行銷這一行業。要想將商品推銷出去，最基本的條件就是先取得對方的信任。如果是面對面接觸的話，客戶至少還能憑對行銷人員的印象來判斷，但是在電話約訪中根本沒有一個

實體可作判斷的依據，只能憑聲音來猜測，因此，首先要注意的是說話的語氣要客氣，語言應簡潔明瞭，不要讓對方有受壓迫的感覺。

（2）說話速度不宜太快。一般人在講電話時說話速度會比面對面交談快很多。可是對方並不是你的親朋好友，並不熟悉你的語調和用詞，如果你說話速度太快，往往會使對方聽不清楚你所講的內容，也容易給對方留下強迫接受你的觀點的感覺。

（3）強調「不強迫……」。一般利用電話做初步交涉的主要目的在於取得預約拜訪的機會，應當再三強調「只是向您介紹一下產品的意義和功用，絕不強迫您……」以低姿態達到會面的目的。

（4）多問問題，盡量讓客戶多說話。在面對面接觸時，你可以從客戶的表情動作看出客戶是否在專心傾聽，但在電話交談中，由於沒有判斷的依據，你無法推測對方的內心想法。因此，要多問問題，盡量讓客戶發表意見，才能知道客戶的真實想法。

（5）主動決定拜訪的日期、時間。原則上，拜訪的日期、時間應該由你主動提出並確定。因為如果你問對方「您什麼時候有時間」，如果他對保險不感興趣，就極有可能會回答你「啊，真不巧，這段時間我都很忙」。如此一來，又得從頭開始來說服他，不如主動建議「下禮拜二或禮拜五方便嗎」。萬一他都沒有時間，你應把日期往前提，因為往後拖延的話，你的說服力會大大減弱。另外，對方也可能發生其他變故。除此之外，你還應做到以下幾點：提及初次面談的目的；解釋這個行業的機會和特點；解釋你精挑細選的程序；確定增員對象的興趣及需求；獲得增員對象對於初次面談的承諾。

在電話約訪的過程中，會碰到對方回絕你的情況。這時你要如何去應對才能既不傷及對方的面子，又能把話題繼續下去呢？其實，你只要按以下的方法去講，就會很容易地達到面談的目的。第一步，要肯定對方的回絕。第二步，一定要提到推薦人。第三步，讚美對方。第四步，將談話拉回主題。第五步，拋出一個選擇問句，讓對方做出抉擇。

下面結合實例，讓大家體會這種講話模式的效果。

（1）我沒興趣。

示例：是的，介紹人王大哥他也說過，如果要您做保險，你是打死都不肯做的。但是聽說您這個人易於接受新鮮事物，而且學習力也非常強，特別是您的社交範圍很廣，就算這份事業不適合您，但是您喜歡幫助別人，他說只要找您，就沒有辦不成的事。不知道您星期三還是星期四方便呢？

（2）我沒時間。

示例：是的，王大哥他特別跟我提過，說您事業有成，平時都非常忙，把時間安排得很緊湊。所以為了不耽誤您的事情，他叮囑我在與您見面之前一定要打電話給您。您放心，我不會占用您太多時間，只要您給我二十分鐘，我會給您一個有前景的事業。您看是星期三還是星期四方便呢？

（3）那你把資料寄給我好了。

示例：是的，黃先生，是這樣的，正因為您的時間很寶貴，所以如果讓我先跟您講一下，再把資料留給您的話，可以節省您更多的時間。您放心，我不會超過二十分鐘的。不知道黃先生您是星期三晚上，還是星期四晚上方便呢？

4. 我以前做過保險

示例：是的，介紹人林小姐特別告訴我，說您是保險界的前輩。不過，我們所要談的不是做保險，而是經營一項事業，是非常特別的；很多人到我們公司來以前，想法都和您一樣，但聽過我們的說明以後，他們發現這是一個新興的事業。不知道黃小姐您是星期三還是星期四晚上方便呢？

銷售人員應該知道初次與客戶交往該怎樣制訂自己的拜訪計劃，該弄清楚自己使用什麼樣的銷售工具才有效，該怎樣會見和向客戶問候，從而使雙方的關係有一個良好的開端。這包括銷售員的自我心態、專業熟練程度及接近客戶的一些技巧等。接下來便可討論某些主要問題或傾聽，以瞭解客戶和他們的進一步需要。

銷售人員在接近客戶之後，緊接著的工作就是要與客戶進行洽談，以正確的方法向客戶描繪產品帶給他們的利益。銷售人員可以使用特徵（Feature）、優勢（Advantages）、利益（Benefits）和價值（Value）方法，即 FABV 法。特徵描述了一個產品提供的物理特點，如一個芯片的處理速度或存儲能力。優勢描述了為什麼這些特徵能向客戶提供優勢。利益描述了該產品提供的經濟、技術、服務和社會利益。價值描述了它的總價值（經常用金錢表示）。但很多銷售人員在向客戶推薦產品的過程中總是過分地強調產品的特點（產品導向），而往往忽略了客戶的利益（客戶導向）。

與目標客戶的深入洽談是決定其是否購買產品的一個重要環節，其主要方法有語言介紹法（用數字泛寫、講故事、富蘭克林法、引證法等）和銷售示範法（對比、體驗、表演、展示等）。

（三）客戶促成技巧

有些銷售人員的客戶開發活動不能達到這一階段，或者在這一階段的工作做得不好。他們缺少信心，或對要求客戶訂購感到於心有愧，或者不知道什麼時候是達成交易的最佳時刻。銷售人員必須懂得如何從客戶那裡發現可以達成交易的信號，包括客戶的動作、語言、評論和提出的問題。

1. 促成銷售的常用方法

即使客戶有興趣，但並不意味著客戶決定立即購買，有時候需要銷售服務人員有效地推動客戶的購買。

（1）直接邀請購買/直接推薦。缺乏經驗的大堂經理經常因為沒有要求客戶購買而失去訂單。當客戶準備購買時，大堂經理必須準備好要求客戶的承諾。

直接承諾是直接要求客戶購買。如果我們已經展示了產品所有必要的特徵和利益，並使它們與客戶的需求相匹配，那麼就應該有信心。如：「我建議您現在先辦理這款月月盈產品。」

（2）引導式銷售。銷售人員通過描述產品使用後的美好情況引發對方購買。如：「我們很多客戶辦了這張金卡，讓他們的朋友很羨慕呢！」

（3）合理的選擇/替代的選擇。合理的要求客戶從兩個或更多的選擇中挑選，這個技巧的理論依據是客戶不喜歡被告知去做什麼，而喜歡在有限的答案中做出一個選擇。

（4）總結承諾。總結客戶在銷售溝通期間已經確認的主要利益，這是一個非常有效的獲得承諾的方法。我們應該熟知在以前的訪問溝通中所涉及的所有重要之處，以便在總結中再次強調它們。總結承諾是一個很有價值的技巧，因為它使目標客戶記起了所有在以前的訪問溝通中提到過的主要利益。

（5）平衡表/利益比較。T-帳戶承諾或平衡表承諾是一種重要的書面總結承諾。在採用帳戶承諾時，拿出一張紙然後在上面畫一個大大的「T」字，其左右兩側為大量經理與客戶一起對產品進行理性對比分析的內容，讓對方認識到買和不買的利弊，從而令對方下定決心購買。如比較月月盈和定期存款的優劣等。

（6）成功故事承諾。把已購買此類產品或功能的客戶介紹給目標客戶，通過成功故事獲得承諾。在利用這一技巧時一定要注意保護客戶的隱私。

（7）帶有時間限制的優惠條件。利用近期的優惠讓客戶做出購買決定，如：「剛好我們正在搞活動，如果您現在就辦理的話，還可以獲得一桶食用油。」

（8）假設成交。有時候當雙方對產品或服務的具體細節討論不休時，直接跳過成交的具體細節，引導對方討論成交之後的具體事項，如辦理業務的手續、服務方面的細節等，可以有效地促成銷售。如：「您帶身分證了嗎？辦這個業務需要身分證的。」不再與對方討論是否要辦理這個業務，而直接引導對方關注如何辦理業務及辦理業務所需要的資料等，往往能夠有效促成銷售。

2. 促成銷售的注意事項

（1）速戰速決，但不要過分熱情。

（2）從客戶的利益角度推薦產品，不強加個人意願。

（3）一定要強調風險。

（4）無論客戶是否購買，請尊重對方的選擇。

3. 鞏固銷售

在產品銷售成功後，一般要通過舉例等方式肯定對方的決策，如：「放心吧，這款產品一定會給你驚喜的。」「請相信我，從理財的角度看，這款產品是最適合你目前的狀況的。」「上個星期，你們小區的王叔也購買了這個產品，已經開始賺到錢了……」

（四）客戶異議處理與售後服務相關話術

在產品介紹過程中，或在銷售人員要客戶購買時，客戶幾乎都會表現出抵觸情緒，即對銷售人員及其在銷售中的各種活動做出的反應，一般表現為對銷售介紹和銷售演示提出的懷疑、否定或不同意見與不同看法。

要應付這些抵觸情緒，銷售員應採取積極的方法。如請客戶說明他反對的理由，向客戶提一些他們不得不回答的問題，否定他們意見的正確性，或者將對方的異議轉變成購買的理由。如何應付反對意見是談判技巧的一部分。

與客戶達成交易，並不代表我們的銷售活動就結束了。

如果銷售人員想保證客戶感到滿意並能繼續訂購，最後一步是必不可少的。交易達成之後，銷售人員要向客戶提供服務，以努力維持和吸引客戶，因為這對合同履行、下次交易等諸多方面都有直接影響。

很多公司往往更青睞於和其他客戶做更多的生意而忽略了售後服務環節。然而，假如公司無法提供恰當的售後服務，則很可能使原本滿意的客戶變得不滿意。

為了幫助大家妥善的處理售後問題，我們整理出最常用的處理話術。

1. 感同身受

（1）我能理解。

（2）我非常理解您的心情。

（3）我理解您為什麼生氣，換成是我，也會跟您有一樣的感受。

（4）請您不要著急，我非常理解您的心情，我們一定會竭盡全力為您解決的。

（5）發生這樣的事，給您帶來不便，我非常理解您的心情，請放心，我們一定會檢查清楚，給您一個滿意的答復。

（6）如果是我，我也會很著急的……我與您有同感……是挺讓人生氣的……

（7）您好，給您帶來這麼多的麻煩實在是非常抱歉，如果我是您的話，我也會很生氣的，請您先消消氣給我幾分鐘時間給您說一下這個原因可以嗎？

2. 被重視

（1）先生，您都是我們多年的客戶了。

（2）您都是長期支持我們的老客戶了。

（3）您對我們業務這麼熟，肯定是我們的老客戶了，不好意思，我們出現這樣的失誤，太抱歉了。

（4）先生/小姐，很抱歉之前的服務讓您有不好的感受，我們對於客戶的意見是非常重視的，我們會將您說的情況盡快反應給相關部門去做改進。

3. 用「我」代替「您」

（1）「您把我搞糊塗了」換成「我不太明白，能否再重複下你的問題」。

（2）「您搞錯了」換成「我覺得可能是我們的溝通存在誤會」。
（3）「我已經說得很清楚了」換成「可能是我沒解釋清楚，令您誤解了」。
（4）「您聽明白了嗎」換成「請問我的解釋清楚嗎」。
（5）「啊，您說什麼?」換成「對不起，我沒有聽明白，請您再說一遍好嗎?」
（6）「您需要」換成「我建議……您看是不是可以這樣……」

4. 拒絕的藝術

（1）小姐，我很能理解您的想法，但非常抱歉，您的具體要求我們暫時無法滿足。我會先把您遇到的情況反饋給相關部門，部門回復後我再與您聯絡好嗎?

（2）您說的這些，確實是有一定的道理，如果我們能幫您一定會盡力，不能幫您的地方，也請您諒解。

（3）先生，不好意思，您說的這些，確實是有一定的道理，如果我們能幫您，一定盡力。不能幫您的地方，也請您諒解。

以上幾種話術是基於人的同理心的特徵總結出來的，而往往顧客在遇到產品售後問題或者異議的時候，最需要同理心。因此，門店的銷售人員在冷靜處理的同時，只要能巧妙地運用這些話術，就能妥善處理好售後問題。

任務五 片區拓展實施技巧及行銷話術

學習目標

知識目標：

1. 熟悉片區拓展的定義和方式。
2. 理解片區拓展的傳播思路。
3. 熟悉片區拓展的流程、注意事項。
4. 掌握片區拓展的五大法則。

能力目標：

能夠結合具體行銷場景熟練開展片區拓展。

素養目標：

1. 形成主動走出陣地積極開展外拓行銷的思想和意識。
2. 提升根據片區特點和客戶需求策劃傳播思路，引流客戶的能力。

引導案例

銀行「ETC 爭奪戰」：佈局網點、地推、線上「截胡」

2019 年 5 月中旬，國務院辦公廳印發《深化收費公路制度改革取消高速公路省界收費站實施方案》，要求力爭 2019 年底前基本取消全國高速公路省界收費站，要求加快電子不停車收費系統（ETC）推廣應用。交通部也出抬《關於大力推動高速公路 ETC 發展應用工作的通知》，明確從 2019 年 7 月 1 日起，嚴格落實對 ETC 用戶不少於 5% 的車輛通行費基本優惠政策，並實現對通行本區域的 ETC 車輛無差別基本優惠。因此，隨著這些政策的全面推進，銀行 ETC 爭奪大戰再次掀起熱潮，在可預期的時間窗口內，工商銀行、農業銀行、建設銀行、郵儲銀行等幾大銀行紛紛開啟 ETC 線上線下行銷活動，搶占市場份額。各家銀行在最醒目的位置樹起了相關推廣宣傳辦理 ETC 信息的易拉寶、小黑板等。各銀行

任務五　片區拓展實施技巧及行銷話術

員工紛紛到各社區、高速公路收費站口、停車場、洗車場等車輛集中的地點，進行定時定點推廣。宣傳頁、易拉寶、禮儀綬帶等應有盡有，只要有車輛經過，我們就會迎上去推廣ETC，手把手教司機線上申請、當場安裝等。對銀行而言，ETC業務意味著獲客、激活用戶，各家方法不同，效果也不同，還要面對微信、支付寶等的線上「截胡」，因此，也許會有更多的銀行或會選擇與支付巨頭捆綁，開展聯合行銷，共同切分市場蛋糕。

資料來源：https://baijiahao.baidu.com/財經情報社，發布時間：2019-07-05。

　　金融行銷，行業內大致可以區分為廳堂（陣地）行銷、外拓行銷及活動行銷三種行銷模式。廳堂行銷，指在固定營業場所向客戶銷售產品。外拓行銷，指走出營業廳，上門拜訪客戶進行銷售。活動行銷是圍繞活動而展開的行銷，以活動為載體，使企業獲得品牌的提升或是銷量的增長。而在這一章，我們來學習一下外拓行銷中片區拓展的實施技巧及行銷話術。

一、片區拓展的定義與方式

　　片區拓展，指的是對指定區域指定客戶有目的地策劃主題活動，然後開展業務推廣推動，最終達成銷售目的或任務，如完成單品銷售、增加新會員，等等。片區與商圈不同，商圈是以自己營業點為中心對周邊5千米畫圓，圓內地區都是商圈目標客戶。金融行銷如果只以商圈為目標，有時會導致不注重核心圈輻射圈的不同情況，不分深度，缺規劃，最後變成熟客圈行銷和朋友圈行銷。而增加片區拓展，正好可以對商圈做更好的補充，一方面對一個片區進行深耕細作，另一方面將一個行業做深做透，進行地毯式行銷化行銷。片區指一個區域分成的若干分區，如東、南、西、北四個片區等。要想做好片區拓展，需先學習劃分片區的方式。

　　片區的劃分，需要結合行業種類和客群情況，不一定要平均分配，但要以完成多渠道

接觸客戶為導向。同時，我們應主要考慮分片區後如何結合客群來開展行銷活動，做到因人、因時、因情而異。地理分界：以街道、道路、建築物等明顯的分隔區分各責任區，需標註道路名，如某某路以東、某某路以北等；地段特徵：以企業、商業、小區、綜合等劃分區域，若商業和社區都發達，就填寫「商業、小區」，以此類推。對客群的常規劃分，可以有居住社區、批發市場區、沿街商鋪區、購物中心區、產業園區等。

二、片區拓展的傳播思路

金融產品的實體店，是片區拓展的有效根據地。過去我們常聽武大郎賣燒餅的故事：每天早上，武大郎挑著做好的燒餅，從武家村出發，自一條巷子走到另一條巷子，邊走邊吆喝著賣燒餅，餘下的就到集市固定的位置等逛集市的過路人來買。這就是傳播。而集市地，就如現在的實體店或現在交了管理費的「小攤檔」。這對片區拓展有什麼重要啟示？除現場購買外，當傳播後有人想購買時，他能找到地方購買。另外，對人員制訂片區拓展的定期計劃安排，也能起到分據點的作用。

話又說回來，有了據點，如何傳播？大家有沒有思考過傳播什麼？不管傳播什麼，都得是對長期品牌宣傳有意義的事，是一種通知手段。廣而告之，現在流行的詞叫「官宣」。當然，有一點很重要，就是傳播的思想觀念及產品等，必須合法合規。

我們還要知道每次傳播的主題是什麼。有效宣傳作為片區拓展的長期發展手段，其傳播的思路，必須能「吸粉」和「引流」，所以傳播的種類上可以包括活動、特價、產品、文化等。在開始策劃時就得先定調，然後整個傳播材料都圍繞這一個中心話題展開（見圖5-1）。

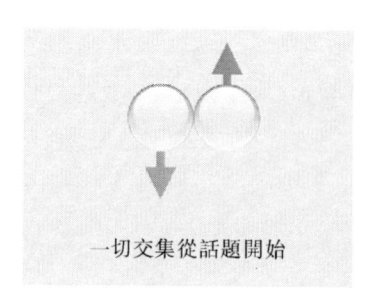

圖 5-1

而傳播的路徑要包括線上、線下等全方位的推廣模式，傳統傳媒包括報紙雜誌廣告、電視電臺廣告、採訪式軟文、戶外廣告牌、LED大屏廣告、公眾傳媒等，而新媒體包括但不止於現在的微信、抖音、快手、網紅直播、公眾號，等等。所以，在選擇傳播路徑時，要依據目標群體及成本，要保證目標群體能收看到，且成本在預算控制內。真正在進行推

廣時，就要做好事前策劃分工、事中促進、事後跟進維護等工作（見圖 5-2）。在這種思路下的傳播，才會發揮最大的效果。正如過去有兩本關於傳播的書的書名一般，一本叫「瘋讚」，而另一本叫「瘋傳」，就是說一次行銷活動必須要有人體驗點讚，體驗點讚後有人願意分享傳播給別人。

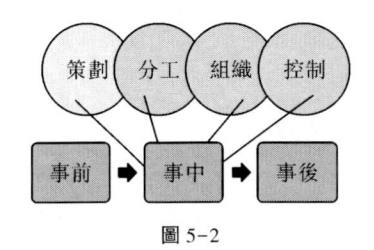

圖 5-2

我們在做片區拓展時，要注意精準傳播。如果是吸納新增人員，大字報式的線下傳播法的作用和意義很大。我們有一個銀行產品傳播的案例分享給大家：某證券公司新進駐到一個社區時正值夏天，於是他們策劃了一系列關於「清涼」的活動，在各社區人員集散地拉上宣傳橫幅，擺上免費涼茶，立著宣傳介紹和二維碼，只要註冊成新用戶並入群，就可以得到一把便利扇子，還可以進入三天的免費入門學習班，班上提供免費茶點。這吸納了很多來關注這家證券公司的人員，並為後期業務推動打下基礎。

如果是想增加銷售量，那通知式在線傳播法就起作用了。例如，銀行過去很多客戶用的是磁條卡，現在全面升級成芯片卡了，所以要請客戶來更新卡片。如果只是更新卡片，對銀行來講，就太浪費與客戶交流和行銷的機會了。所以銀行會對客戶進行分類，進行電話通知並邀請客戶來辦理業務，同時利用朋友圈和社區各種線上渠道通知大家到指定營業廳辦理業務。於是，來銀行辦理卡片升級的客戶，銀行員工就會給他們設計一些可以疊加上去的產品，比如開通手機銀行、短信通知、刷臉支付、線上理財功能，增加理財產品購買、開辦信用卡等業務，這就是增加銷售量最好的片區拓展方法。

如果想針對社區外拓的某些種類客戶做傳播，可以做些以舊帶新的客戶沙龍植入式傳播，或做些跨業聯手沙龍傳播。比如老年人群體，借力社區的養生店，開些養生沙龍，在沙龍中植入保護家人健康還包括保險的觀點，這就叫植入式的保險信念。

三、片區拓展的流程及注意事項

做好前期片區調查研究工作，並策劃好片區傳播宣導後，片區拓展規範化流程就很重要。

做好規範化、程序化才能做到真正有的放矢。規範化流程要從技巧提升、效率提高、流程打造、團隊打造等四個方面入手（見圖 5-3）。

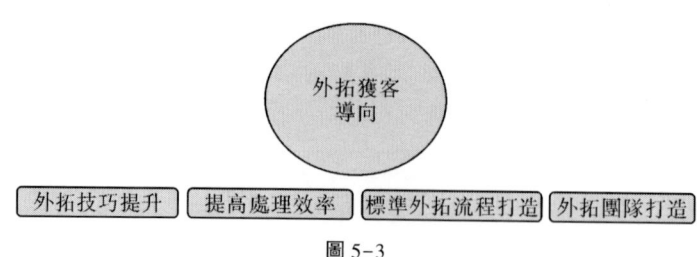

```
        ┌──────────┐
        │ 外拓獲客  │
        │   導向    │
        └──────────┘
```
| 外拓技巧提升 | 提高處理效率 | 標準外拓流程打造 | 外拓團隊打造 |

圖 5-3

1. 技巧提升兩大標準化工作

（1）精選主題行業的拜訪技巧。要對片區裡客戶進行分群處理，不同的客戶接受的話題也不一樣，只有進行同類型客戶的行業分類，才能進行這一主題行業客戶的用戶畫像，即描述出這一群體的共性特點，以及相關的一些影響性因素。然後依據畫像的特性，精準設立傳播主題和產品。

（2）帶動外拓人員學會獲客及拓展客戶數量。要明確目標任務到每人每天。

2. 效率提高的標準化工作

（1）加強管體團隊的過程管控，包括過程中每一節點的數字化要求以及設計的達成要求等。

（2）強化崗位履職，實現管理精細化，力求人人都非常清楚自己應該做什麼、何時做、做成什麼樣等。

3. 流程打造的標準化工作

片區拓展是一種行銷活動，更是一種過程管理，所以程序化能很有利地幫助完成行銷主題。

外拓的程序化只有 7 步，簡單易記，包括做分析、定主題、選市場、細目標、施計劃、抓落實、有跟進等。這 7 步指引，環環相扣，能使每一次片區拓展都有據可依，同時，在過程中發現商機、建立商機、跟蹤商機，以及完成銷售目標任務。這種程序化，應用在日常工作的各種方面，都是一種閉環的工作方式：有目標才有方向，有客戶就有產品。有落實才不是吹牛，有跟進才會成單。而且，按程序化開展工作，很容易找到工作的差異化優勢。

要做好片區拓展，還必須遵守三個原則：一是統一行銷管理，二是防止過度打擾，三是確保信息安全。

統一行銷管理原則包括統一行銷、統一部署、統一派發、統一監測等四個統一。

防止過度打擾原則包括一定週期內嚴禁過多行銷客戶，嚴禁過多推薦產品或服務，多渠道行銷要使用差別化的行銷話術等三大原則。

確保信息安全原則是長遠發展的重要原則，包括：各環節的參與人員應對客戶信息安全負責，嚴格遵守相關法規和企業保密規定，嚴禁在任何情況下洩露客戶信息，確保客戶

信息依法合規安全使用等。

4. 建立團隊

對客戶與同業針對性分析後，要建立自己精英團隊。

（1）要對客戶結構進行梳理，對周邊商圈和同行等進行戰略分析，找到對方弱點與自身優勢，建立差異性。

（2）打造外拓精英人員，強化其片區行業核理能力、策劃能力，及日後進行片區外拓督導的複製能力。

四、片區拓展的相關法則

在互聯網思維裡，有一種思維，叫廣泛連結定理。在人與人、人與商業資源、人與知識的連接之中，隱藏著巨大的商機，擁有商業邏輯的領導者會把握這些機遇，成功創造出新的商機。

為了做好各種傳播，我們刨去一些事前事後準備工作，結合沙龍及拓展現場分享演訓等活動，給片區拓展制定了相關法則，並針對拓展過程制定了標準化提示口訣，共計5篇章，每篇章3句口訣，共計15句口訣。

（一）「借勢立項」法則

1. 用途

用於如何選定社區拓展的主題。

2. 核心

（1）要結合當下時政、潮流與客戶的需求設立主題。

（2）周邊同時展開活動，可以二次跟隨設立主題。

（3）結合行內業務專項推動設立主題

（4）與行業協會、保險公司、券商等機構聯手設立主題。

3. 舉例

（1）當下時政：中美貿易戰。

（2）潮流：基金、股市動態分析。

（3）老年社區：養生學習。

（4）專業市場：融資貸款。

（5）同業：插花、儀態。

（6）留學機構：出國服務。

(二)「弱圈圍網」法則

1. 用途

用於社區拓展分類客戶的邀約篩選及事後維護。

2. 核心

（1）運用系統抽取、分批鎖定，也可以依據活動主題或自己的分類表單篩選目標客戶。

（2）在社區拓展時能按行業和客戶屬性進行分類主題活動推進，吸納更多新客戶關注。

（3）每期拓展需有時間間隔，而且保持熱度，保證關注成員的活躍及產出業績。

3. 弱關係圈子的原理

許多人都有過這種經歷：當你失業後，給你介紹成功新工作的，並不是你天天見面的好友，而是一般熟悉的朋友。這在心理學中稱為「弱關係」行銷原理。

(三)「多維傳遞」法則

1. 用途

用於社區拓展時傳播信息並轉化成業務潮流。

2. 核心

（1）善用各種宣傳手段渠道建立多種維度的立體傳遞基礎。

（2）要鼓勵同期同時各地開花的多維度效應，還可以結合同行傳遞立項，加大效率。

（3）只有先傳遞，不斷傳遞。大家都在傳遞時，才會引起對傳遞信息的好奇及瞭解慾望。

3. 應用

（1）微信朋友圈。

（2）熒光板+POP 單張設計術。

（3）易企秀、兔剪、微秀等。

（4）活動邀請，利用公眾號圖文、抖音直播等。

(四)「藍圖吸引」法則

1. 用途

用於現場促成業務的破零加一。

2. 核心

對於主題演說，應預先選出合適的現場主持，從形象、語言、流程、氛圍等方面進行層層推進。

在主題推進中，要組織事前溝通的客戶現場進行成交和經驗分享，打造感人的場景藍圖。

3. 應用

（1）標題設計及現場布置的場景藍圖設計。

（2）高端片區拓展的服務設計、常態化片區拓展的產品設計。

（3）以音樂、色彩、贈品、廣告及虛擬獎勵促成銷售。

（4）機會與危機的設計。

（五）「借力標新」法則

1. 用途

用於維護與參加社區拓展活動的新增加客戶的關係。

2. 核心

（1）對準客戶關係的建設，借助浮動話題拋出自己的觀點，通過標新立異引起關注。

（2）對每種話題進行創造分享，記得認同部分現場客戶的觀點立場，並重複兩次自己的觀點，使之在原有立場上提升或偷換成你的觀點，借力引起支持及關注。

3. 應用

（1）對邀約來的客戶應處理好分工分區的跟進人員，保證每個客戶都有專人跟進並能及時回應。

（2）同事之間的認同與推崇法則。

（3）ABC法則的應用。

另外，在社區拓展的過程中，溝通表達、演說分享，都離不開行銷話術。外出拓展人員要做到著裝形象規範，使用「您好、請、謝謝、對不起、再見」等十字文明用語，不與客戶爭辯，多讚揚，多傾聽。對產品和企業的介紹要語氣堅定且條理清晰，能講出主要特性及優點。

其實，所有的行銷話術，歸結起來，就是要從客戶可以聽進去的角度設計，從客戶的角度思考並提供服務。

總之，社區拓展是市場行銷的一項常態工作，不是階段性工作，需要採用PDCA（持續改進的工作質量環）的方式對周邊社區市場進行不斷的行銷和推廣，對開展的每個項目進行效果評估（15日內），以此作為進一步推進的基礎，以及下一次推進的優化依據。每次社區拓展，如果都能遵循「目標明確、計劃完善、準備充分、執行得力、總結到位、持續跟蹤」的原則，那麼，行銷成果轉化是很明顯的。

任務六 智能化背景下金融場景化行銷技巧

學習目標

知識目標：
1. 熟悉金融行業的智能化趨勢。
2. 理解金融場景化行銷的定義及應用。
3. 掌握智能化金融網點場景化行銷的技巧。
4. 掌握客戶滿意度及忠誠度的智能化提升技巧。

能力目標：
能夠結合具體的智能化網點熟練開展場景化行銷。

素養目標：
1. 借助智能機具積極實施場景化行銷。
2. 熟練使用智能化工具提升客戶滿意度和忠誠度。

引導案例

銀行邁入「5G+智能」時代

據 2019 年 7 月 18 日《經濟日報評論》發表，中國建設銀行首批「5G+智能銀行」已落戶北京，是智慧銀行後又一新的金融與社會服務場所。據報導，5G+智能銀行能構建「生產網+互聯網」的服務網路，創新場景融合，可以提供 300 餘種常見快捷金融服務。這一方面滿足安防、遠程協作、高清播放等業務需求，另一方面又滿足用戶的 5G 上網體驗需求，將生活、社交及金融場景精心連接，包括智慧櫃員機、金融太空艙、智能家居、共享空間、客戶成長互動、安防監控等新的應用場景，提供極致的用戶體驗。不僅如此，進入「5G+智能銀行」的各個區域後，憑借人臉識別、智能語音、VR（虛擬現實）和 AR（增強現實）等技術的綜合運用，用戶可以迅速辦理銀行業務、諮詢預約、5G-WIFI 衝

浪、下載分享個性化名片、體驗尋寶記等互動游戲，享受各個場景下的個性化、專屬化服務。

資料來源：http://www.xinhuanet.com/info/2019-07/18/c_138236068.htm。

隨著智能化時代的來臨，金融從業人員如何創新工作能力已經成為金融行業對人才驅動智慧升級的重點項目。在新形勢下，場景化行銷發生了生態鏈的變化，不再是人與人的對話，而人與機器的對話，是員工與客戶與機器間的連結問題。

因此，本章和大家分享金融行業的智能化趨勢，金融場景化的定義及應用，金融場景人與行業綜合的技巧（銀行、保險和證券），客戶滿意度及忠誠度的智能化提升技巧。

一、金融行業的智能化趨勢

近年來商業環境的劇變，來自來勢凶猛的互聯網革命。光是智能手機的普及，就能讓最遲鈍的人也感受到變化。這個被稱為商業新生代的互聯網時代，從 2009 年的雲計算到 2011 年的大數據，再到現在的 AI 技術，再到智能化最新技術的誕生，它們被喻為互聯網技術三級火箭。

智能化在金融行業上的應用，我們接觸最多的可能就是刷臉技術了。實際上，金融行業的後臺技術在智能化道路上也一直在加速發展中。以 VISA 信用卡公司為例，過去 730 億單的交易處理，用傳統計算機技術，需要耗時兩個月來完成。可使用最新的 Haddoop 開源式分佈系統的基礎架構後，這項工作只需要 13 分鐘就可以完成。相信未來的智能化應用在金融領域會展現更多精彩。

目前，由於智能化，大部分銀行減少了大量的基礎人工業務，如辦理開卡、轉帳取款等，大大加速了業務辦理速度。過去，這些業務都要填寫單據，還要排隊等候，再到櫃面辦理，現在，客戶只需有一臺智能手機，就可以隨時隨地地通過手機銀行辦理交手機話費、水費、電費等，不出大門都可以辦好各種業務。原來大多需半小時左右辦理的業務，現在只需 10 分鐘左右。在銀行辦理理財產品、保險產品業務，是要現場雙錄的，而現在如果引導客戶到智能機具前辦理，也就是幾分鐘的事情，而且免去等待雙錄的時間。所以，智能化發展帶給金融行業的不只是時間效率的提升，以及客戶服務體驗快捷方便的提升，更是給銀行的精準化服務提供了大數據的分析支持。

總而言之，互聯網金融時代的智能化發展，從根本上更好、更全面地消滅了信息不對稱，將用戶和企業之間的距離大大縮短，渠道和仲介的價值被極大地削弱，讓我們進入了用戶主權的時代。

二、金融場景化的定義及應用

互聯網時代的金融智能化發展，可以優化業務流程，增加智能櫃臺下的臺均交易筆數，優化櫃面業務結構，實現人員結構優化；可以提升效率，運用智能機具，簡化處理環節，提升處理效率；還可以改善用戶體驗，通過現場推動指引，提升人機交互下的現場感知，改進用戶體驗。因此，為了優化，為了提升，為了改善，業務場景化又成為金融時尚的話術。

我們先來學習什麼是場景化。場景，本意是行為場合和形態。一個場合和形態能否成為有效的場景，主要取決於客戶的價值體驗。所以金融場景化不僅是渠道的創新，背後的深層邏輯是體驗化、情感化、社群化、數據化，是線上線下相融合的新模式。具體場景形式可以變，但場景定義的客戶價值體驗這一內核不會輕易改變。

場景化應用在金融上，可以更細分市場、精準定位，而且在金融場景中關注精準客戶的需求而做出的標準行為及話術，能解決客戶痛點，讓客戶與員工都保持吸引力和新鮮感。

以銀行業為例，人工櫃臺大量減少，取而代之的是智能化設備，一進門，大堂經理指引的不是填單或轉去自助服務區了，而是去智能化設備前。目前廣東省內的工商銀行各網點，一排展開，每個網點有7臺設備是標準配置，所以金融場景化的應用很廣泛。我們算了下，至少有16種業務場景替代櫃臺的功能服務。這些智能化場景的優點如下：

方便快捷，5分鐘可以辦理完畢；
100萬元以下都可以在智能櫃臺轉帳（每個銀行金額不同）；
可以開卡、開戶，很方便；
可兌換外幣；
可以打印近兩年流水帳；
操作簡單，還可以改預留的手機號碼；
可以辦理境外匯款；
可以辦理掛失；
可以直接辦理理財；
可以直接辦理保險；
不需要排隊；
可以直接辦理風險測評；
可以直接辦理外匯各種業務；
自助開通網銀、自助網銀操作；
免填單服務；

可以查詢信息、資料和餘額。

每一種優點，對應一種場景。原有業務方式沒有現今智能化方式那麼簡單、快捷、方便。證券公司、保險公司等，現在也都在智能化上有很多場景，就不一一列舉了。總之，這些場景能引起應用和更高的滿意度，就是對了。

三、智能化金融網點場景化行銷的技巧

相信我們每個人都看過哆啦A夢，都知道他有十大夢幻道具，如竹蜻蜓、時光機、任意門、聽心聲頭盔、記憶麵包、四次元口袋，等等。提到哆啦A夢，我們都會瞬間想起那些情節和場景，所以，我們發現，場景是需要一種標誌性物品的。由一個物品，我們才能延伸出其他很多的場景和情節。在金融場景裡，我們的智能機具就是這個「物」，而客戶來了，員工與客戶的交流，就產生了智能應用場景。

我們舉一個「激活網銀和手機銀行」的業務場景，來看下智能化應用的言行技巧：

客戶：您好，我想開一張卡。

服務專員：您好，開卡是吧？請點擊一下「我要開卡」。

機器：請插入身分證。（開口時機）

服務專員：先生（小姐），請問您開卡的主要用途是什麼呢？（搭訕）

客戶：存錢呀。

機器：請取回身分證。（開口時機）

服務專員：哦，您是在附近上班的嗎？

客戶：是呀。

服務專員：很多附近工作的人都到我們這開卡。

機器：請脫帽正視攝像頭，系統即將為您拍照。請點擊選擇您的照片。（開口時機）

服務專員：先生（小姐），這裡需要寫一下您的工作單位。請在這寫一下，什麼公司什麼部門。

客戶：好的。

服務專員：原來是這家公司呀，我有聽說過。手機銀行和網上銀行我幫您現在一起開通吧。（產品匹配）

客戶：不需要了。

服務專員：現在開手機銀行和網上銀行非常方便而且完全免費的。（價值互換）

客戶：我只是開來收工資啦。（拒絕）

服務專員：那就更要開了，其實用起來很方便也很安全的。比如在發工資後，您直接

上手機查下餘額，然後在上面就可以進行理財、繳費、還信用卡款等。理財很方便，申請一次就可以，在這裡可以一起辦理。及早規劃理財才會讓自己的工資增值。（干預）（產品疊加）

客戶：這樣即可。（遲疑）

服務專員：我們行手機銀行現在還開通了指紋登錄，十分方便和安全。我先幫您手機安裝，很快的。（循問）（快速結案）

關注我們這個手機二維碼，可以知道很多優惠，現在用儲蓄卡看電影和到指定商家消費都有很多優惠。

客戶：好。（成交）

通過以上這個案例，我們可以發現金融行業的智能化場景應用最終目的有三點：一是有效提升客戶的辦理效率，提升客戶滿意度；二是在智能體驗中提升銀行品牌的專業度，增加客戶認可度；三是在智能應用的人機交互時間中加強客戶信息溝通，更好地挖掘客戶其他需求，增加客戶產品黏性，創造更多業務收入，同時提高客戶忠誠度。

這三個目的，對保險業務和證券業務，也是通用的。保險業務的智能場景，更多是 App 平臺或微信小程序、公眾號等上面的應用推廣，從原來單純依靠人與人的保險訂單，發展成可以在 App 上進行保險訂單的管理、更新、諮詢等。有的保險公司可以實現在平臺上為自己的家人等直接下一些保險訂單，簡化手續。證券公司也是如此，有很多小場景在平臺上，包括每天完成作業加分等，都是借力智能化平臺提升客戶的滿意度及忠誠度。

話說回來，隨著科技發展，哆啦 A 夢的不少道具到了 AI 時代已經都實現了。所以智能化場景應用，必然會越來越生活化、細節化。

四、客戶滿意度及忠誠度的智能化提升技巧

近些年，大家都在提智能化、信息透明化、模式多樣化，吸引力大的爆款很多，大家的消費可選擇性更多，於是，競爭的關鍵點就在於客戶滿意與忠誠度。滿意與忠誠來自各種體驗，有「未來競爭以體驗為中心」之說。這種體驗，是一個過程，從感知到體驗到評價再到復購重消，才算是完成一個閉環體驗過程。以吃飯為例，在美團上找到好評的食店，就是感知；而去食店用餐，就是體驗；用餐愉快並好評發朋友圈，就是評價；再次到店用餐，便是再次消費。

互聯網近年來提出的社群行銷，也是體驗認知的一種模式，而且深入到新的層次，包括用消費行為、經營行為和行動行為體現滿意度及忠誠度。消費行為就是前面所列的用餐體驗，以化妝品店為例：自己在網店購買是消費行為；而經營線下分銷店，是經營行為；成為代言人，傳播邀請他人參加，是行動行為。

體驗又可以細分為六種，包括服務體驗、品牌體驗、親近體驗、行銷體驗、溝通體驗

和關懷體驗。具體定義如下：

服務體驗：以客戶體驗為導向，改善服務環境、服務流程和服務能力，提供完美的廳內體驗。

品牌體驗：建立和強化企業品牌、產品品牌和服務品牌的體驗。

親近體驗：完善網點現場佈局，提升營業網點現場服務覆蓋能力，強化「親‧近‧體驗」的主題宣傳。

行銷體驗：建設體驗行銷平臺，通過提供產品的體驗，提升行銷效果。

溝通體驗：建立與客戶的接觸，獲得和分析客戶的體驗，以提供決策支持。

關懷體驗：針對不同客戶群開展系列體驗關懷活動，提升企業影響力或維護老客戶價值。

所以，綜合智能化的發展，「未來競爭以體驗為中心」這句話，的確非常正確。我們用一個故事來結束體驗應用這一章。

這是一則童話故事，故事大意說：王子長大了，於是皇後發告示幫他找王妃，但必須是正宗皇室血統的公主，所以要求女孩必須要在城堡裡住一晚，以便選擇。結果來了很多女孩，但沒有一個是皇後認同的。後來來了一個女孩，一晚上鬧得僕人們無法入睡，總叫僕人來查看，說床不平整，有東西擱著背睡不著。僕人們說，都 7 層天鵝絨床墊了，哪會不平整呀，第二天紛紛去向老皇後告狀。誰知老皇後聽了很開心，說這就是她要找的公主，因為她在墊子下放了一顆豌豆，只有真正皇室血統的公主才會睡過 7 層鵝絨床墊，才能感覺出不平整來。這個故事，講的就是體驗，體驗是難以忘記的，一旦形成，就會成為習慣。所以，如何讓客戶有良好的體驗，從而成為記憶，很重要。

任務七 金融行銷目標管理的方法和技巧

學習目標

知識目標：
1. 熟悉金融網點日常管理的重要性，確保網點目標達成的可控指標。
2. 掌握網點目標科學分解的方法和技巧。
3. 掌握日常管理的過程管控的方法和技巧。
4. 掌握日常管理效果評價的方法和技巧。

能力目標：
能夠熟練運用「兩會三巡兩示範」進行金融網點日常管理，確保目標達成。

素養目標：
1. 形成通過過程管理確保目標達成的思路和方法。
2. 學會網點目標管理的方法：「兩會三巡兩示範」。

引導案例

某外資銀行旗艦店支行行長的一天

身為旗艦店的行長，銀行裡的每一天是怎麼運作的？我們的分行是怎麼管理的？這從以下場景中可以得到體驗。其包括了日常營運與管理、行長的責任與目標、行長的日常工作、行長的銷售與團隊管理、客戶關係管理及財富管理，等等。

行長每日上班的最大任務就是完成當日的指標。

每一家分行都有自己的銷售指標，可以說行長每天來上班最大的任務就是完成當日的指標，讓行內每個行員養成揚長避短的習慣，用有限的資源完成銷售及非銷售目標。在完成這些銷售目標的同時，還要完成很多報表等來追蹤銷售目標的進度。

需要說明一點，行長在日常工作中，除了管理銷售工作外，還要以德服人，要讓你的

員工相信你，乃至於做出一個文化。一個銀行，一個品牌就是一種文化。銀行的文化是什麼？管理有序。銀行也可以說是一個高壓力的地方，我們就是帶著這個文化進來的。

上午8:45，召集晨會進行簡單匯報

每天9:00營業前，在8:45有一個小會，每天都堅持，會議包括報告等內容，以渠道諮詢目標、承諾目標來分析銷售目標，會上要匯報昨天的業績，誰做得好誰做得不好，做得特別好的有什麼成功例子，要學會與大家分享。本行內有理財經理和理財顧問，每天都安排兩個負責人去讀昨天的全部報告，包括行內內部信息。我行有一個網站，整個亞太地區看的都是這個網上的資訊報告。通過每日瞭解財經資訊以做好客戶服務。

網點內每一個人每一天該做什麼工作我們都會說得很清楚，有什麼新的產品、新的指標都會明確。

9:00開始，行長「遊走管理」

從9:00到午飯前，行長就是在網點內走來走去進行遊走管理，看員工有沒有在打電話，有沒有在閒聊等，審視各個渠道的情況，確認產品和總客戶的狀況，有時客戶來了行長會去和他們瞭解一下情況，所以行長本身會很瞭解客戶的需要。我對員工說：你們有什麼樣的客戶需要的話我都能去和他們談，我不只是一個行長，我還是一個銷售員，我也是從做這些銷售工作一步一步做過來的，以前我有500個客戶，習慣於要聽到和瞭解到客戶的需要。

我還會和員工說，做事要速戰速決，首先要瞭解客戶的需要，不然會有風險，讓客戶不滿意的話就不太好。有些客戶並不知道他需要什麼，這時我們就要像一個醫生診斷一個病人，需要給他們提供專業意見，什麼病下什麼藥。

每日行長的激勵、監督、輔導

一天中我們有三次匯報當日業績的時間，分別是11:00、13:00、15:00。我就要通過遊走管理，維持銷售的高動力，要百分百地完成計劃，達到銷售績效的指標。

我要去確認當日大型、中型的交易機會，員工們有什麼不懂的話就要幫助他們。

要做支行的資源日程計劃和行員銷售計劃，準備銷售的底稿，最重要的是要注意經常跟他們在一起，這樣就不會不知道他們一天都在做什麼了。有些時候員工會覺得自己做不好，而你覺得他應該能做到，這樣只要你去激發他一下，他就能做到了。所以說，我們的員工可以說是一根橡皮筋，他本身是拉不了的，你要拉他。

那些業績差的行員則要到我的辦公室與我談話了。通常對做得越好的行員我管得越鬆而做得越不好的則管得越緊，每天我都要看員工銷售報表，這很重要，一天過後，要集中所有的銷售成績，查看成績和渠道，與員工談失敗的例子，找出問題所在。在月初時能做得到，但到月中或月底的時候做不到的員工，就會明確他要做的事情，我會對他越抓越緊的。

我常常會問我的員工為什麼你沒有做到，通常他們會說上一大堆的理由，這時我會說：做不到就是做不到，沒有理由。如果沒有做到的我們一起來看為什麼做不到，我來幫

他們。有時候我會拿起電話和他們的客戶溝通，讓他們在旁邊聽我是怎麼和客戶談話的。

員工的每個電話都有錄音，有時我會問我的員工今天你打了幾通電話，他說十個，我說不對，通過電話錄音就可以看到他的工作情況，如果做得不好電話又少，那就說明有了問題，如果做得不好電話打得又多的話，就要去聽他打什麼電話。電話錄音有幾個作用：一是監督，二是可以做電話交易。

員工每個人每個月的銷售計劃都要提交給我，比如員工說計劃要做 100 萬美金的存款，近來需要盯住的客戶有多少個，什麼時候能帶進來，該怎麼打這些電話……要把這些明細交給我，而且還要排多一些客戶，因為不是每個客戶都會和你有交易的，這些並不是很死板地放在裡面，我把它放在一個月份裡，一個優秀的員工一般在 9 月份已經完成了全年的業績。每一年年末，我們會把員工業績排出來，都有不同的排名榜。

每日員工的知識、銷售技能訓練

訓練員工。行長還要排出員工的培訓計劃。這些天內員工要上什麼課程，要考試什麼，有些系統還要升級，行長都要去看、去批。在行裡有的人是負責保險銷售的，有的人是負責按揭的，我們這一期又要做什麼東西，該怎麼安排怎麼做。那些做得好的員工就安排他們出國去培訓。所有這些工作是很多幕後的事情，通常大家是看不到的。

銷售技能訓練。我們常做角色扮演工作，有時候在早會上會做。尤其是推出新產品的時候，我會跟員工說明天早上 4 個人來扮演一下，我在旁邊聽並且教他們怎麼做，大家聽好再把重點寫下來，以後再去用。為什麼要講成功的例子，就像麥當勞，做到今天他們也是花了很多時間來不斷堅持和調整的，就是每天都在重複他們的「成功」才會演變成今天這麼好，其實要想成功就是要每天重複這些成功。

銷售會議。我們做很多的銷售會議，當銀行一個新的產品出來以後，這個產品有什麼不同的特點、利益、好處，最大的賣點在哪裡？比如有 5 大賣點，大家就可以坐下來說這 5 大賣點在哪裡，該怎麼向客戶說，該怎麼來賣，這樣就可以以同樣的方法去賣。比如今天早上說了這 5 大賣點，大家反應第 4 點有點不妥，那好，明天就來調一下，每天都這樣地不斷進行完善。最後銀行賣的產品和方向是一樣的，整個網點的銷售都很整齊。每個周一和周三都有產品部的人來和我們談相關的一些資訊，我們有什麼問題就可以問這些更有財經知識的人，等到客戶問我們的時候就好和他們溝通。每個周四都有一次培訓，講授需要加強哪方面的知識或技能，我們自己來培訓，例如保險等，因為不賣某些產品你就容易忘記，不是說每個員工都是會賣每個產品的，所以要有這樣的一個培訓班。

每日銷售目標管理

我們最重要的是要對自己的指標很清楚，尤其是對員工，每天來很多客戶要做外匯等業務，忙了一天不知道自己指標是什麼，那會很糟糕。

有些時候也會突然多加指標的，一般是每半年都會調整指標，有什麼戰略計劃來完成更高的指標，那麼這個員工達到指標的話就能獲得出國旅遊等獎勵。

舉辦有效的活動開發新客戶

開發新的客戶。我們在中國的網點很少，走進分行的人也很少，所以我們要往外去招徠客戶，這時候需要外出去談。比方說我們有的員工會到社區談一些舉辦活動的事情，這時候我會抓住那個談活動的員工，要他去談該做什麼事情。在做一個活動的時候，我會向員工索要這個活動拿了多少名單，這個活動花了多少錢等一些相關的數據資料，我要去看和瞭解，以便知道舉辦這些活動的成效。有些活動成績比較好，我們會多做一些。有些客戶比較喜歡的活動我們幾乎每個月都會做，有些活動成效不大就停止。

客戶群很重要，一定要懂得怎麼排出你的客戶群，這樣你就知道該做什麼事情。這群客戶的產出是最高的，那麼我們就要花更多的時間在這些客戶身上。

每日工作業績匯總報

行長幾乎每天晚上都要和老板開會，手下的員工把業績數字匯報給我們，全國各地行長都會匯報業績數字給老板。我現在和大家所分享的只是一半的經驗，主要是在銷售管理方面的。其實我們還做了很多背後的事情，可能會有人認為做行長很簡單，其實不然。銀行的行長在網點裡都是第一個上班，最後一個離開的，我們叫作「保姆」，對整個行的運作，作為一個行長都還需要在晚上去計劃安排，一個網點績效的好壞需要精細化的運作才能達到成功。

資料來源：中國金融業教育培訓中心（香港）課題組. 銷售管理案例：一位外資銀行旗艦店支行行長的一天 [J]. 金融管理與研究，2007（4）：47-49.

任何一家銀行的持續發展，需要各項規模指標的持續增長，如餘額、總資產、有效客戶數，等等。銀行網點各項目標的達成，在於日常管理以目標為導向，首先通過有效的員工管戶行為確保客戶結構的優化，其次通過客戶結構的優化帶動網點各項業績目標的達成，最後通過網點各項業績目標的達成實現網點效益、員工收入和客戶收益的三方共贏。

一、日常管理的重要性及確保網點目標達成的可控指標

網點日常管理是一項重要而繁雜的工作，同時又是網點銷售化轉型的核心內容之一。網點日常管理，聚焦於網點銷售目標的達成，以確保網點產能的可持續提升，並通過目標分解、每日兩會三巡兩示範、周例會和月度經營分析會檢視目標進度等日常管理手段來實現。

日常管理是網點銷售化轉型的核心內容之一，它聚焦於網點銷售目標的達成，是網點主任（或支行長）通過目標分解和對目標達成的過程、崗位聯動流程、客戶管理、績效考核、團隊建設以及員工專業化技能提升等工作進行有效管理的統稱，網點也由此建立標準化、規範化、系統化的日常管理模式，其產能的提升和目標的達成更具可控性及持續性。可以這樣說，網點日常管理極其重要，其工作目標就是要打造可持續發展的經營模式。

網點日常管理的重要性主要體現在以下兩個方面。

第一，對目標達成的過程實現有效管控。網點日常管理以目標達成的過程管理為線索，對日常工作進行閉環管理。過去的管理模式大多是上級下達任務指標後由員工自己想辦法完成，領導只在最後階段關注結果，對於目標達成的過程缺乏有效的指導和管控。而網點銷售、網點日常管理的精細化轉型要求重點圍繞對目標達成的過程分階段進行管控，以確保目標按計劃進行。

第二，對員工的能力提升具有重要的指導意義。日常管理聚焦於員工工作的計劃性、員工的行為表現以及對員工工作結果的分析，這就要求員工每天的工作要有計劃性，避免出現員工上班後對當天工作內容感到迷茫的現象。更重要的是，通過對不同時段的結果分析，網點領導可幫助員工發現問題、解決問題，使其能力得到提升。

在網點的日常管理中，為確保產能提升的可持續，要做到以下三個方面的可控。

第一，業績指標分解到員工可控。日常管理的核心內容之一，是網點主任對上級下達的任務目標進行分解，主要是將目標分解到各個崗位的員工。任務目標分解時需遵循產品結構化、任務時間化、崗位平衡化這三個原則，最終實現業績指標分解到員工的可控。

產品結構化是指根據不同產品的特點與受眾，對網點任務目標進行分解。

任務時間化是指根據序時進度，將全年目標結合歷史銷售數據分解成每月目標，再將每月目標分解成每日目標。

崗位平衡化是指針對不同的崗位設立不同的目標，而不是簡單地將目標均分到各崗位員工。例如，根據崗位特徵和職責，大堂經理主要承擔為到訪客戶服務和客戶需求挖掘工作，對有意向客戶做轉介和關懷，所以分解到的目標是較少的儲蓄及過程指標等，重點是客戶轉介數；理財經理的重點是做好貴賓客戶的維護和挖掘工作，其目標應為較多的儲蓄、客戶資產提升、理財產品和保險產品的銷售等；櫃員的本職工作是辦理業務、防範風險，其深入行銷的機會較少但對過程指標的開發具有重要作用，所以分解到的目標為過程指標和客戶轉介等。

第二，業績指標分解到客戶可控。網點銷售目標的達成最終需要客戶購買才能實現，所以，目標分解的落腳點是客戶。那麼，如何實現業績指標分解到客戶可控呢？第一步，在網點內部進行客戶分戶管理。可以將網點的存量客戶進行分戶管理，例如：支行長管理20萬元以上的貴賓客戶，理財經理管理5萬~20萬元的貴賓客戶數400~600個，大堂經理對5萬元以下的存量客戶進行分批分輪次盤活、挖掘和提升，並對到訪客戶進行需求挖掘和轉介。第二步，在客戶分戶後，網點應組織各崗位人員對客戶進行排查，對網點的到訪客戶、意向客戶、存量客戶、片區客戶這四類客戶進行產能排查分析，掌握不同客戶群體的基本信息和產品配置情況，從而分析出該客戶群體的產能貢獻占比，明確客戶管理提升的行動計劃，以便將目標任務落實到具體客戶。第三步，各崗位人員對客戶需求進行深度挖掘，提高產品交叉銷售率。各崗位人員在具體瞭解客戶的多樣化信息後，對客戶進行

綜合資產配置。此時需分析出客戶具體需要什麼產品、應該配置什麼產品，進行客戶適銷產品排查。在此基礎上，各崗位人員可將目標進一步分解到客戶。

第三，目標達成過程可控。目標分解到每季、每月、每週及每日後，還需進行每日督導、每週檢視、每月每季總結，並通過完整的反饋機制，以形成整個日常管理活動的閉環銜接。目標達成閉環管理可以發現工作中的漏洞，尋找解決問題的方法，提高工作效率，規範各項管理流程和規章制度，從而確保目標達成。

首先，每日督導主要是通過「兩會三巡兩示範」來進行。

網點每日目標：將網點月度目標的主要產品指標根據歷史銷售數據分析，分解至每日，編製網點每日產品任務分解表。計算網點增量情況，結合歷史銷售數據，下達次日各產品銷售目標，綜合各行銷崗位實際行銷狀況，落實具體任務到各行銷崗位員工。於當日夕會的明日準備步驟中，對行銷崗位員工予以逐一確定。員工於次日晨會自我宣示當日本產品目標、過程指標及積分目標，營業經理即時記錄於晨夕會管理看板。營業經理在每日「三巡兩示範」過程控制中，聚焦當日產品目標任務、過程指標及積分目標的全面達成管理。

每日目標達成檢視：營業經理根據每日計劃與實際達成銷售情況對比檢視，與小組組長及成員共同分析商議後，相應適度調整明日目標計劃。

其次，每週通過周例會檢視目標完成進度。

會議目的是任務進度執行、管理事項強化、重點產品/技能培訓。

會前準備要做好：統計數據及形成各項數據的分析；根據分析結果形成建議。

周例會的內容有：網點主任每週統計網點任務完成情況，結合歷史同期銷售數據，對次周網點各產品銷售目標做適當調整。網點主任綜合各行銷崗位的實際能力和崗位因素，將具體任務分派至各行銷崗位的員工，並每週檢視各崗位任務完成情況。員工於周例會或網點大夕會上確定下一週的目標。網點主任即時記錄於晨夕會管理看板，並在每日的「三巡兩示範」過程控制中，聚焦產品目標任務、過程指標及積分目標的全面達成等進行督導。員工根據每週計劃與實際達成銷售情況對比檢視，與網點主任及團隊成員共同分析商議後，適度調整目標計劃。

最後，每月通過月例會分析總結目標完成情況。

會議目的在於目標達成、績效分析（網點/員工個體）、團隊提升、客戶提升、目標達成策略確定。

會前準備要做到：統計分析數據，形成各項數據統計表；計算員工績效進行分配；根據分析結果形成建議書並開展績效談話；做好下月工作的計劃。

總而言之，日常管理是一項重要而繁雜的工作。本書介紹的網點日常管理，只是基礎層面的一些準則和基本技巧，希望能夠借此給大家一些思路上的啟發，以便大家進行科學

的日常管理，有效提升網點效能和個人業績，使網點效能的提升和目標達成更具可控性和持續性。

二、日常管理的前提和基礎——網點目標科學分解

綜上所述，網點目標分解是將網點階段產品目標按照時間（月）分解，將網點月度產品目標按照客群分解，將網點月度產品目標按照崗位員工分解，將個人月度產品目標按照時間（日）分解，將個人日產品目標按照客戶分解。

首先是網點階段性目標確定：支行長根據上級行下達的網點階段性目標，結合網點實際情況，確定網點包括收益、產品和客戶三類指標。

其次是把網點階段性目標分解到時間、客群和員工。具體分解步驟如下：

（1）網點階段產品目標分解到月。根據網點歷史業務發展的旺季和淡季、未來一年的片區潛在客戶金融資源變化、上級對網點未來的要求將網點階段產品目標不均勻分配到月。一般來講第一季度和第四季度是旺季，第二季度和第三季度是淡季。

（2）網點月度產品目標分解到客群。支行長每月更新網點「一點一策」[1]，擬訂網點月度經營計劃，制訂網點產能增量來源計劃，將網點月度產品目標分解到客群，確定本月網點產能增量來源計劃。

（3）網點月度產品目標分解至個人。根據理財經理、支行長、大堂經理、高櫃櫃員各崗位在網點承擔的責任不同、管戶資產不同、銷售技能不同，分別下達不同銷售目標，依次降低。可以參照不同占比進行分配。

（4）個人月度產品目標分解到日。網點員工根據網點產能增量來源計劃、本崗位存量客戶所產生意向、產品季節性將本人月度產品目標分解到日。在夕會上和周例會上根據當日和上周目標完成情況對個人日產品目標進行動態調整。

（5）個人日產品目標分解到客戶。網點員工根據第二天的邀約確認客戶的意向金額動態調整個人日產品目標，確保意向金額四倍於個人日產品目標。

一個有效的目標，必須符合「SMART 原則」：

S——明確的（Specific）。所謂明確就是要用具體的語言清楚地說明要達成的行為標準。明確的目標幾乎是所有成功團隊的一致特點。很多團隊不成功的重要原因之一就因為目標定得模棱兩可，或沒有將目標有效地傳達給相關成員。

---

[1] 網點依據外部宏觀市場、競爭形勢，根據網點內部客戶結構、經營管理現狀以及網點周邊的商圈特點確定網點經營方向及經營重點，制定相應的經營策略和支撐經營目標達成的行動方案，並嚴格執行，即網點根據自身情況圍繞經營目標達成而制定的經營策略、行動實施方案及管控措施。

M——可量度的（Measurable）。可量度的就是指目標應該是明確的、可以量化的，而不是模糊的。應該有一組明確的數據，作為衡量是否達成目標的依據。如果制定的目標沒有辦法衡量，就無法判斷這個目標是否實現。「量化」是指數字具體化和形態指標化。如：目標是買一輛汽車，則應補充描述什麼型號、價格多少的汽車。

A——可達到的（Attainable）。目標是要能夠被執行人所接受的，領導者應該更多地吸納下屬來參與目標制定的過程，即便是團隊整體的目標。

R——相關性（Relevant）。目標的相關性是指實現此目標與組織目標的關聯情況。

T——時限性（Time-limited）。目標的時限性就是指目標是有時間限制的。「時間限制」是指任何目標都必須限定什麼時候完成，可具體到某年某月，甚至是某日某時某分。

以下問題可以支持你設定你的目標、行動、計劃：

你的目標對你來說有什麼意義？是否具有挑戰性？

這目標是不是你的承諾、你的願景？

基於你的目標你會在三個月內創造什麼可以量度的成果？

根據你的成果，你會採取怎樣的行動計劃？

按你的行動計劃，能否達到你的成果？

你的目標、行動計劃和成果是否符合「醒目系統」的標準？

三、網點日常管理的過程管控——日管行為，周管客戶，月管規模

日常管理職責由支行長履行，支行長按照日常規範嚴格執行並即時完成相關管理文檔。要實現支行長管理標準化、規範化需要：聚焦目標達成進行管控，將目標達成前置為過程管理，將網點目標分解為員工行為（動作）。

日常管理按照管理頻率分為「日管理」「周管理」「月管理」，都是從目標管理、客戶管理、員工管理、績效管理、會議管理、風險管理六個方面對網點進行管理，但管理的重點有所區別：「日管行為」，「周管客戶」，「月管規模」。

（一）過程管控的每日督導——日管行為

網點日管理是指通過「兩會三巡兩示範」，支行長圍繞目標管理、客戶管理、員工管理、績效管理、會議管理、風險管理六個方面對員工經營行為過程和結果進行自我管理和管理。

「日管行為」，每日的管理重點是員工的關鍵行為，通過管理員工的關鍵行為支撐每天的目標達成。網點日管理主要內容如表 7-1 所示。

表 7-1　網點日管理主要內容

崗位	目標管理	客戶管理	員工管理	績效管理	會議管理	風險管理
支行長	個人日目標確認，網點日目標確認	高端貴賓客戶管理	通過「兩會三巡兩示範」對各崗位關鍵行為、意向客戶數、聯絡客戶數、邀約客戶數、客戶到訪數、成交客戶數、建檔數進行檢視、督導	日業績檢視	主持晨會、夕會	網點風險防控
綜合櫃員	無	無	無	無	參加	業務風險防控
理財經理 大堂經理 高櫃櫃員	個人日目標調整、確認	挖掘潛在貴賓客戶、貴賓客戶管理	通過自我管理對轉介數、意向客戶數、聯絡客戶數、邀約客戶數、客戶到訪數、成交客戶數、建檔數進行自我檢視	日業績核對	參加	自我風險防控

　　網點日管理包括三要素：聚焦目標達成、團隊狀態調整、精心準備。每日督導主要是通過「兩會三巡兩示範」來進行。

　　晨會有兩個核心目的，即提升員工士氣和明確心中目標。可分別通過團隊口號、員工分享和自報當日工作重點和目標來實現。員工在宣誓目標後，需要簡單闡述目標達成的客戶支撐，以實現「心中有目標，手中有客戶」。

　　「三巡兩示範」是網點主任開展當日銷售行為督導管理的重要管理工具。通過每天的三次巡視，網點主任可以收集各銷售崗位工作的準備情況和全天銷售目標達成數據。通過一日兩次現場示範、糾偏的方式，提升員工的行銷技能。第一巡於上午上班後半小時完成，重點是巡匹配度。例如，巡視大堂經理當日空白轉介卡、關懷卡是否準備，是否與晨會宣誓目標保持一致，當日需要聯絡的客戶名單（前期建立的關懷卡中的客戶）是否準備等。巡視理財經理每日聯絡客戶表中的名單是否充足，是否足以支撐當日目標的達成等。第二巡於上午下班前半小時完成，重點是巡進度。網點主任巡查各崗位員工目標達成情況是否按進度進行。若員工目標完成的情況是「時間過半、任務過半」，則鼓勵員工繼續努力，下午將剩餘目標完成；若出現「時間過半、任務超額完成」，則一方面需重點表揚該員工客戶管理到位、鼓勵其朝更高目標努力，一方面需思考該員工晨會所報目標是否有所保留；若出現「時間過半、任務完成率較低」，則網點主任需對該類員工進行重點指導，幫助其分析任務沒有完成的原因，為員工下一步的工作指明方向和重點。第三巡於下午下班前半小時完成，重點是巡結果。通過第三巡檢視當日網點目標達成情況，統計業績，總結問題，為夕會做準備。「兩示範」穿插在上下午工作期間進行，網點主任在廳堂管理中發現員工問題時及時給予示範和指導。

　　夕會是對一天工作的總結。網點主任除了公布網點整體業績完成情況外，更重要的是

幫助員工分析問題和解決問題，讓員工的能力有所提升。

日管理各步驟的管理目的如下：晨會——明確目標、調整團隊狀態；一巡——聯絡客戶名單與晨會目標匹配度；二巡——進度督導/心態輔導/工作重點調整輔導；三巡——目標達成檢查/準備夕會經驗分享主題、擬討論銷售難題；夕會——分享經驗、解決問題；二示範——關鍵人、關鍵行為（主打產品銷售、短板行為）。而且網點日管理的閉環管理包括積極為明日做準備：明確次日各崗位目標（網點任務進度、員工任務進度和團隊PK目標）；客戶名單準備；晨會案例分享人輔導；準備次日主打產品——「一句話行銷話術」、相應的「行長推薦榜」「熱銷產品排行榜」「櫃面臺板」和適銷客戶群。

（二）過程管控的每週檢視——周管客戶

周管理是指通過周例會支行長圍繞目標管理、客戶管理、員工管理、績效管理、會議管理、風險管理六個方面對員工經營行為過程和結果進行管理。

每週檢視：通過周例會檢視目標完成進度。周例會的目的是任務進度執行、管理事項強化、重點產品/技能培訓。會前準備時，要做好數據統計，形成對各項數據的分析，還要根據分析結果形成建議。

「周管客戶」，每週的管理重點是成交客戶數、員工工具使用情況。通過管理成交客戶數來支撐每週的目標達成。通過管理員工工具使用來規範員工行為。周管理主要內容如表7-2所示。

表 7-2　周管理主要內容

崗位	目標管理	客戶管理	員工管理	績效管理	會議管理	風險管理
支行長	個人周目標確認、網點周目標確認	各崗位及網點成交客戶數檢視及分析、批下發潛力客戶名單	對各崗位關鍵行為、轉介成交率進行檢視、督導	周業績核算	主持周例會	風險防控一週小結
綜合櫃員	無	無	無	無	參加周例會	風險防控一週小結
理財經理 大堂經理 高櫃櫃員	個人周目標調整、承諾	無	對關鍵行為進行自我檢視	無	參加周例會	無

周例會的舉辦包括以下要素：會議目的——表揚先進，問題提煉，回顧上周業績，明確本周重點；會議對象——當班員工；會議主持——支行長；會議時間——每週一結束後；會議工具——周例會記錄表；會議指引如表7-3所示。

表 7-3　會議指引

序號	步驟	工作內容	強調要點
第一步	業績檢視分析	產品指標分析：檢視分析周及月累計產品指標完成情況，包括網點及各崗位員工指標； 客戶增量分析：檢視分析上周新增客戶（儲蓄、保險、理財、基金、國債）、新增綠卡、貴賓卡； 關鍵行為分析：檢視分析各崗位關鍵行為； 行銷活動小結：支行長對上周舉辦的行銷活動（片區開發活動、增值服務活動）進行小結； 業績沒有完成原因分析：從產品維度、客戶維度、關鍵行為維度分析找出上周業績目標沒有完成的原因	相關經營數據和管理數據盡量從系統提取，系統提取不到的數據從本網點手工記錄提取
第二步	評選周之星	支行長表揚上周優秀員工； 亮點匯集：從服務、行銷、管理等多方面發掘網點員工實踐中的優秀做法； 支行長對員工分享的成功經驗進行總結提升； 評選周之星，公開獎勵	業績好或進步快的員工都可以作為優秀員工； 通過周之星的評選，激發員工士氣
第三步	問題總結	支行長組織員工基於業績沒有完成原因找到解決方案，並在系統裡修訂具體行動計劃； 支行長對夕會上提出的問題、原因分析、解決方案進行整理、提煉	問題涵蓋網點服務、行銷、管理、人員履職等方面； 該步驟遵循發現問題—分析問題—解決問題的流程； 問題討論過程中，鼓勵網點全員群策群力，積極表達自己的想法； 解決方案的制定應尊重網點實際情況
第四步	本周工作計劃	支行長基於上周累計完成的網點產品指標，對本周的網點產品指標進行動態調節，確保網點月度產品指標完成； 支行長對本周行銷活動（片區開發活動、增值服務活動）進行調度和安排； 支行長安排本周夕會的演練主題； 各崗位員工根據自己管戶存量客戶和意向客戶情況調整自己本周產品指標，在會上承諾並報告	無
第五步	主題培訓	按照月度培訓計劃，組織主題培訓，包括產品知識、行銷技能、合規風險知識等	無

周例會的內容：網點主任每週統計網點任務完成情況，結合歷史同期銷售數據，對次周網點各產品銷售目標做適當調整；網點主任綜合各行銷崗位的實際能力和崗位因素，將具體任務分派至各行銷崗位的員工，並每週檢視各崗位任務完成情況；員工於周例會或網

點大夕會上確定下一週的目標；網點主任即時記錄於晨夕會管理看板，並在每日的「三巡兩示範」過程控制中，聚焦產品目標任務、過程指標及積分目標的全面達成等進行督導；員工根據每週計劃與實際達成銷售情況對比檢視，與網點主任及團隊成員共同分析商議後，適度調整目標計劃。

(三) 過程管控的每月總結——月管規模

網點月管理是指通過月度經營分析會支行長圍繞目標管理、客戶管理、員工管理、績效管理、會議管理、風險管理六個方面對員工經營行為過程和結果進行自我管理和管理。

每月總結：通過月例會分析總結目標完成情況。月例會的目的在於目標達成、績效分析（網點/員工個體）、團隊提升、客戶提升、目標達成策略確定等。會前準備時，要做到四點：統計分析數據，形成各項數據統計表；計算員工績效進行分配；根據分析結果形成建議書並開展績效談話；做好下月工作的計劃。

「月管規模」，每月的管理重點是各崗位月度指標和網點月度指標達成情況、客戶結構變化、客戶流失情況、行銷活動、員工技能提升。月管理主要內容如表7-4所示。

表7-4　月管理主要內容

崗位	目標管理	客戶管理	員工管理	績效管理	會議管理	風險管理
支行長	個人月目標達成分析、網點月目標達成分析、一點一策、網點月目標調整確認、網點月目標分解到崗位	客戶結構變化、各崗位客戶提升數、網點客戶提升數、交叉銷售率分析、客戶分戶調整、行銷活動總結	對各崗位關鍵行為、轉介成交率進行檢視、督導，對員工技能提升進行檢視	績效核算、一對一輔導	主持月經營分析會	風險防控一月總結
綜合櫃員	無	無	無	績效確定	參加月經營分析會	風險防控一月總結
理財經理 大堂經理 高櫃櫃員	個人目標分解到日、個人月目標承諾	所管轄客戶提升、降級、流失情況分析	對關鍵行為進行自我檢視	績效確定	參加月經營分析會	無

月度經營分析會的舉辦包括以下要素：會議目的——表揚先進，回顧上月業績，明確本月重點；會議對象——全體員工；會議會主持——支行長；會議時間——每月一次；會議工具——月經營分析會記錄表；會議指引如表7-5所示。

表 7-5

序號	步驟	工作內容	強調要點
第一步	業績檢視分析	產品指標分析、成交客戶數分析、關鍵行為分析：支行長對上月各崗位員工產品指標完成情況、網點產品指標完成情況進行檢視、分析； 客戶分析：支行長對上月客戶結構（各層級客戶數及個人金融資產占比）變化進行分析，進行客戶流失分析； 行銷活動總結：支行長對上月舉辦的行銷活動（片區開發活動、增值服務活動）進行總結； 業績未完成原因分析：從產品維度、經營策略維度、客戶維度、關鍵行為維度分析找出上月業績目標沒有完成的原因	相關經營數據和管理數據盡量從系統提取，系統提取不到的數據從本網點手工記錄提取
第二步	評選上月之星	支行長表揚上月優秀員工； 亮點匯集：從服務、行銷、管理多方面發掘網點員工實踐中的優秀做法； 支行長對上月各周銷售會議上員工的成功經驗分享進行總結提升，形成可供其他員工學習借鑑的「案例集」； 評選上月之星，發放獎勵	上月業績好或進步快都可以作為優秀員工； 成功經驗分享的重點是銷售成功的關鍵； 通過上月之星的評選，激發員工士氣
第三步	問題總結	支行長組織員工基於業績沒有完成原因找到解決方案； 對上月各周例會上提出的問題、原因分析、解決方案進行提煉； 支行長根據上述問題及解決方案制訂具體行動計劃	問題涵蓋網點服務、行銷管理、人員履職等方面； 該步驟遵循發現問題—分析問題—解決問題的流程； 問題討論過程中，鼓勵網點全員群策群力，積極表達自己的想法； 提升策略的制定應尊重網點實際情況
第四步	本月工作計劃	支行長基於上月累計完成的網點產品指標，根據本月客群產能增量來源計劃，對本月網點產品指標進行動態調節； 支行長根據本月網點產品目標，擬訂月度經營計劃，對一點一策進行月度更新； 支行長根據上月經營計劃，對本月行銷活動（片區開發活動、增值服務活動）進行計劃、排程； 各崗位員工根據支行長分解形成的個人月度產品目標及自己管戶存量客戶和意向客戶情況形成個人月度工作計劃，重點是完成個人月度目標的方法、績效改善重點、能力提升重點，在會上公開承諾並報告； 支行長根據各崗位員工業績完成情況和技能提升情況制訂月度培訓計劃，確定夕會、周例會培訓主題	無

四、網點日常管理的效果評價

(一) 日管行為

支行長每日對網點各崗位關鍵行為：意向客戶數、聯絡客戶數、邀約客戶數、客戶到訪數、成交客戶數、建檔數進行檢視和督導。

(二) 周管客戶

支行長每週管理重點是成交客戶數和員工工具使用情況，目的是實現客戶結構優化。客戶管理提升產能的管理關鍵如下：

分戶、客戶建檔與客戶價值/需求分析——分批盤查。

客戶管理質量評價管理：交叉銷售率、高端客戶防流失率、中端客戶提升率、大眾客戶激活率、存量客戶電話輪詢率、客戶知曉率。

到訪客戶：主動篩選、興趣性回應（對網點宣傳品表現出興趣的客戶）。

意向客戶：意向確認（意向產品、內在需求），堅持「4+1」，管理大堂經理關懷卡使用。

存量潛力客戶：（高櫃櫃員）重分批激活、提升/針對性產品或服務及活動設計。

貴賓客戶：盤活有序，維護有度。統一節奏分批盤活/針對性產品或服務，分類管理，有節奏維護（ABCD），善用客戶需求索引表，形成相關產品目標客戶群，針對性地進行客戶提升活動設計。

(三) 月管規模

網點每月的管理重點是各崗位月度指標和網點月度指標達成情況、客戶結構變化、客戶流失情況、行銷活動、員工技能提升。

總而言之，網點的日常管理是一項重要而繁雜的工作。日常管理的核心在於網點業績目標的達成。日常管理的基礎在於網點科學的目標分解，把上級行下達的全年目標分解到每月的規模業績指標、每週的客戶目標和每日的客戶管理規範行為，然後通過每日有效的「兩會三巡兩示範」確保當日行為目標的達成，再加上有效的周例會和月度經營分析會確保每週客戶結構優化指標和月度業績發展規模目標的達成。這裡介紹的網點日常管理，只是基礎層面的一些管理準則和基本技巧，希望能夠借此給相關讀者一些思路上的啓發，以便進行科學的日常管理，有效提升網點產能和個人業績，使網點產能的提升和目標達成更具可控性、持續性。

任務八　金融產品新媒體行銷的方法和技巧

學習目標

知識目標：
1. 能闡述金融產品新媒體行銷的概念和特徵。
2. 掌握金融產品新媒體行銷的策略和方式。
5. 掌握金融產品新媒體行銷的技巧。

能力目標：
1. 能針對具體金融產品選擇合適的新媒體行銷方式。
2. 能區分不同金融產品新媒體行銷渠道的優劣勢。
3. 能結合具體實物制定金融產品新媒體行銷策略。
4. 能在具體行銷實例中準確運用適合的行銷技巧。

素養目標：
1. 豐富的新媒體行銷知識和技能，樹立新媒體行銷的理念。
2. 能在金融產品行銷中熟練運用新媒體行銷的方法和技巧。

引導案例

銀行新媒體行銷勢頭迅猛 分分鐘玩轉「10萬+」

本榜單對部分國內銀行 11 月份的新媒體綜合能力進行考核，涵蓋包括政策性銀行、郵政儲蓄銀行、國有商業銀行、股份制商業銀行、城市商業銀行和農村商業銀行在內的 6 大類，其中農商行與城商行排行榜系主要根據中國銀行業協會發布的 2016 年商業銀行穩健發展能力「陀螺」(GYROSCOPE) 評價體系，選取其中綜合排名較高的銀行進行考核。

新媒體排行榜總榜反應各大銀行總行的新媒體營運狀況，主要包括活躍度、傳播力、互動力三個指標。「活躍度」一定程度上反應了各大銀行總行的微博、微信的更新頻率及

服務狀況。活躍度指標越高，說明銀行機構維持其微博、微信平臺更新及時，向用戶提供了更多有價值的信息。「傳播力」主要指各大銀行總行微博、微信發布信息的傳播情況。傳播力指標越高，說明銀行微博、微信的內容被越多的網民看到。「互動力」表徵銀行綜合微博、微信發布信息的影響情況。互動力指標越高，說明銀行微博、微信內容引發了越多的網民回應。

從閱讀和點讚兩方面，選取了總閱讀量、平均閱讀量、頭條總閱讀量、單篇最高閱讀量、總點讚數、平均點讚數、頭條總點讚數、單篇最高點讚數這 8 個指標來對微信公眾號進行評估。

本期銀行新媒體排行榜中，中國銀行憑借 11 月份的出色發揮成功問鼎冠軍，工商銀行收穫亞軍，農業銀行、建設銀行緊隨其後，交通銀行位列第 12 位；政策性銀行方面，農發行獲得冠軍，進出口銀行和國家開發銀行位居其後；股份制銀行方面，浦發銀行、廣發銀行與招商銀行收穫前三甲，興業銀行、中信銀行位列第 4、5 名；城商行方面，上海銀行、哈爾濱銀行與長沙銀行位列前三，蘭州銀行與廣東南粵銀行緊隨其後；農商行方面，本期前 5 由青島農村商業銀行、東莞農村商業銀行、昆山農村商業銀行、北京農村商業銀行和江陰農村商業銀行取得。

銀行微信以其便捷的功能和強大的用戶黏性「發家」，可謂含著「金鑰匙」出生的新媒體。當自媒體還在為增粉而絞盡腦汁的時候，銀行微信公眾號早已將「10 萬+」玩轉於股掌之中。新媒體的迅速發展為銀行開啓了移動行銷的 4.0 時代。隨著移動互聯網逐漸成為消費者接觸信息的主要渠道，如何尋找觸點將成為各家銀行微信公眾號行銷的重要內容。

從 11 月份銀行微信的傳播力來看，國有銀行中，工行、農行、中行、建行、交行 11 月份均有 10 萬+文章入帳，平安銀行、招商銀行、民生銀行等也有不俗的傳播效果。信用卡微信帳號傳播方面，「浦發銀行信用卡」收穫冠軍，「龍卡信用卡」（建行）和「中國銀行信用卡」位列第 2、3 名。從「10 萬+」的文章內容來看，「紅包」「免費」「打折」等各種優惠字眼成為高打開率的必備因素。其中，「廣發銀行」「雙 11」推送的「廣發銀行雙十一消除帳單通知函」，「中國農業銀行」的「雙 11 戳氣球，贏 iPhone 7」都以當下生活場景觸動用戶「痛點」，釋放消費者潛意識的內在需求，從而刺激消費，達到行銷的最終目的。

各大銀行校園招聘正如火如荼地開展，不少已進入激烈的筆試和面試階段。在 11 月份的銀行招聘微信傳播力排行榜中，中行以一篇《中國銀行 2017 年校園招聘筆試已經來了，夢想還會遠嗎》成為上個月各大銀行招聘中心閱讀量最高的文章，以「夢想」觸動人心，以「情懷」招攬人才，取得不俗的傳播效果。相對於國有銀行在招聘中的「惜字如金」，城商行則顯得更為積極。在 11 月銀行招聘中心的推送文章中，「寧波銀行招聘」以 15 篇文章的推送量成為發布次數最多的銀行，其次為「蘇州銀行招聘」與「哈爾濱銀

行招聘」。「寧波銀行招聘」推送的內容可謂面面俱到，從面試技巧的指導到面試地點的攻略，從金融知識的灌輸到面試故事的徵集，在應屆生孤獨的求職路上，寧波銀行以最細心的「陪伴」增強了用戶平臺黏性，收穫了好評及點讚。

資料來源：2016年12月14日人民網。

隨著數字信息技術的迅猛發展，互聯網和移動終端加速融合，新媒體作為一種新興的傳播媒介，由於其個性化、交互性、開放性和多元性而具有傳統媒介無法比擬的優勢，顛覆了整個社會各行各業的行銷理念。金融行業也將迎來嶄新的新媒體技術下的行銷理念和行銷方式。

一、金融產品新媒體行銷基礎知識

（一）金融產品新媒體行銷的概念和特點

1. 金融產品新媒體行銷的概念

金融產品新媒體行銷有兩層含義：一層是指傳統金融業務利用新媒體技術進行市場調查、宣傳和推廣，最終將金融產品引向目標客戶的行銷活動；另一層是指專門為新媒體金融業務而展開的行銷活動。金融機構針對新媒體客戶的不同需求，開發出適合於新媒體技術推廣的金融產品，開展行銷活動，最終實現新媒體金融服務的目標。

新媒體（New Media）這個詞最早是由美國人P. Goldmark（哥倫比亞廣播電視網技術研究所所長）在1967年提出的。這個概念的提出主要是對比傳統媒體，比如報紙、雜誌、廣播、電視等。新媒體也是一個寬泛的概念，利用數字技術和網路技術，通過互聯網、寬帶局域網、無線通信網、衛星等渠道，以及電腦、手機、數字電視機等終端，向用戶提供信息和娛樂服務的傳播形態。嚴格地說，新媒體應該稱為數字化新媒體。它消除了個體與媒介的屏障，拉近了媒介與媒介間的距離。它的表現形式非常豐富、靈活，可將文字、音樂、圖片、視頻等融為一體，生動有趣，娛樂性強。同時它還具有雙向交互性，受眾不再是信息的被動接受者，而可以主導選擇，同時也是信息的傳播者。而且，它可以即時投其所好地將不同類型、不同關注點的信息推送到不同的受眾前面，個性化突出。

金融產品新媒體行銷簡單地說就是利用新媒體平臺開展的金融產品行銷活動。

2. 金融產品新媒體行銷的特點

（1）金融產品新媒體行銷的優勢。

①有效地降低行銷成本。傳統行銷模式下，一些金融企業尤其是銀行通過增加網點數量、投放廣播電視廣告等手段進行宣傳，成本頗高，收效卻不見得特別明顯。而搭建新媒體平臺可以讓金融企業有效地降低行銷成本，不再需要投入高額的行銷宣傳費用。因為新

媒體本身的互動參與性使得用戶也成為行銷信息的傳播者，從而降低成本是必然的。

②提高關注度，增強行銷效果。新媒體的發展使互動體驗、口碑傳播、數據庫行銷、病毒行銷、精準行銷、事件行銷等各種新的廣告表現形式和行銷方法不斷湧現，並將更多的創造性元素融入其中。通過吸引用戶的參與，提高準客戶的高度關注，行銷效果將得到極大的提升。

（2）金融產品新媒體行銷的劣勢。

①行銷受眾受限。新媒體行銷主要借助於電腦、手機或數字電視等數字終端向用戶提供行銷信息，因而它的受眾範圍就局限在會使用上述新媒體手段的人。這其中以年輕化群體為主，一些年紀稍高的群體難以覆蓋到。這就嚴重地影響了行銷的受眾範圍，從而影響行銷結果。

②行銷結果難檢測。任何的廣告或者公關投放都是需要有一個結果數據提供給客戶的，但是通過新媒體影響提供的數據，往往只能是轉載量、評論量、搜索量，其質量如何、效果如何、美譽度如何都是難以監測和定論的。

（二）金融產品新媒體行銷的渠道

1. 微博行銷

微博是一種基於用戶關係信息分享、傳播以及獲取的通過關注機制分享簡短即時信息的廣播式的社交網路平臺。

微博行銷是指通過微博平臺為商家、個人等創造價值而執行的一種行銷方式，也是指商家或個人通過微博平臺發現並滿足用戶的各類需求的商業行為方式。微博行銷以微博作為行銷平臺，每一個聽眾（粉絲）都是潛在的行銷對象。企業通過更新自己的微博向網友傳播企業信息、產品信息，樹立良好的企業形象和產品形象。每天更新內容就可以跟大家交流互動，或者發布大家感興趣的話題，來達到行銷的目的。這樣的方式就是互聯網新推出的微博行銷。該行銷方式注重價值的傳遞、內容的互動、系統的佈局、準確的定位，微博的火熱發展也使得其行銷效果尤為顯著。微博行銷涉及的範圍包括認證、有效粉絲、朋友、話題、名博、開放平臺、整體營運等。自 2012 年 12 月起，新浪微博推出企業服務商平臺，為企業在微博上進行行銷提供一定幫助。它的特點主要有：

（1）內容簡短，行銷直接走向核心：通常最長的微博不會超過 140 字，這種快餐式的閱讀使行銷變得更快。

（2）互動強，可以產生病毒式行銷效果：每次發生熱點事件，微博都會被大量轉發轉載，傳播速度非常快。

（3）是一種口碑行銷、主動行銷：一個好的微博內容，或者粉絲感興趣的內容，它的轉載速度十分快，而粉絲每次轉載無疑都會幫企業進行一次好的口碑行銷，通過粉絲的力量幫助企業進行主動行銷。

[案例] 招商銀行：番茄炒蛋

2017年11月1日，一支名為《世界再大，大不過一盤番茄炒蛋》的廣告突然在朋友圈刷屏。轉發的朋友們紛紛表示：「看到飆淚，不知不覺就淚目了。」故事內容相信大家都已經知道了，就是一位出國在外的留學生，想在同學面前露一手，於是向大洋彼岸的母親求助，最後留學生做出了滿意的番茄炒蛋。然而讓留學生忽略的是，中美兩地的時間差，留學生的母親是深夜為兒子教學，感動力滿滿。

該廣告是招商銀行為推廣其留學生信用卡而推出的案例，最先在微博平臺推廣，後被轉發至微信朋友圈，迅速引發幾何式增長的轉發量、轉載量，形成了刷屏級的熱度。它把原本的功利性信用卡利用視頻的形式轉變成一份國內父母與在外留學生子女的親情羈絆，改變了原有銀行廣告的思路，通過互聯網以一種煽情的方式進行病毒式傳播。通過視頻的廣泛傳播與共鳴，招商銀行吸引了更多的關注量，將更多的觀望者轉化為了自身的用戶，將一個商業銀行信用卡轉化成了一個具有特殊情感的 VISA 留學信用卡。

2. 微信行銷

微信是騰訊公司推出的一個為智能終端提供即時通信服務的免費應用程序，提供公眾平臺、朋友圈、消息推送等功能。用戶可以通過「搖一搖」「搜索號碼」「附近的人」、掃二維碼等方式添加好友和關注公眾平臺，同時將內容分享給好友或朋友圈。

微信行銷是商家通過微信進行品牌和產品的推廣行銷。它多元化的推廣形式已經形成了一種主流的線上線下互動行銷方式，給行銷帶來了顛覆性的變化，如微官網、微會員、微推送、微活動、微支付、微提醒等。它的特點如下：

（1）點對點精準行銷。微信擁有龐大的用戶群，借助移動終端、天然的社交和位置定位等優勢，每個信息都是可以推送的，能夠讓每個個體都有機會接收到信息，繼而幫助商家實現點對點精準化行銷。

（2）行銷形式靈活多樣。微信公眾平臺為用戶提供了3種常見的公眾號，分別是服務號、訂閱號和企業號。用戶可以通過朋友圈、位置簽名、掃一掃、搜一搜、看一看、附近的餐廳以及小程序等多種渠道接收到商家的推送信息。

（3）行銷方式人性化。對於微信信息的接收，客戶可以自由選擇，既可以即時「關注」自己感興趣的行業、產品、新聞、知識等，接收訂閱號發送的推廣消息，又可以隨時「取消關注」，不接收消息，拒絕商家的行銷推送。親民而不擾民的微信讓行銷變得更人性化。

任務八　金融產品新媒體行銷的方法和技巧

[案例]　中國銀行北京分行的微信銀行

2013年6月9日，中國銀行北京分行的微信公眾號正式推出，「中行北京市分行電子銀行」的上線，代表著微信銀行服務行業正式進入了大眾的生活，一種全新的經濟生活方式誕生。

「中行北京市分行電子銀行」的微信公眾號分為三大導航部分，分別針對中行的三大特色推出了各種活動業務。

第一部分「互動驚喜」幫助中行吸引了大量微信用戶，促使中行的微信粉絲成倍增長。「互動驚喜」推出的「招兵買馬」「爭分奪秒"「壁紙點點來」三個活動成為中行公眾平臺上的一大熱點。中行利用各種獎品拉動粉絲，又用趣味答題活動進行軟性自我宣傳，最後將自己的LOGO（標示）分享給粉絲、客戶，在公眾號推出後很短時間內，就形成了一股微信銀行熱潮。

第二部分「悅享生活」是中行為廣大用戶推出的一項查詢業務。在這一版塊中，微信用戶可以及時查詢到各種與中行相關的實用信息和活動信息。例如「悅享生活」中的「周邊網點」服務，微信用戶只需要將自己的位置發送給中行公眾號便可以輕鬆獲得中行最近網點的信息。還有這一版塊中「優惠活動」服務，點擊這項服務後，微信用戶同樣可以查詢到中行近期開展的各項活動，並且活動介紹語言清新典雅，提高了微信用戶的參與度。

第三部分「每日理財」是中國銀行為所有客戶推出的理財服務，其中包括了最新的理財產品介紹，對最新匯市局面的專業評價，以及便捷的理財業務問答幫助系統。這些服務的推出令中行的理財產品得到大面積推廣，理財服務也更加全方位化。

中行是四大國有銀行中第一個實現微信公眾號全面打造的銀行，中行微信公眾號的推出為中行帶來了巨大的收益。由於微信銀行的便捷與高端，中行的客戶開始隨著中行微信公眾號粉絲的增長不斷增加。中行表示微信銀行發展戰略已經成為中行發展的一個主要方向，中國銀行總行的微信公眾號即將進入建設階段。

資料來源：http://news.ifeng.com/a/20170719。

3. 搜索引擎行銷

搜索引擎行銷SEM（全稱Search Engine Marketing）就是根據用戶使用搜索引擎的方式利用用戶檢索信息的機會盡可能地將行銷信息傳遞給目標用戶。它實質就是基於搜索引擎平臺（如百度、谷歌、搜狗、360等），利用人們對搜索引擎的依賴和使用習慣，在人們檢索信息的時候將信息傳遞給目標用戶。搜索引擎行銷，既可以提升商家的曝光率和知名度，又可以有效吸引並挖掘更多的準客戶和潛在客戶，助力商家品牌推廣，以此達到廣告行銷的目的，是網路行銷最常用的手段之一，同時也是最直接有效的一種手段。

搜索行銷的最主要任務是擴大搜索引擎在行銷業務中的比重，通過對網站進行搜索優化，更多地挖掘企業的潛在客戶，幫助企業實現更高的轉化率。競價排名、購買關鍵詞廣告、搜索引擎優化、搜索引擎廣告等是搜索引擎行銷的主要模式。被搜索引擎收錄、排名靠前、增加用戶的點擊率、將瀏覽者轉化為客戶是搜索引擎可以為商家實現的4個層次的行銷目標。推行搜索引擎行銷SEM最根本的原因之一是搜索者會購買產品：33%的搜索者在進行購物，並且44%的網民利用搜索站點來為購物做調研。它具有如下特點：

　　（1）受眾廣泛，助力客戶。搜索引擎行銷受眾廣泛，不論是手機還是電腦，只要是使用搜索引擎的人都可以是搜索引擎行銷的潛在客戶。它有效地幫助客戶獲取信息並進行篩選，將符合客戶條件的內容排列起來方便查找。

　　（2）成本較低，競爭激烈。相比較其他新媒體手段來說，搜索引擎進入門檻較低，成本也較低。每個商家都希望搜索排名靠前，提高曝光率，第一時間被客戶發現。因而搜索引擎行銷競爭也是非常激烈的。

　　［案例］　　SEM品牌行銷成功案例——可口可樂「爽動美味，暢爽開懷」

　　2011年可口可樂的重點推廣策略是基於Coke with food的長期推廣策略制定的，該策略的推廣思路是建立受眾印象當中對於可口可樂品牌和美食的關聯關係。今年重點突出的主題是可口可樂使火鍋更美味的概念，使消費者在尋找美食和享受美食的時候，能自然而然地想到搭配可口可樂，使可口可樂「爽動美味，暢爽開懷」的概念深入人心。

　　執行過程

　　採用網頁浮層關聯廣告和iLook美食榜單冠名的形式，軟性地建立可口可樂品牌和喜好火鍋的潛在受眾的聯繫。

　　網頁浮層關聯：

　　在網民搜索「火鍋」或者知名火鍋店時，採用浮層的形式，展現可口可樂爽動美味的火鍋主題視頻，並提供動態更新的熱門火鍋店榜單的實用信息。利用百度大量的美食餐廳特別是火鍋餐廳的檢索量，在這些檢索行為發生時，展現可口可樂的廣告創意，並和TVC（電視廣告影片）形成呼應。

　　iLook美食榜單冠名：

　　在網民搜索熱門餐廳名稱時，在搜索結果頁右側，展現動態更新的熱門美食榜單，並在榜單上方展現預留的可口可樂爽動美味的物料。當鼠標滑過時，廣告物料可以向下展開（見圖8-1）。

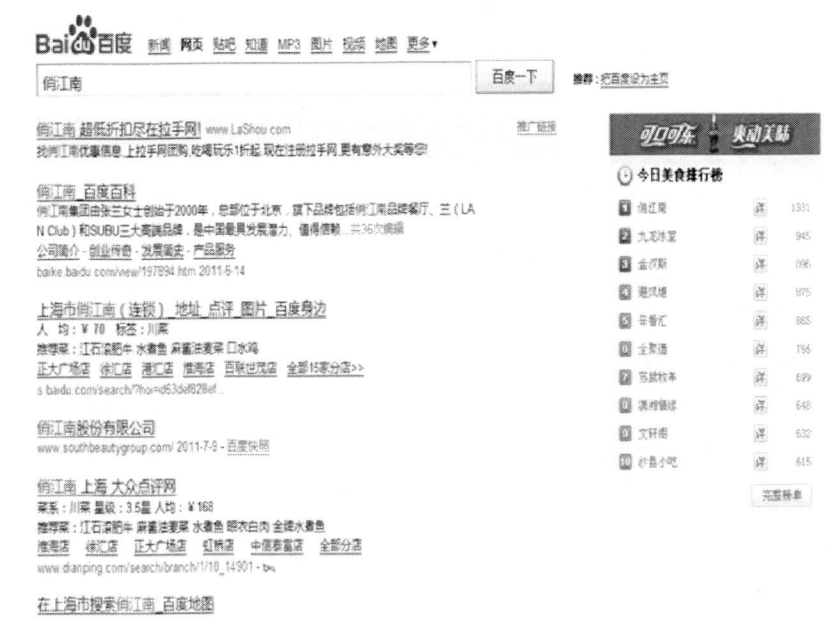

圖 8-1　廣告物料

行銷效果

廣告在線時間：61 天

總展現量：337 萬次

廣告展開總次數：38 萬次

資料來源：http://blog.sina.com.cn/u/1793762774。

4. App 行銷

App（Application）就是應用程序的意思。App 行銷是通過特製手機、社區、SNS（社交網）等平臺上運行的應用程序來開展行銷活動。隨著智能手機的流行，第三方應用程序發展迅速。比較著名的有華為應用商城、蘋果的 App Store、安卓應用市場等。智能終端用戶可以通過上述商城下載相關的 App 到自己的智能終端上使用。如今已有越來越多的企業開發自己的 App 作為行銷的重要渠道。

如圖 8-2，應用市場總下載量方面，18 家手機銀行 App 的總下載量從 235 萬次到 4.8 億次不等，其中第一名是中國建設銀行，下載量累計達 4.8 億次。18 家全國性商業銀行為：中國工商銀行、中國農業銀行、中國銀行、中國建設銀行、交通銀行、中國郵政儲蓄銀行、中信銀行、中國光大銀行、華夏銀行、中國民生銀行、招商銀行、興業銀行、廣發銀行、平安銀行、上海浦東發展銀行、恆豐銀行、浙商銀行、渤海銀行。

總下載量TOP10

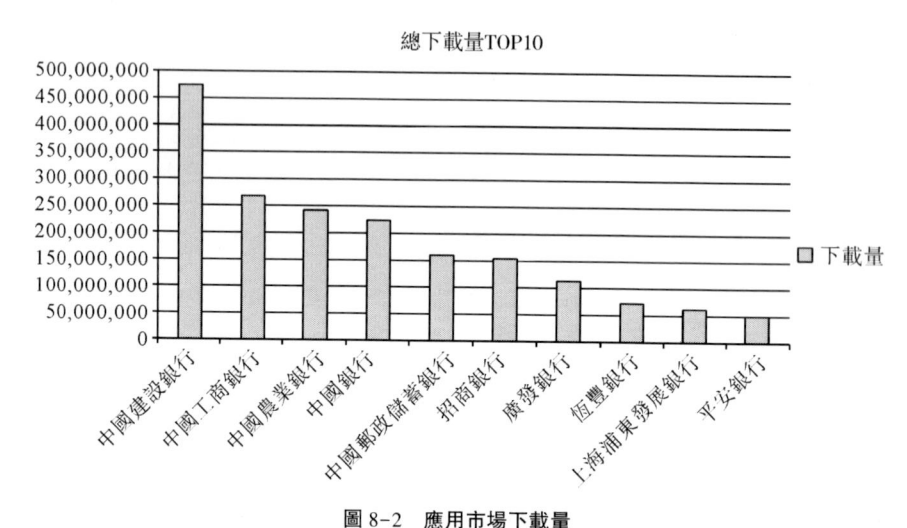

圖8-2　應用市場下載量

資料來源：2018-07-11，中國電子銀行網。

App行銷具有以下特點：

（1）內容豐富。相對於傳統電視、報紙廣告來說，企業可以將產品信息展現在App上，不僅可以通過文字和圖片的形式表現出來，還可以通過小視頻、小游戲等三維形式表現，這樣能全方位、多媒體地展示企業行銷信息，讓用戶感受產品的魅力，刺激用戶的購買慾望，實現最便捷的企業宣傳。

（2）互動性強。App基於移動互聯網，簡單便捷，互動性強。用戶在App上獲取產品信息後，可以在App裡的討論區發表意見。企業能夠通過App與用戶進行有效的溝通，瞭解客戶所需，更人性化地為用戶提供服務，增加品牌互動。企業還可以在平臺上定期舉辦優惠活動，增強客戶的黏性，從而提高營業利潤，達到企業長期發展的需求。並且隨著人們生活習慣的改變，手機越來越離不開人們的生活。用戶只要下載了App，就有了持續使用的可能，用戶能隨時隨地輕鬆瀏覽。

（3）推廣成本低。與傳統行銷方法相比，App行銷花費的人力、物力較少，所需推廣成本低，推廣效果更加明顯，無須依靠其他的媒體和應用，即可實現行銷。這是App行銷最大的優勢所在。

（4）品牌形象提升快。良好的品牌形象，是企業無形的資產。App行銷可以塑造企業的品牌形象，提升產品和品牌的知名度。

上述都是App行銷的相關優勢所在。在互聯網趨勢的引導下，金融企業可以借助App來獲得自己的用戶流量，建立屬於自己的線上平臺，完美契合用戶市場的需求，以提升企業的競爭力。

任務八　金融產品新媒體行銷的方法和技巧

［案例］　手機銀行 App——新型銀行業務增長利器

隨著互聯網金融的迅猛發展，手機銀行也作為銀行業務增長利器呈現飛躍式發展。根據艾瑞移動用戶行為監測產品 mUserTracker 數據顯示，2018 年 7 月手機銀行 App 月獨立設備數已超過 3.2 億，同比去年 7 月增長 44%，手機銀行已成為銀行業最為重要的流量入口。

艾瑞諮詢基於億級移動樣本行為數據，針對手機銀行用戶規模、用戶特性以及營運情況進行深入分析，篩選出 6 類前 20 名的手機銀行 App 榜單。

高頻次使用手機銀行 App 的用戶比例在升高。每月使用手機銀行 App 在 1~2 次的用戶比例最多，占 40%左右。值得注意的是，隨著手機銀行 App 被打造為集購物、買基金、訂機票等為一體的手機商圈，手機銀行 App 月度使用次數 11 次以上的用戶比例在不斷攀升（見圖 8-3）。

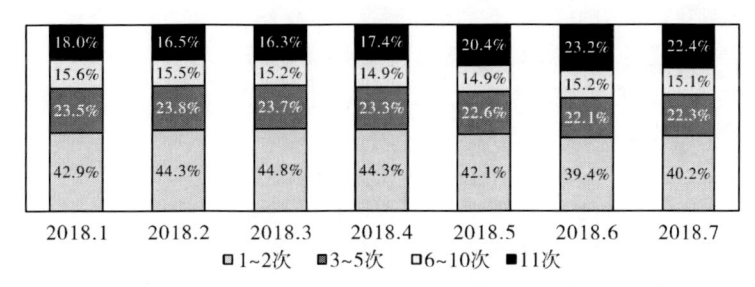

月份	1~2次	3~5次	6~10次	11次
2018.1	42.9%	23.5%	15.6%	18.0%
2018.2	44.3%	23.8%	15.5%	16.5%
2018.3	44.8%	23.7%	15.2%	16.3%
2018.4	44.3%	23.3%	14.9%	17.4%
2018.5	42.1%	22.6%	14.9%	20.4%
2018.6	39.4%	22.1%	15.2%	23.2%
2018.7	40.2%	22.3%	15.1%	22.4%

圖 8-3　2018 年 1—7 月手機銀行 App 使用情況（月度使用頻次）

資料來源：艾瑞調查。

各個銀行在不斷創新和豐富手機銀行功能，也在不遺餘力地推出各種體驗佳、優惠力度大的活動。從這些調查中不難看出，手機銀行始終將客戶體驗放在首位，為用戶提供更智慧的銀行服務。

（三）金融產品新媒體行銷策略

行銷策略是企業市場行銷管理思想的綜合體現，又是企業市場行銷決策的基礎，是企業為了適應未來環境的變化，尋找長期生存和穩定發展的途徑而制定的總體性和長遠性的謀劃與方略。制定正確的企業市場行銷策略是研究和制定正確市場行銷決策的出發點。企業行銷戰略的選擇取決於各個公司的規模和在行業中的地位。數字時代的來臨，使金融機構可以通過各種新媒體擴大企業的視野，重新界定市場的範圍，縮短與消費者的距離，取代人力溝通與單向媒體的促銷功能，改變市場形態。因此，金融機構新媒體行銷戰略的重點也應體現在以下幾個方面：

1. 個性化定制策略

個性定制化行銷是指利用新媒體的優勢，一對一地向客戶提供個性化的產品或服務，新媒體環境下鞏固客戶、擴大網上銷售的重要戰略手段，是通過定制化行銷提升客戶滿意度。個性化定制是新市場環境下企業迫切需要改變的一種新生產模式。相比過去標準化和規模化的生產，它更傾向於滿足用戶個體的獨特需求。隨著市場由大眾化向小眾化延伸、顧客需求向個性化追求轉變，各類企業也開始把焦點放在提供個性化的產品和服務上。一方面，個性化定制可以提高客戶的滿意度；另一方面，它能提升產品的行銷效果、品牌形象和線上銷售轉化率。

2. 夥伴關係行銷策略

由於新媒體時代的自由、開放性，市場的競爭趨於透明化，誰都能比較容易地掌握同業競爭對手的產品信息和行銷行為，因此新媒體行銷爭取客戶的關鍵在於如何適時獲取、分析、運用來自新媒體上的信息，如何運用新媒體組成合作聯盟，並以合作夥伴所形成的資源規模創造競爭優勢。建立新媒體聯盟和合作夥伴關係，就是將企業自己的公眾號、App等新媒體與其他媒體連接起來，增加更多創新創意活動，從而吸引更多的客戶。

3. 客戶關係再造策略

在數字時代，金融機構規模和資金實力從某種意義上講已不再是企業成功的關鍵要素。企業都站在同一起跑線上，通過新媒體走向世界，展示自己的產品。消費者較之以往也有了更多的主動權，面對著數以千萬計的產品有了更廣泛的選擇。為此，新媒體行銷能否成功的關鍵是如何跨越地域文化、時空差距再造客戶關係：發掘客戶，吸引客戶，留住客戶，瞭解客戶的願望，利用個人互動服務與客戶維持關係，建立並控制自己的客戶網路。

（四）金融產品新媒體行銷方式

1. 病毒式行銷

（1）病毒式行銷的概念。病毒行銷是社會人際網路使信息利用快速複製的方式像病毒一樣傳播和擴散給數以千計、數以百萬計的受眾。也就是說，通過提供有價值的產品或服務，「讓大家告訴大家」，通過別人為你宣傳，實現「行銷槓桿」的作用。病毒式行銷已經成為網路行銷最為獨特的手段，被越來越多的商家和網站成功利用。

（2）病毒式行銷的特點。病毒式行銷區別於其他行銷方式的特點是需要有吸引力的「病原體」。任何信息的傳播都要為渠道的使用付費。之所以說病毒式行銷是無成本的，主要指它利用了目標消費者的參與熱情，但渠道使用的推廣成本是依然存在的；只不過目標消費者受商家的信息刺激自願參與到後續的傳播過程中，原本應由商家承擔的廣告成本轉嫁到了目標消費者身上，因此對於商家而言，病毒式行銷是無成本的。目標消費者並不能從「為商家打工」中獲利，他們為什麼自願提供傳播渠道？原因在於第一傳播者傳遞給目

標群的信息不是赤裸裸的廣告信息，而是經過加工的、具有很大吸引力的產品和品牌信息；而正是這一披在廣告信息外面的漂亮外衣，突破了消費者戒備心理的「防火牆」，促使其完成從純粹受眾到積極傳播者的變化。

病毒式行銷的第二個特點是它的傳播速度和更新速度呈現出幾何倍數增長。大眾媒體發布廣告的行銷方式是「一點對多點」的輻射狀傳播，實際上無法確定廣告信息是否真正到達了目標受眾。病毒式行銷是自發的、擴張性的信息推廣，它並非均衡地、同時地、無分別地傳給社會上每一個人，而是通過類似於人際傳播和群體傳播的渠道，產品和品牌信息被消費者傳遞給那些與他們有著某種聯繫的個體。例如，目標受眾看到一個有趣的視頻，他的第一反應或許就是將這則視頻轉發給好友、同事。這樣一傳十、十傳百，無數個參與的「轉發大軍」就構成了幾何倍數傳播的主力。

病毒式行銷的最後一個特點是接收效率高。大眾媒體投放廣告有一些難以克服的缺陷，如信息干擾強烈、接收環境複雜、受眾戒備抵觸心理嚴重。以電視廣告為例，同一時段的電視有各種各樣的廣告同時投放，其中不乏同類產品「撞車」現象，大大減少了受眾的接受效率。而對於那些可愛的「病毒」，是受眾從熟悉的人那裡獲得或是主動搜索而來的，在接受過程中自然會有積極的心態；其接收渠道也比較私人化，如手機短信、電子郵件、封閉論壇，等等（存在幾個人同時閱讀的情況，這樣反而擴大了傳播效果）。以上方面的優勢，使得病毒式行銷盡可能地克服了信息傳播中的噪音影響，增強了傳播的效果。

[案例] 亞馬遜的「免費體驗」

當 Amazon（亞馬遜）只在賣書的時候，eBay（易貝）幾乎壟斷了全球的線上零售市場（當時淘寶還沒誕生），而誰也沒有想到 Amazon 可以在不到 10 年時間裡扳倒 eBay、Rakuten（日本樂天市場）、Mecado Libre（自由市場）等強有力的競爭對手，成為全球最大的線上零售平臺。

回顧 Amazon 的發展史，Giveaway 一直是 Amazon 根深蒂固的推廣和促銷手段，也是其在新品發布和推廣上能夠擊敗 eBay 的主要原因。雖然 Giveaway 在賣家中心的中文界面叫作「亞馬遜抽獎」，但是叫它「免費體驗」應該更為貼切！試想你和你的競爭對手同時推出一款商品，他在等待 Amazon 的自然流量，而你卻能夠通過贈送一批免費產品迅速提升客戶的關注度和商品 BSR（銷售排名），你的銷量和流量當然都會遠遠大過於「守株待兔」的競爭對手！

資料來源：http://blog.sina.com.cn/u/6174477134。

2. 事件行銷

事件行銷是利用有新聞價值、有社會影響的以及有名人效應的人或者事件，通過組織、策劃等手段來吸引媒體和用戶的興趣及關注，其目的是更好地提高企業的知名度，為品牌樹立良好的形象。事件行銷方法可以歸結為兩類：一類是企業借用已有的事件或話

題，結合企業或產品在銷售或傳播上的目的而展開的一系列活動，稱為「借勢」；另一類是企業通過策劃、組織和製造具有新聞價值的事件，整合自身資源，以吸引媒體、社會團體和消費者的興趣和關注，稱為「造勢」。

事件行銷的最大特點是對事件的依託性。事件行銷的本質就是事件，無論是企業自行策劃還是利用已有的社會熱點，事件行銷始終圍繞著一個主題以實現企業的銷售目標。其次是必須具備有價值的傳播渠道。事件行銷需要傳播，對傳播渠道的要求很高，如果不能吸引到主流媒體的關注，事件很快就會被人遺忘。而報紙、電視之類的主流媒體也很樂於報導具有新聞價值的消息，所以企業和媒體之間是相互合作的關係。如果分析那些成功的行銷事件，我們就會發現，那些成功事件很少是真正自然的事件，大多數都是在精心策劃之下而實現的。

［案例］　愛國者贊助《大國崛起》啓動全國行銷風暴

中央電視臺2套經濟頻道推出12集電視紀錄片《大國崛起》。對於眾多國人來說，這部紀錄片無疑稱得上是一次「歷史教學片」。和歷史教科書不同的是，《大國崛起》紀錄片的目的非常單一清晰，它所講述、所探討的就是在近現代以來的世界舞臺上，有九個國家先後在不同的歷史時期成為世界的主角，對人類社會發展產生了重大影響。它們是：葡萄牙、西班牙、荷蘭、英國、法國、德國、日本、俄羅斯、美國。

《大國崛起》以上述九個具有代表性的世界主要國家的發展歷史為內容，將視線集中在各國崛起的歷史階段，追尋其成為世界大國的足跡，探究其崛起的主要原因。節目以歷史的眼光和全球的視野，在風雲四起的歷史變遷中，尋找推動國家發展的根本力量；同時，通過各國特色鮮明又具有某些共通性的強國之路，尋找其創造的屬於全人類的文明成果和精神財富。

同樣，這個活動與愛國者品牌能夠產生很密切的關係。「愛國者」在品牌名稱上含義直觀明確。它將「振興民族信息產業，將愛國者建設成為令國人驕傲的國際品牌」確立為公司的最高精神目標。「愛國者」品牌本身突出了愛國主義的特色。

每集節目出現的「愛國者特約，大國崛起」的字幕，同時畫外音「全球愛國者為中國經濟助力，為國家崛起奮進」的口播信息，給予「愛國者」品牌最大的品牌曝光，觀眾對於「愛國者」品牌留下了很深的印象。

「愛國者」品牌參與央視優秀節目贊助，也是為了更好地利用央視的傳播力。央視經濟頻道的觀眾構成上，高學歷、高收入者，中年人，幹部，白領的集中度比較高，觀眾品質良好。這為廣告客戶特別是比較高端產品的廣告客戶，提供了一個比較理想的傳播平臺。這也是「愛國者」在市場競爭之中，推出品牌塑造戰略的重要一步。

《大國崛起》播出後，各界人士反應強烈。「愛國者」品牌形象得到極大的提升。華旗「愛國者」配合《大國崛起》冠名所做的相應市場行銷收到良好效果。

資料來源：http://news.mydrivers.com。

3. 知識行銷

知識行銷指的是向大眾傳播新的科學技術以及講解它們對人們生活的影響，通過科普宣傳，讓消費者不僅知其然，而且知其所以然，重新建立新的產品概念，進而使消費者萌發對新產品的需要，達到拓寬市場的目的。消費者不僅可以通過「回答問題」傳播企業具體業務範疇，更可以通過專屬問題頁面上大量的圖片廣告位增加精準、強勢的品牌曝光，從而鎖定目標消費群體，最終促成轉化。

知識行銷特徵一是以知識的形式傳遞廣告內容，使品牌價值與信息價值產生雙重溢價，二是知識行銷在影響用戶的同時也給用戶創造價值。知識行銷重視和強調知識作為紐帶的作用，通過對相關商品知識的延伸、宣傳、介紹，讓顧客知曉商品特點及優勢。在行銷過程中，加入商品的相關知識，提升知識含量，幫助顧客全面認識商品，激發顧客購買慾望，從而達到銷售商品、樹立品牌、開拓市場的目的。

[案例]　格蘭仕用知識培育市場

格蘭仕集團是一家定位於「百年企業，世界品牌」的世界級企業，現在在中國總部擁有 13 家子公司。從 1995 年起格蘭仕就開始在全國各地開展了大規模的微波爐知識推廣普及活動，宣傳微波爐；同時，聚集了大批專家學者花費一年的時間編出了目前世界上微波爐食譜最多、最全的《微波爐使用大全及美食 900 例》，連同《如何選購微波爐》《如何保養微波爐》等小冊子組成系列叢書，在全國 30 多個城市的大型商場開展贈書活動，並印製幾百萬張微波爐菜譜光碟免費送給消費者。

同時，格蘭仕在全國各地眾多家報刊上以特約專欄的形式開設了「微波爐使用指南」「專家談微波爐」等欄目，全面介紹微波爐的功能和使用、維護、保養方法。格蘭仕人不遺餘力地介紹微波爐的基本知識，極大地推動了微波爐的市場消費，使得微波爐這一產品深深地留在消費者心中，並讓消費者產生了購買微波爐的慾望。

在當時，格蘭仕的競爭對手都是在用轟炸式的廣告來強占市場，而格蘭仕則是在用知識和文化來培育市場，二者在消費者心目中的地位差別可想而知。當時的知識性行銷，讓格蘭仕銷售增長呈幾何上升趨勢，品牌價值翻番，格蘭仕公司的知識性行銷也成為「知識性行銷」的經典案例。

資料來源：http://wenku.baidu.com。

4. 情感行銷

在情感消費的大環境下，消費者不僅僅看重外在，更看重的是產品內在的含義和它能否完成情感的寄托。借助情感，來引起消費者的共鳴，為企業樹立更內在的立體化形象，情感行銷是從消費者的情感需要出發，喚起和激發消費者的情感需求，誘導消費者產生心靈上的共鳴，寓情感於行銷之中，讓有情的行銷贏得無情的競爭。

[案例] 士力架情感行銷關鍵詞：幽默

在眾多巧克力品牌中，有的主打浪漫，有的以尊貴為基調，並且已經形成相當成熟的市場結構了。瑪氏公司旗下的巧克力品牌士力架自從創立之時，就定位為「運動、能量、橫掃饑餓」。在其品牌和產品傳播中，公司緊密圍繞這一定位開展工作。

1992年，瑪氏公司把士力架帶到中國，在12年的時間裡，其一直把品牌形象同運動相結合，深受年輕人的喜愛。士力架的宣傳口號為：橫掃饑餓，真來勁（橫掃饑餓，做回自己；橫掃饑餓，活力無限）。在中國地區，其系列廣告主打幽默牌，每次都以意想不到的主人公和情節反轉（例如手軟腳軟的刺客憨豆先生吃了士力架變成生龍活虎的壯漢刺客等）讓觀眾在捧腹大笑中記住了士力架「橫掃饑餓」的準確定位。

資料來源：http://www.sohu.com/a/203135037_809033。

二、金融產品新媒體行銷的技巧

[案例] 招商銀行使用微信「漂流瓶」提升行銷效果

經常使用QQ郵箱的人對「漂流瓶」一定不陌生，微信中同樣也有這樣一個功能。「漂流瓶」是一種非常好的信息擴散方式，然而，就推銷的效果而言備受質疑。而招商銀行開啓了「漂流瓶」行銷的先例，而且效果奇好，成為一個成功的典範。

招商銀行曾利用微信「漂流瓶」功能發起了一個慈善性質的行銷活動，即為自閉症兒童募集善款，一時間受到了廣泛關注。招商銀行設置的瓶子叫「愛心漂流瓶」，扔出後，被微信用戶撿到，回復之後就可參加「小積分，微慈善」活動，為自閉症兒童盡自己的一份力。在活動期間，每撿10個便有1個是招商銀行的「愛心漂流瓶」，可見，招商銀行在這項看似不起眼的策劃中是下了大工夫的。為了搞好這次活動，招商銀行還專門通過微信官方對「漂流瓶」參數做了針對性的調整。例如，對時間的設置，讓時間更集中，使用戶「撈到」招商銀行「漂流瓶」的概率大大增加；在內容設置上也注重多樣化，增強用戶參與的積極性。這是在技術性、創意性方面都非常具有代表性的微信行銷案例，也成為很多企業學習的模板。微信「漂流瓶」有點類似於QQ郵箱裡的「漂流瓶」，有人將其稱為同款產品的增強版。例如，語音功能的增加、參數可進行更改、可以發送不同形式的內容等，都大大增強了其推廣功能和擴散功能。如果在行銷中運用得當，同樣可以收到奇特的效果。

「漂流瓶」從QQ郵箱移植到微信後，基本保留了原始簡單、易上手的風格。其功能主要有兩個——「扔一個」「撿一個」，通過它們就可將文字、圖片、語音等傳遞到指定的地區或人。「漂流瓶」操作很簡單，金融企業可以借助「漂流瓶」這一功能進行產品宣傳和推廣。

資料來源：http://www.koduo.com/。

(一) 公眾號營運獲客

微信公眾號是開發者或商家在微信公眾平臺上申請的應用帳號,該帳號與 QQ 帳號互通。通過公眾號,商家可在微信平臺上實現和特定群體的文字、圖片、語音的全方位溝通、互動。微信公眾號分為訂閱號、服務號和企業號。

微信訂閱號是公眾平臺的一種帳號類型,旨在為媒體和個人提供一種新的信息傳播方式,構建與讀者之間更好的溝通與管理模式(見圖 8-4)。它的功能有:每天(24 小時內)可以發送 1 條群發消息。發給訂閱用戶(粉絲)的消息將會顯示在對方的「訂閱號」文件夾中,點擊兩次才可以打開。在訂閱用戶(粉絲)的通訊錄中,訂閱號將被放入訂閱號文件夾中。個人只能申請訂閱號。

圖 8-4 微信訂閱號

公眾平臺服務號是公眾平臺的一種帳號類型,旨在為企業和組織提供更強大的業務服務和用戶管理能力,幫助企業快速搭建全新的公眾服務平臺(見圖 8-5)。它的功能有:1 個月(自然月)內可發送 4 條群發消息。發給訂閱用戶(粉絲)的消息,會顯示在對方的聊天列表中,對應微信的首頁。服務號會出現在訂閱用戶(粉絲)的通訊錄中。通訊錄中有一個服務號的文件夾,點開可以查看所有服務號。服務號可申請自定義菜單。

圖 8-5　微信服務號

公眾平臺企業號，旨在幫助企業、政府機關、學校、醫院等事業單位和非政府組織建立與員工、上下游合作夥伴及內部 IT 系統間的連接，並能有效地簡化管理流程、提高信息的溝通和協同效率、提升對一線員工的服務及管理能力（見圖 8-6）。它功能有：是企業面向內容員工進行溝通、管理的移動應用平臺，也可以用於上下游合作夥伴的聯繫溝通。通過自由開發定制的各種接口功能連接企業各業務系統，實現企業日常開發管理中的各項功能。可以實現微信辦公、銷售管理、信息採集等各種定制功能。通過移動雲工作平臺，零成本建設，有手機和網路就可以實現隨時隨地移動辦公。

圖 8-6　微信企業號

微信公眾平臺於 2012 年 8 月推出，廣受歡迎，成為企業、媒體、公共機構、明星名人、個人用戶等繼微博之後又一重要的營運平臺。當前，微信公眾平臺有 3 萬認證帳號，

其中超過7成的帳號為企業帳號。從平臺功能來看，目前公眾平臺的主要功能包括多媒體信息大規模推送、定向推送（可按性別、地區、分組等指標定向推送）、一對一互動、多樣化開發和智能回復等。這些功能為公眾平臺的實際營運帶來了媒體、行銷、客服、公共服務等應用方向。那麼如何維護公眾號來確保達到預期的行銷效果呢？

　　首先，公眾號要有穩定的更新。在維護公眾號時切不可三天打魚，兩天曬網，公眾號的更新一定要是定期的，比如每天下午更新，或者每週更新，再或者每週一三五更新，當然最好還是每天更新。千萬不要低估用戶對知識和新聞的渴求，穩定的碎片化的知識和新聞的更新可以提高粉絲訪問的次數、增強粉絲黏度和忠誠度，所以公眾號的定時更新是行銷的基礎。

　　其次，推送和更新的內容能夠吸引關注。一般來講，粉絲關注公眾號的目的有三種：第一是對粉絲有用，能幫助他們解決生活、工作或情感方面的實際問題，屬於功能性需求；第二是讓粉絲感興趣，他們只選擇看自己感興趣的內容，屬於趣味性需求；第三是標題足夠「吸睛」，能夠迅速引起粉絲的好奇心，迫使他們繼續關注下去。標題是文章的大門，而內容是屋裡的東西。和報紙、雜誌等不同，新媒體講究的不再是標題的語言藝術，而是標題的心理學藝術，即誘惑你點擊這個連結。如果標題沒有吸引力，無法抓住讀者需求，用戶都不打開，那麼即使內容寫得再好用戶也不會知道。酒香還怕巷子深，標題就是內容的招牌，招牌要顯眼，要引人注意。對大多數用戶來講，金融產品更多屬於第三種情況，所以公眾號的推送和更新更應該注意。

　　最後是要有良好的互動。良好互動可以更好地解決用戶需求，提高用戶黏性，從而更好地調整內容走向，比如新發的文章，要及時回答粉絲的回復或者粉絲的問題，粉絲會認為自己受到了尊重或者重視，增強了好感度。同樣還有粉絲主動發來的私信也是需要及時回復，要對特定問題給予特殊關注。

（二）微信群/朋友圈行銷獲客

　　微信群行銷的目的是樹立品牌、推廣更多的產品。微信群裡不是一對一的行銷，而是一對多的行銷。行銷群的建立者同時也是管理者，建立群的目的是吸引更多的參與者，並希望通過群行銷將參與者轉化為傳播者或合作者。建立行銷群的時候首要給群起一個合適又吸引人的名字，然後建立群的主題、宗旨和規則。添加新人進群的時候也要不斷地重複群的主題，比如嚴禁參與者發消耗流量的圖片、語音、表情或與群主題無關的廣告、連結等信息。可以圍繞群宗旨開設主題分享、免費或付費培訓、項目操作指引、線下沙龍等活動以保持群的活躍度和關注度。

　　客戶對朋友圈信息可以直接進行好壞評價，朋友圈行銷要緩步經營。刷屏或者發布無意義廣告都會被客戶放棄或直接屏蔽。發圈應注意以下幾個問題：內容方面發布一些高質量的文章，通過文章樹立自己在客戶心中的地位與形象，增加客戶對自己產品的認知。時

间方面一般要学会把握住黄金时间，例如早上 7—8 点正是大家起床开始一天生活的时候，拿起手机如果第一时间看到我们的信息，就会对我们印象深刻；中午 12—13 点也是不错的时间段，在休闲的时间里正好了解我们的产品；晚上 21—22 点正是放松的时候，看朋友圈的客户也会多起来。频率方面，如果客户每天都见到一件重复的事情会很反感，但如果偶尔看到信息，则会让客户感觉更舒适一些，因此每天 4~6 条信息发布是不错的选择。

群行销和朋友圈行销是微信公众号行销外的其他主要行销渠道，但是它们与公众号行销并不是割裂开来的。通常一次行销活动的营运方式都不止一种，往往是多种方式的有机组合。通过公众号活动，粉丝可以转发微信群或者朋友圈，扩大传播量和点击率。

[案例] 　 泰康人寿——微互助

2014 年 2 月 21 日泰康人寿发布一个名叫「微互助」的保险产品，是一种短期防癌健康险，每份保费 1 元。用户关注「泰康在线」的微信公众号并购买「微互助」防癌险产品后，可以将支付成功后生成的「求关爱」保单页面分享至微信朋友圈，而朋友圈的好友只需使用微信支付 1 元钱，便可将该保单的保额增加 1,000 元。

泰康内部把这个产品定义为「逗乐」——吸引用户来玩的简单低门槛产品。结果这个还在测试阶段的产品一发布，立刻被疯狂传播，虽然不少人诟病界面设计太丑，流程不顺等，但汹涌之势让泰康人寿董事长陈东升喜出望外。一周之后，微互助正式上线，本来只有几千粉丝的泰康微信公众号，两个月内粉丝突破 10 万，那段时间，朋友圈被「求关爱」的活动刷爆了。而这一天，每年的 2 月 28 日，从此被泰康定为自己企业的互联网日。

微信是一个完全建立在人与人之间关系基础上的平台，而保险的本质和最终归宿也正是「人人为我，我为人人」的互助理念，二者在人际情感上有天然交集，因此创造一种人与人之间高交互频次、将情感体验娱乐化的产品，符合二者共同的诉求，「微互助」因此应运而生。「微互助」保险通过微信朋友圈本身就拥有的信任关系，建立起「传播—参与—扩散」的传播链条，使保险所蕴含的「爱」与「分享」精神在圈子中传播。作为根据微信平台量身定制的产品，「微互助」突破了传统保险的收费和承保方式，将互联网思维融入产品的每一个环节中。泰康人寿相关负责人表示，此次与微信达成战略合作，期望通过「微互助」最大限度地体现保险的核心价值——保障，探索保险在移动互联网领域的发展方向，为未来互联网保险的发展开辟更广阔的想象空间。

资料来源：https://jin.baidu.com。

（三）在线行销沟通技巧

新媒体时代在线行销成为常态。在线沟通和传统的面对面沟通存在很大的不同，面对面时可以根据客户的表情和肢体语言判断出客户的心理状态，从而调整沟通方式方法。但在线行销看不到客户的表情，较难了解客户的真实想法，常常让客户不高兴，弄丢客户。

任務八　金融產品新媒體行銷的方法和技巧

更重要的是，還不知道怎麼弄丟的。現在網路銷售和新媒體營運都有在線銷售和客服，很多潛在客戶諮詢後就不買了，很多原因都是在線溝通不好造成的。回答得不好，解答得不能讓客戶滿意，要麼丟失客戶，要麼引發客戶投訴。掌握必要的在線溝通技能，是在線行銷的必備技能。

　　首先，在線行銷溝通需要注意的原則有：第一要有同理心，從客戶需求角度出發，感同身受地為客戶著想。第二是不爭論，任何情況下不與客戶爭論對錯，因為爭論只會讓情況更糟糕，後續溝通會出現更嚴重、更棘手的問題。第三要親切平和。在線溝通常見的方式是文字、語音或視頻通話，無論哪種方式都應該注意語氣語調，這樣既體現了良好的職業素養，也能加深與客戶之間的關係，增強信任感。

　　其次，針對客戶提出問題的處理準則有：第一是先處理心情，然後再處理問題。這也是同理心原則要求的。先關注客戶的情緒，感同身受，等情緒平緩後再幫助客戶處理問題會更加順利、有效。第二是回應及時，快速反饋。速度就是效率、速度就是有效回報在這裡有著最好的說明。拖延會被客戶理解成不真誠、不重視，從而可能失去這個客戶。第三是真情服務，熱情對待。最後是服務不中斷，完美交接。如果在溝通中遇到技術、管理或者其他不能及時回復的問題，需要及時告知客戶，為其聯繫相關人員及時溝通。

　　最後在溝通中應注意一些細節問題：第一，群發客戶切忌高頻。明顯的行銷信息比如活動類、優惠類、新產品類等如果頻率過高會造成對客戶的消息騷擾，嚴重者會遭到客戶的屏蔽。第二，不宜在通信軟件聊天中直呼客戶名字，可以採取一些親和力較強的網路術語，這樣可以盡快增強熟悉感，避免不必要的生疏。第三是盡量採用多元化的在線溝通方式，任何單一的方式用得多了都會造成疲勞感。所以文字、語音、表情包、語氣詞、圖片、小視頻等配合使用會使溝通內容豐富、生動、有趣，避免枯燥、乏味和冗長，讓客戶失去興趣。

（四）線上活動策劃與用戶體驗

　　線上活動策劃是指策劃一些用戶有興趣，或者能吸引用戶眼球、引起用戶共鳴的活動，讓用戶覺得很好玩，或者很有意義，樂於主動參與並分享傳播，比如結合節假日與熱點事件製造熱點話題等。

　　策劃活動需要有創意，需要不斷創新。不要做常規的打折、促銷、優惠券、買一送一、節假日促銷、年終大促、老闆跳樓價等，要審時度勢，創造新的興趣吸引點。

　　第一，逆向思維。以用戶為中心，不以自我為中心，從用戶的角度出發，同時結合行業的屬性、活動與品牌產品的相關性，逆向一步步推理，而不是靠突發靈感想起某個創意覺得可行。你需要時刻更新自己，研究你的用戶的心理、思維、行為軌跡，分析他們的喜好，創造一種他們喜歡的活動方式。

　　第二，裂變思維與用戶分享思維。思考策劃的事件、活動、話題有沒有傳播的點，用

戶會不會主動傳播，主動傳播的動機在哪，有沒有可能形成一個裂變反應，一傳十，十傳百，百傳萬，最後裂變成一個熱門事件或者熱門話題。我們需要思考，至少活動背後要有這麼一個點。

第三，發散思維。不要局限於某一個行業、某一個領域、某一個工具、某一種活動形式，要打開腦洞，跨界思考，任何一種形式都可以用來策劃成一個活動。先用發散性的思維想一個創意想法，比如百草味的抱抱果，將普通的紅棗夾核桃變成呆萌十足的治愈系抱抱果，瞬間俘獲了一大批文藝青年的心；紅牛結合麻將比賽，舉辦「有紅牛，走好運」的競技活動；飲料結合年輕人喜歡的電子競技 LOL 做品牌傳播；支付寶集五福平分億元現金大獎。

第四，創新思維。比如：江小白把自己定義成「文藝心，追求簡單生活」的青春小酒，善於賣萌、自嘲，卻有著一顆文藝的心。「我是江小白，生活很簡單」通過個性化的語錄在「80後」「90後」中成功逆襲。用戶覺得好玩、有趣才會通過社交平臺主動傳播。

活動策劃是最考驗人的，是最簡單也是最難的一環，是傳播最重要的一步，微行銷不是一種工具，而是一種不一樣的思維方式，從這裡就可以更直觀地體現。

參考文獻

［1］菲利浦・科特勒. 行銷管理［M］. 梅汝和，等，譯. 上海：上海人民出版社，1987.

［2］韓宗英，伏琳娜. 金融服務行銷［M］. 北京：中國金融出版社，2018.

［3］朱曉青. 銀行服務設計與創新［M］. 北京：電子工業出版社，2018.

［4］卞維林，等. 轉型致勝［M］. 南京：江蘇人民出版社，2018.

［5］宋立溫，王建花. 金融行銷實務［M］. 北京：中國人民大學出版社，2018.

［6］蔣麗君. 金融產品行銷實務［M］. 3版. 哈爾濱：東北財經大學出版社，2018.

［7］王賽. 首席增長官：從CMO到CGO［M］. 北京：清華大學出版社，2017.

［8］李厚豪. 銀行客戶經理行銷方法與話術［M］. 2版. 北京：清華大學出版社，2017.

［9］廖旗平，劉美榮. 個人理財［M］. 北京：高等教育出版社，2016.

［10］巴倫一. 做卓越的銀行客戶經理［M］. 2版. 北京：北京聯合出版公司，2016.

［11］安賀新，張宏彥. 金融行銷［M］. 北京：清華大學出版社，2016.

［12］劉鳳軍. 互聯網金融行銷原理與實踐［M］. 北京：中國人民大學出版社，2016.

［13］中國銀行業從業人員資格認證辦公室. 個人理財［M］. 北京：中國金融出版社，2015.

［14］宋瑞雲. 學會理財的第一本書［M］. 北京：中國華僑出版社，2015.

［15］艾正家. 金融理財學［M］. 上海：復旦大學出版社，2013.

［16］羅顯良. 理財產品全攻略［M］. 北京：中國宇航出版社，2013.

［17］劉德環，等. 家庭理財一點通［M］. 北京：化學工業出版社，2014.

［18］陳雨露，劉彥斌. 助理理財規劃師專業能力［M］. 北京：中國財政經濟出版社，2011.

［19］林鴻鈞. 金融理財案例分析［M］. 北京：中信出版社，2012.

［20］徐帆. 基於生命週期理財理論的個人理財投資策略研究［M］. 西安：西安科技大學出版社，2013.

［21］毛丹平. 金錢與命運［M］. 合肥：安徽人民出版社，2013.

［22］張勁松. 金融產品行銷［M］. 北京：清華大學出版社，2014.

［23］劉志梅. 金融行銷學［M］. 北京：高等教育出版社，2014.

［24］胡介塤. 人員推銷管理［M］. 大連：東北財經大學出版社，2013

［25］劉亞琳. 金融理財產品行銷［M］. 南京：南京大學出版社，2012.

［26］韓宗英，王瑋薇. 金融服務行銷［M］. 北京：化學工業出版社，2012.

［27］葉偉春. 金融行銷學［M］. 2 版. 北京：首都經濟貿易大學出版社，2012.

［28］梁昭. 金融產品行銷與管理［M］. 北京：中國人民大學出版社，2010.

［29］萬後芬. 金融行銷學［M］. 北京：中國金融出版社，2003.

［30］範雲峰. 客戶開發行銷［M］. 北京：中國經濟出版社，2003.

［31］陳蔚蔚. 新媒體時代傳播特徵及其對行銷傳播活動的影響分析［D］. 上海：同濟大學，2009.

［32］王賽. 理解現代行銷學本質：從荷爾拜因密碼到盲人摸象［J］. 管理學家，2012（1）.

［33］中國金融業教育培訓中心（香港）課題組. 銷售管理案例：一位外資銀行旗艦店支行行長的一天［J］. 金融管理與研究，2007（4）.

［34］劉新武. 網路行銷現狀及改進策略［J］. 企業經濟，2009（11）.

國家圖書館出版品預行編目（CIP）資料

金融商品行銷實務 / 張乖利, 阮銳師, 陳倩媚 編著. -- 第一版.
-- 臺北市：財經錢線文化, 2020.05
　　面；　　公分
POD版

ISBN 978-957-680-418-2(平裝)

1.金融行銷

561.7　　　　　　　　　　　　　　109005679

書　　名：金融商品行銷實務

作　　者：張乖利,阮銳師,陳倩媚 編著

發 行 人：黃振庭

出 版 者：財經錢線文化事業有限公司

發 行 者：財經錢線文化事業有限公司

E-mail：sonbookservice@gmail.com

粉絲頁：　　　　　　　網址：

地　　址：台北市中正區重慶南路一段六十一號八樓815室
8F.-815, No.61, Sec. 1, Chongqing S. Rd., Zhongzheng Dist., Taipei City 100, Taiwan (R.O.C.)

電　　話：(02)2370-3310　傳　真：(02) 2388-1990

總 經 銷：紅螞蟻圖書有限公司

地　　址：台北市內湖區舊宗路二段 121 巷 19 號

電　　話:02-2795-3656 傳真:02-2795-4100　　網址：

印　　刷：京峯彩色印刷有限公司（京峰數位）

本書版權為西南財經大學出版社所有授權崧博出版事業股份有限公司獨家發行電子書及繁體書繁體字版。若有其他相關權利及授權需求請與本公司聯繫。

定　　價：350 元

發行日期：2020 年 05 月第一版

◎ 本書以 POD 印製發行